KB264449

관(館)을 중심으로 살펴본

태권도 형성사

관(館)을 중심으로 살펴본

태권도 형성사

허인욱 지음

KSI 한국학술정보㈜

　태권도 역사와 관련된 논의는 크게 두 가지로 나눌 수 있다. 하나는 삼국시대부터 내려오던 전통무예인 수박(手搏)과 택견이 현대에 와서 태권도로 형성되었다는 주장이고, 다른 하나는 태권도가 가라테(空手)의 변형이라는 주장이다. 이 중 후자가 젊은 층을 중심으로 호응을 얻어 가고 있는 듯하다.

　전자는 삼국시대 전사집단이던 화랑(花郎)이 수련하던 한국의 전통무예인 수박과 택견이 면면히 이어져 내려와서 현재의 태권도로 융합·발전되었다는 견해이고, 후자는 일본강점기 일본에 유학하면서 가라테[空手] 수련자들이 해방 직후 국내에 보급했고, 이후 태권도로 형성되었다는 것이다. 이에 관련해서는 김용옥이 큰 역할을 했다.[1]

　후자의 견해는 그동안에 무비판적으로 태권도는 화랑이 하던 무예라는 인식을 가지고 수련하던 이들에게 충격을 주었으며, 더구나 일본으로부터 유래된 것이라는 사실 때문에 태권도의 전통성 및 정통성에 많은 상처를 주었다. 이에 대한 논란은 아직까지도 인터넷 등을 중심으로 지속되고 있는데, 이는 사실 중심의 역사서술이 이루어

---

1) 김용옥, 『태권도철학의 구성원리』, 통나무, 1990.

지고 않고, 애국심 등 감정적인 호소에 치우쳐 있기 때문이다. 물론 현재 사실 연구에 대한 노력은 꾸준히 진행되고 있으며, 사실 관계의 파악에 많은 도움을 주고 있는 것도 사실이다.[2]

이 글도 될 수 있으면 사실 중심으로 서술하려고 노력하였다. 명확한 근거가 없는 서술은 잘못된 정보를 전달하고 이로 인해, 또 다른 논란거리를 제공할 수 있기 때문이다. 물론 객관적인 입장에서 서술하고자 노력하였지만, 필자 또한 사람이다 보니 자신도 모르게 주관이 반영되었을 수도 있다. 혹시 이러한 부분이 존재한다면, 고의로 그런 것이 아니므로 독자의 양해를 부탁드린다. 아울러 이 책 또한 필자의 한계로 인해 잘못된 사실을 존재했던 일처럼 서술했을 수도 있으므로, 혹 서술 중에 오류가 있다면, 이에 대한 정정도 부탁드린다.

---

2) 이와 관련해서 단행본을 보면, 이호성의 『한국무술 미대륙 정복하다』(스포츠조선, 1995)와 강원식·이경명의 『태권도 現代史』(보경문화사, 1999) 그리고 강기석 『태권도 半世紀 인물과 역사』(서울올림픽기념국민체육진흥공단, 2001)·서성원, 『태권도 현대사와 길동무하다』(상아기획, 2007) 등이 참조된다. 이 단행본들은 어떤 목적의식을 가지고 서술했다기보다는 태권도 관계자들의 증언을 바탕으로 있는 그대로의 역사를 소박하게 서술하고 있는 것으로 보인다.

차 례

2장 협회 창설과 관 통합 / 109

보론 형성과정으로 본 태권도의 정체성 문제 / 189

부록: 四雲堂의 태권도 이야기 / 207

1장 관(館)의 형성

현재의 태권도(跆拳道)는 해방 이후 창설된 청도관(靑濤館)·송무관(松武館)·무덕관(武德館)·조선연무관권법부(朝鮮硏武館拳法部)·중앙기독교청년회(中央基督敎靑年會·YMCA)권법부(拳法部)의 5개 모체관(母體館)의 무예를 모태로 하여 형성된 무예이다. 당시 이들 관들을 전체적으로 포함하여 무예계를 표현할 때는 사도계(斯道界)라고도 하였다. '사도'는 어떤 전문적인 방면의 도(道)나 기예(技藝)를 뜻하므로, 굳이 무예계만을 뜻하는 것은 아니었지만, 당시에는 이 5대 관의 무예 계파를 총칭할 때는 사도계라고 불렀던 것으로 보인다. 그리고 이 관들에서 수련되던 '사도무예'가 후에 태권도의 형성에 큰 영향을 미쳤다. 후일, 이 5대 관의 무예를 수련한 이들이 중심이 되어 현재의 대한태권도협회의 전신이 되는 대한태수도협회(大韓跆手道協會)를 설립한 것이다.

이 5대 관에서 수련한 무예에 대해, 일반적으로 가라테[唐手·空手]에 지나지 않는다는 이야기들이 주류를 이루고 있다. 이 점은 태권도계 원로들의 증언을 통해서도 확인된다. 송무관을 창설한 노병직(盧秉直, 1919~)은

일본 유학생 시절 송도관 후나고시 선생한테 배운 가라테 기술체계를 제자들에게 그대로 가르쳤다.[3]

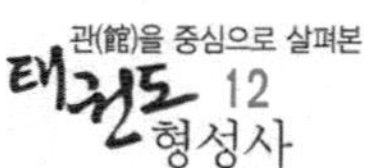

고 하고 있으며, 지도관(智道館) 관장과 국기원 부원장을 역임한 이종우도 『신동아(新東亞)』와의 인터뷰에서 가라테와의 관련성을 언급하고 있는 것이다. 인터뷰 내용을 보자.

> ─광복이 되고 도장을 연 사람들은 모두 가라테를 했나요.
> "기본기를 놓고 볼 때 이렇게 막는다, 저렇게 때린다 하는 건 모두 가라테와 똑같아요."
> ─그렇다면 우리 전통무예와의 유사성은 없다는 얘기입니까.
> "언뜻 보기에는 있는 것 같지만, 기본기가 완전히 달라요. 그래서 사실상 유사성이 없다고 봐야 합니다 ……."
> ─광복 이후 태권도가 만들어지는 과정에 영향을 끼친 무술은 가라테뿐입니까? 다른 것은 전혀 반영되지 않았나요?
> "그게 솔직한 대답입니다. 나도 별의별 것을 다 끌어들여서 책을 쓴 사람이지만, 이제는 밝힐 때가 됐어요. 가라테를 가르치는 관장들이 모여서 태권도의 형틀을 만들었고, 그 실무작업을 제가 했잖아요. 지금은 우리가 세계 정상에 있으니까 밝혀도 큰 문제가 없어요."4)

국기원 부원장까지 지낸 인물이 해방 이후 태권도 형성 과정에서 영향을 끼친 무술로 가라테만을 언급하고 있으므로, 그의 언급은 태권도가 가라테에서 비롯되었다는 주장의 명백한 증거로 간주되고 있다.

가라테의 영향을 받았음은 청도관 출신인 이준구(李俊九, 1932~)의 언급을 통해서도 살필 수 있다. 이준구는 『신동아』와의 인터뷰에서 초창기 태권도는 사실 일본의 가라테를 그대로 본뜬 것이냐는 질문에 대해,

---

3) 강기석·이경명, 『태권도 現代史』, 「책머리에서」, 보경문화사, 1999.
4) 『신동아』 2002년 4월호, 306~307쪽.

1장 관(館)의 형성

청도관 초대 관장인 이원국 선생이 일본에서 대학 다닐 때 배운 가라테를 귀국해서 보급했으니, 맞는 말이에요. 역사는 거짓말하면 안 되죠 ……. 다른 도장은 몰라도 청도관만큼은 분명해요. 품세도 가라테의 평안이니 철기니 하는 것을 그대로 배웠으니. 태극형도 마찬가지고요. 거짓말하면 안 되지.[5]

라고 하고 있다. 이종우와 달리 청도관이라는 단서를 달긴 했지만, 태권도가 가라테에서 비롯되었음을 말하고 있는 것이다. 이들 태권도계 원로들의 언급은 태권도의 정체성이 가라테에서 비롯되었다는 견해에 부정할 수 없는 증거로써 상당한 영향력을 발휘하였음은 주지의 사실이다. 그리고 이로 인해 가라테가 태권도 형성에 영향을 미쳤음은 부정할 수 없는 사실로 받아들여지게 되었다.

이런 언급들은 그동안 무비판적으로 받아들이던 태권도가 한국의 전통무예인 '수박(手搏)'과 '택견'을 이어받아 형성되었다는 태권도의 '전통무예계승론'의 오류를 지적하였다는 점에서 의미를 부여할 수 있다. 현재는 국기원 등에서 발간된 태권도서적에서 언급하고 있는 '전통무예계승론' 대신 소위 '가라테모방변형론'이 젊은 세대를 중심으로 호응을 얻고 있으며, 점차 대세를 잡아 가고 있는 상황으로 보인다. 그리고 '가라테모방변형론'의 등장은 그동안 태권도를 한국 고유무예로 인식하고 수련하던 이들에게 태권도에 대한 정체성 혼란과 함께 자괴감을 가져다주었다.

정체성 문제와 관련하여, 현재 태권도의 형성에 있어 영향을 미친 무예가 '가라테'뿐인가 하는 점은 다시 한번 살펴볼 필요가 있을 듯

---

5) 『신동아』 2006년 8월호, 298~299쪽.

하다. 태권도 형성에 영향을 미친 5개 모체관의 창설자들 중에는 가라테 외에 다른 무예를 수련한 이들도 존재하기 때문이다. 이 5개 모체관 창설자들이 수련한 무예가 '가라테' 외에 다른 것이 있다고 한다면, '가라테모방변형론'도 수정이 가해져야만 한다. 이 점은 현재 이견이 대립하고 있는 태권도의 정체성을 파악하는 데 있어 매우 중요한 부분이다. 제대로 정립된 역사가 정체성 확립에 근거를 마련해 주고, 추후 태권도를 수련하거나 역사를 공부하는 이들에게 제대로 된 기초를 제공할 수 있기 때문이다.

관 창설자들의 무예경력

태권도 창설자들의 무예에 대해 많은 말들이 오고 가지만, 공통적으로 가라테를 수련하였음은 부정할 수 없어 보인다. 가라테는 5대 기간 도장이 창설되기 전인 1930년대부터 이미 조선(朝鮮)에 알려져 있었던 것으로 보인다. 1937년에 일본에서 가라테인들을 초빙하여 시연을 한다는 기록이 보이기 때문이다. 1937년 7월 15일자 『동아일보』 기사를 보면, 이날 오후 7시부터 일본무덕회(日本武德會) 조선지방본부(朝鮮地方本部)가 다쿠쇼쿠[拓植]대학 공수도부(空手道部)를 초빙하여 경성(京城) 부민관(府民館)에서 시연을 한 것이다. 당시 다쿠쇼쿠대학 공수도부 시연자들은 사범인 '후나고시[富名腰]'와 부원 11명이었다고 하며,6) 또 같은 해 8월 13일에도 종로 중앙기독교청년회(中央基督敎靑年會) 유도부(柔道部)에서 당시 일본 교토의 리쯔메이깐[立命館]대학 공수도 사범인 '야마구치 고겐[山口剛玄 1909~1989]'을 초빙하여 가라테의 대의(大意) 및 시범을 보일 것[7]이라고 기록되어 있다.[8]

　『동아일보』 7월 15일자 기록에 보이는 '후나고시[富名腰]'는 '후나고시 기친[船越義珍, 1868~1957]'을 말하는데, 그는 슈리테[首里手]의 계보에 속하는 아자토 야스츠네[安里安恒, 1827~1903 혹은 1828~1906]와 '이토스 야스츠네[糸洲安恒, 1832~1916]'의 제자[9]로 오키나와의 가라테(唐手)를 일본 전역에 소개하여 '일본 가라테의 아버지'라고도 불리는 인물이다. 그는 1917년 일본 본토인 쿄토[京都] 무덕전(武德殿)에서 최초로 가라테를 시연하였으며, 1921년에는 황태자가 유럽 순방길에 오키나와[琉球]에 들렀는데, 이때 가라테 시범을 보였다. 이후 1933년에 문부성 주최의 체육전람회에 출석한 이후 도쿄에 거주하게 되었고, 1924년 게이오[慶應]대학에 최초로 대학당수도부를 만들기도 했다. 1935년에 오키나와 무술인 '당수(唐手)'를 '공수(空手)'로 한자를 바꾸며, 일본 무술화시킨다. 1939년에는 쇼도칸[松濤館]을 창립하는데, 쇼도[松濤]는 그가 시작 등에 즐겨 쓰던 아호였다. 쇼도칸을 창립할 때쯤 성(姓)의 한자를 '船越'으로 바꾸었다.[10]

　'야마구치 고겐'은 나하테[那覇手]의 계보에 속하는 미야기 쵸준[宮

---

6) 『동아일보』 1937년 7월 11일자.
7) 『동아일보』 1937년 8월 13일자.
8) 야마구치 고겐의 가라테 시범은 『조선일보』 1937년 8월 13일·14일자에도 기재되어 있다.
9) 岩井虎伯, 『本部朝基と琉球カラテ』, 愛隆堂, 2000, 162쪽.
10) 岩井虎伯, 『本部朝基と琉球カラテ』, 愛隆堂, 2000, 190~191쪽.

城長順, 1888~1953]의 제자로 쇼도칸과 함께 일본 가라테 4대 유파 중의 하나인 니혼가라테도고쥬카이[日本空手道剛柔會]를 창설[11]하는 인물이다. 그는 1929년부터 리쯔메이깐대학에서 가라테를 지도하였다.

조선인에 의한 가라테 교습도 전혀 없었던 것은 아니었던 것으로 보인다. 조선연무관에서 유도를 가르치던 유도와 검도계 원로인 강낙원(姜樂遠)에게 후일 창무관(彰武館) 관장에 취임하는 이남석(李南石)이 광복되기 2~3년 전에 휘문중학교에서 가라테를 배웠다[12]고 하고 있기 때문이다. 하지만 강낙원이 어떠한 경로를 통해 가라테를 수련했는지는 불분명하다.

강낙원은 유도와 검도 등에 능한 인물이었는데, 그는 1921년에 조선무도관을 설립하여 수많은 유도인을 배출해 냈다. 그는 1928년 10월에 대학유도부를 연희전문학교에 창설하기도 했으며,[13] 1927년경에는 서상천·한진희 등과 조선씨름협회를 구성하기도 했다. 그가 일본 혹은 조선 내에서 가라테를 배웠는지는 명확하지 않다. 강낙원은 1916년 2월부터 5개월간 일본 고도깐[講道館]에 유도를 배우러 갔었으며, 1918년 가을부터 1919년 2월에는 중국 상하이[上海]에, 1922년경에 농장을 경영코자 만주(滿洲)에 가서 1년여를 체류하다 귀국했다. 그 이후에는 부인 오현주(吳玄洲)와 별거하지 않았던 것[14]으로 알려져 있다. 강낙원이 1923년 이후에는 조선을 벗어나지 않았음을 알 수 있다. 앞서 언급한 대로 가라테가 일본에 처음 소개된 시기는 1917년이고, 1920년대 후반

---

11) 岩井虎伯, 『本部朝基と琉球カラテ』, 愛隆堂, 2000, 171쪽.
12) 이호성, 『한국무술 미대륙 정복하다』, 스포츠조선, 1995, 71쪽.
13) 李學來, 『韓國柔道發達史』, 保景文化社, 1990, 124쪽.
14) 반민특위조사기록 오현주 피의자신문조서 4282년(1949) 3월 28일 및 오현주 피의자신문조서(제3회) 4282년(1949) 4월 14일.

1장 관(館)의 형성

에 들어서야 일반에게 보급되었다고 한다면, 그는 조선 내에서 가라테를 습득했을 것으로 여겨진다. 이 점은 현재의 태권도 모체관과는 별도로 광복 이전에도 가라테가 국내에 알려져 있었으며, 교습 또한 이루어지고 있었음을 말해 주는 것이라 할 수 있다.

광복 이전 가라테를 배운 이들은 대개 일본에서 대학을 나온 유학생 출신들이었다. 이는 일본 내에서도 가라테가 알려진 지 얼마 되지 않았던 당시 현실과 관련이 깊다. 일본 내부적으로도 일본 본토로 유입된 오키나와의 가라테를 장려할 것인지 여부를 고심하던 중이었기 때문이다. 이로 인해, 6개 대학에서 가라테를 교습하게 하면서 연구하도록 한 상황이었다. 아직 일반인들을 위한 도장이 존재하지 않는 시기였던 것이다. 즉 대학을 다니지 않으면, 가라테를 배우기가 어려웠고,15) 이로 인해 일본에 유학한 이들을 중심으로 가라테가 수련되었던 것이다.

일본 소재의 대학에 다니던 조선인들이 가라테를 배웠는데, 후나고시 기친이 창설한 쇼도칸에서 배운 이로는 송무관의 창설자 노병직(盧秉直, 1919~)과 청도관의 창설자 이원국(李元國, 1907~2003)이 있다.

노병직은 1919년 7월 3일 개성에서 태어났는데, 다른 아이들보다 학교를 1년 늦게 들어갈 정도로 몸이 약했다. 12살 때 개성의 어느 절에서 무예를 수련하는 장면을 목격하게 되었는데, 무예를 배우고자 하는 생각을 가지게 되었다.16) 그 후 1936년 2월 일본 도쿄[東京]로 건너가게 된 노병직은 니혼[日本]대학에 입학하게 되었는데,17) 이때 쇼도칸에

---

15) 『마르스』, 2001년 7/8월호, 116~117쪽; 한병철, 『고수를 찾아서』, 영언문화사, 2003, 193~194쪽에 재수록.

16) http://www.songmookwan.com/

17) 이호성, 『한국무술 미대륙 정복하다』, 스포츠조선, 1995, 72쪽.

입관해 가라테 수련에 매진하게 되었다. 노병직에 의하면, 그보다 늦게 이원국이 쇼도칸에 입관해서 같이 수련을 하게 되었다[18]고 한다.

노병직보다 늦게 쇼도칸에 입관한 이원국은 1994년 『월간중앙』에 인터뷰를 통해 그의 무술 수련에 대해 자세하게 기록을 남겨 두고 있다. 그의 인터뷰 내용을 따르면, 그는 그의 나이 17세 때인 1924년에 일본으로 건너가 와세다 중학·고교를 거쳐 19세 때인 1926년에 일본 주오[中央]대학 법과에 입학했고, 만 5년 동안 가라테를 수련하여 쇼도칸에서 주는 최상급인 4단을 부여받았다[19]고 한다.

주오대학을 졸업한 이원국은 이후 고등문관시험에 합격하고 법무성 법무관으로 5년쯤 근무하다가 다시 공수도(空手道)의 뿌리를 찾아 10여 년 동안 중국의 하남·하북성 등을 다니며 현장취재 및 수련생활을 했다. 이때 그는 공수도의 대가 '호(胡)' 선생을 만나 3년 동안 수련하여 실력을 향상시켰고, 일본으로 되돌아왔을 때 9단의 실력에 올라 있었다[20]고 한다. 이원국이 적어도 4단을 취득했음은 쇼도칸의 무보(武譜)에 4단으로 기재되어 있는[21] 점을 통해서 알 수 있다.

하지만 10년 동안 중국을 돌며 호 선생을 만나 무예 수련을 했다는 주장은 그대로 받아들이기 어려운 면이 있다. 후나고시 기친이 쇼도칸 명칭을 사용한 것은 앞서 언급한 대로 1939년이기 때문이다.

---

18) 서성원, 『태권도 현대사와 길동무하다』, 상아기획, 2007, 23쪽.

19) 이에 대해서 이원국은 후나고시 기친으로부터 10년 동안 지도받았다고 언급한 적이 있다(李元國, 『跆拳道教範』, 進修堂, 1969, 34쪽).

20) 『月刊中央』 1994년 12월호, 319쪽.
    상세하진 않지만 이 같은 이야기는 『週刊朝鮮』 1990년 7월 8일(1108호)자 기사인 「在美 태권도 元老 李元國옹」에도 기재되어 있다(56쪽).

21) 안진아·이재봉·안용규, 「태권도와 李元國」, 『체육·스포츠 인물사』, 21세기교육사, 2004, 280쪽.

1장 관(館)의 형성

1939년 곧바로 중국에 갔다고 하더라도 그가 조선에 귀국한 해가 1944년[22]이라는 점에서, 10년 동안 중국에서의 수련은 사실로 받아들이기 어렵다. 노병직의 언급을 따른다면, 이원국은 노병직보다 늦게 쇼도칸에 입관하였다. 따라서 아무리 이르게 잡아도 이원국이 쇼도칸에 입관한 시기는 1936년 2월 이후로 보인다. 그런 그가 쇼도칸에서 만 5년 동안 수련을 했다고 한다면, 1941년 정도까지 도쿄에 거주했음을 알 수 있다. 이후에 또 법무성 법무관으로 5년쯤 근무했다면, 이원국은 1945년 이후에나 중국을 돌며 수련을 쌓았다고 할 수 있는데, 10여 년간의 중국에서의 무술 수련이 현실적으로 불가능함을 알 수 있다. 따라서 그의 주장을 그대로 받아들이기는 어렵다.

이 점은 이원국의 1997년 인터뷰 내용과 일치하지 않는 점을 통해서도 알 수 있다. 이원국은 현재 명동에 위치한 자유중국(지금의 타이완[臺灣]) 대사관의 무관이던 '호시'라는 사람을 만나 많은 중국무술에 대해 듣게 되었고 그 이후 중국으로 건너가 하남성·하북성 등지에서 많은 무술들을 접하게 되었다[23]고 말하고 있기 때문이다. 이름만으로 볼 때, 자유중국의 무관 '호시'라는 인물이 그가 3년 동안 중국 본토에서 무예를 배웠다고 한 '호 선생'과 동일인으로 여겨지는데, 이는 그의 언급이 일관성이 모자람을 알려주고, 그의 중국무술 수련은 믿기 어려움을 말해 준다. 이는 청도관에서 배운 이들이 가라테와 다를 것이 없었다고 증언한 것을 통해서도 그의 기술체계에 중국 무예의 흔적이 없었음을 알 수 있다.

이들 외에도 해방 후 보광당(普光黨)을 조직하여 좌익 빨치산 활

---

22) 『月刊中央』 1994년 12월호, 316쪽.
23) 안용규, 『태권도 탐구논리』, 대한미디어, 2006, 33쪽.

동을 한 남도부(본명: 하준수)도 당대 첫손가락에 꼽는 가라테의 달
인이었다[24]고 한다. 그가 일본의 주오대학 법학부를 다니다가 학도
지원병제가 발표되자, 이를 거부하고 귀국하였다고 하는 전력을 고
려할 때, 그도 후나고시 기친에게서 가라테를 배웠을 가능성을 생각
해 볼 수 있게 한다.

　한편, 중앙기독교청년회(YMCA)권법부를 창설한 윤병인(尹炳仁, 1920~
1983)은 니혼[日本]대학에 다니면서 도야마 간켄[遠山寬賢, 1888~1966]과
교류를 통해 가라테 기법을 습득했다. 그는 만주 봉천(奉天, 지금의 중국
심양) 무순(撫順)에서 윤명근(尹明根)의 둘째 아들로 태어났는데, 그의 출
생일에는 기록에 따라 약간의 차이가 있다. 윤병인에 대해 조사를 한 강덕
원(講德院) 출신의 김병수는 1920년 5월 18일 출생[25]이라고 한 반면, 『칠
원윤씨대동보』에 의하면 1920년 4월 1일로 기재되어 있는 것이다.[26] 윤병
인은 신경(新京, 지금의 중국 장춘)국민학교와 연변(延邊)중학교를 다녔는
데, 이 시절에 몽골인 선생으로부터 권법을 수련했다[27]고 한다. 그가 이
시절에 배운 권법은 단권(短拳)·장권(長拳)·토조산·태극권(太極拳)·
팔기권(八騎拳) 등의 형과 봉술(棒術)·도술(刀術) 등으로 이루어져 있다.
이 권법들은 해방 후에 중앙기독교청년회(YMCA)권법부의 제자들에게 전
수되었다.

---

24) 강기석, 『태권도 半世紀』, 서울올림픽기념국민체육진흥공단, 2001, 23쪽.
25) Kim Soo, 『GRANDMASTER YOON BYUNG-IN』, 미간행 글, 1쪽(이 글
　　은 http://www.kimsookarate.com/에서 확인할 수 있다). 필자의 「태권도 모
　　체관 중 「조선연무관권법부」와 「중앙기독청년회권법부」의 형성과 변천에
　　관한 연구」에서는 '1920년 3월 18일생'이라 하여 5월을 3월로 기술하는
　　오류가 발생하였다(『한국체육사학회지』 20, 2007, 16쪽). 이에 바로잡는다.
26) 『漆原尹氏大同譜』(庚辰譜) 生員公派(明珍系) 6권, 2001, 294쪽.
27) Kim Soo, 『GRANDMASTER YOON BYUNG-IN』, 미간행 글, 1쪽.

1장 관(館)의 형성

중앙기독교청년회(YMCA)권법부의 형

□ 토조산(혹은 도조산)

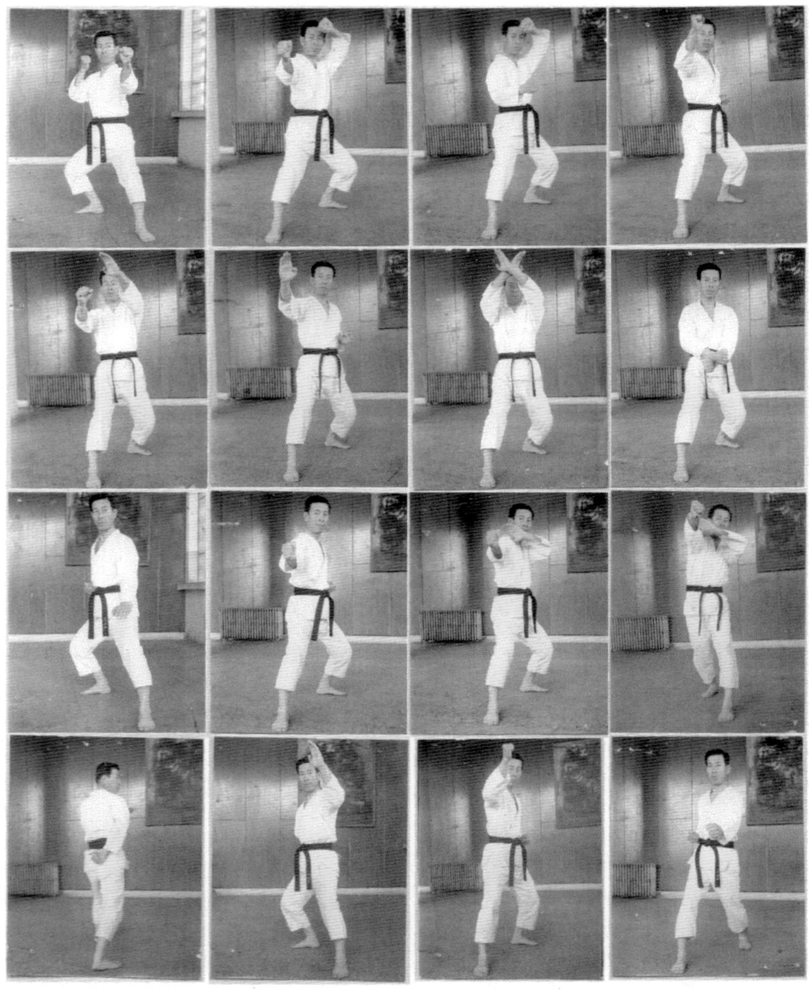

□ 팔기권

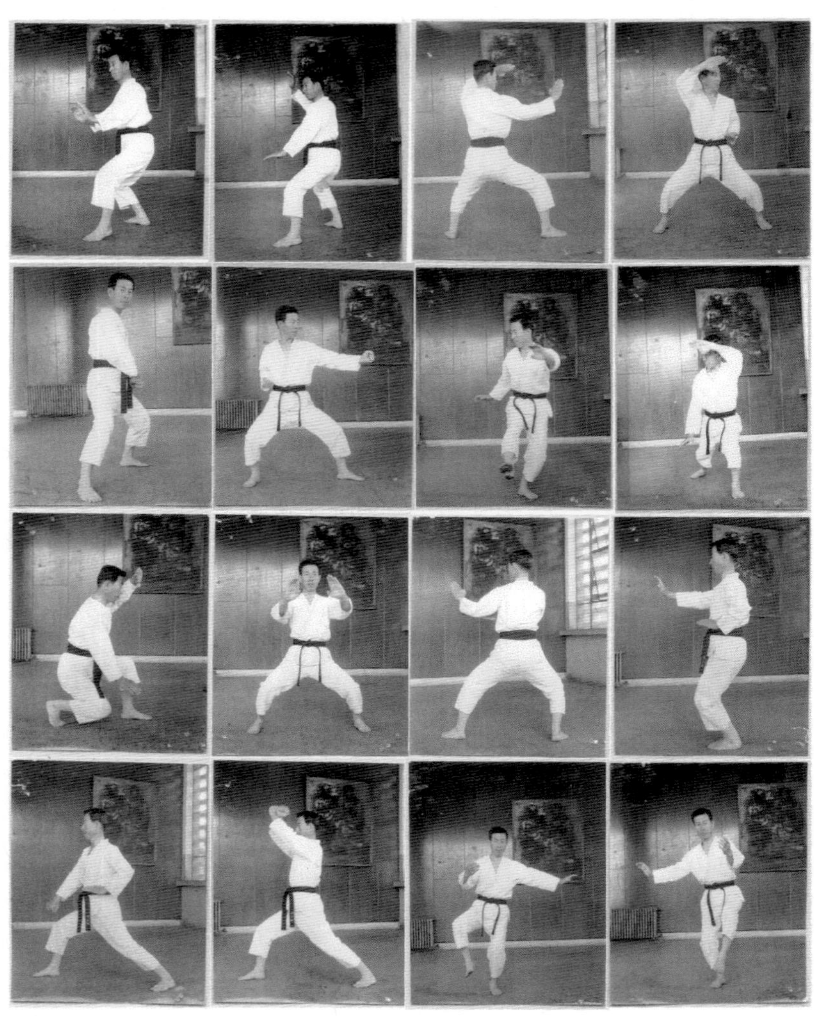

토조산형과 팔기권형

중앙기독교청년회(YMCA)권법부에서 수련을 했고, 홍무관을 창설한 홍정표가 시연하고 있다. 중앙기독교청년회권법부를 창설한 윤병인은 자세한 설명을 하지 않고 제자들을 가르쳤기 때문에, 제자들도 각 동작의 명칭 등을 알지 못한다(사진 제공: 지승원).

1장 관(館)의 형성

윤병인은 1939년부터 1941년까지 일본 도쿄의 니혼대학에서 유학을 했는데,[28] 우연한 기회로 인해 그 대학 가라테 사범으로 있던 도야마 간켄을 만나게 되었고 서로의 무예를 교류하는 과정에서 가라테를 습득하였다. '도야마 간켄'은 '이토스 야스츠네'의 제자로 후일 쇼도칸[修道館]가라테를 창설한 인물로, 당시 니혼대학 가라테부 사범으로 있었다. 도야마 간켄이 윤병인과 서로의 무예를 교류한 것은 그 또한 타이완[臺灣]에서 권법을 수련한 데에 그 배경이 있을 것이다. 그는 1924년에 타이완에 건너가 타이베이(台北)의 쩐포지[陳仏濟]·타이중(台中)의 린시엔탕[林獻堂]에게서 권법을 수련[29]했던 것이다.

도야마 간켄은 윤병인에게 4단을 부여했는데, 당시 그는 5단이었다.[30] 도야마 간켄의 저서 『공수도대보감(空手道大宝鑑)』에는 윤병인과 함께 후에, 지도관(智道館) 관장을 역임하는 윤희병(尹曦炳, 1923~2000: 후에 윤쾌병(尹快炳)으로 개명)이 5단 이상 사범 명단에 기재되어 있다.[31]

윤병인은 이후 니혼대학 카라테부의 사범을 지내기도 하였다. 이에 대해서는 일본인을 제치고 카라테부 주장을 맡았다고 하는데,[32] 중앙기독교청년회(YMCA)권법부에서 수련하고 후일 강덕원(講德院)을 창설한 박철희는 당시 카라테부 주장은 '긴조우 히로시(金城 裕, 1919~)'였으며, 윤병인은 사범이었음을 분명히 하고 있다.[33] '긴조

---

28) Kim Soo, 『GRANDMASTER YOON BYUNG-IN』, 미간행 글, 1쪽.
29) 遠山寬賢, 『空手道入門』, 鶴書房, 1970, 187쪽.
30) Kim Soo, 『GRANDMASTER YOON BYUNG-IN』, 미간행 글, 2쪽.
31) 윤병인은 朝鮮 京城師範으로, 윤희병은 東京 韓武館長으로 기재되어 있다(遠山寬賢, 『空手道大宝鑑』, 鶴書房, 1963, 395쪽).
32) 이호성, 『한국무술 미대륙 정복하다』, 스포츠조선, 1995, 105쪽.

우 히로시'는 윤쾌병이 일본에 설립한 한무관(韓武館)의 부관장을 역임한 인물이기도 하다.

조선연무관권법부를 창설한 전상섭(田祥燮, 1921년 이전~1950년 6월 25일 이후 실종)34)은 충남 공주가 고향35)으로 청소년 시절 조선연무관에서 유도를 수련했으며, 일본 유학시절 '미야기 쵸오준[宮城長順]'과 '도야마 간켄'에게 카라테를 배웠다36)고 한다. 하지만 출신 학교는 명확하지 않다. 일본 다쿠쇼쿠대학37) 출신이라고도 하며, 니혼[日本]대학 출신38)이라고도 하기 때문이다. 조선연무관권법부 출신으로 한무관을 창설한 이교윤은 전상섭이 1930년 일본으로 건너가 다쿠쇼큐대학 재학 중에 '미야아케 나가요리[宮明長順]'에게서 가라테를 배웠다39)고 하고 있다. '미야아케 나가요리'는 '미야기 쵸준[宮城長順]'의 오기로 여겨진다. 당시 다쿠쇼쿠대학의 사범이 '후나고시 기친'이었으므로 그에게서 배웠을 가능성도 생각해 볼 수 있지만, 전상섭과 이원국은 파가 다르다40)는 무덕관 황기와 서상렬(백낙언)의 언급으로 봐서, 전상섭이 '후나고시 기친'에게서 배운 것은 아닌

---

33) 박철희 구술·허인욱 정리, 『四雲堂의 태권도 이야기』, 미간행 소책자, 2005, 5~6쪽.
34) 전상섭의 출생연도는 정확히 알려지지 않고 있다. 하지만 동생 전일섭(田逸燮)이 1922년생이므로(『태권도』 3, 1971년 가을호, 대한태권도협회, 23쪽) 적어도 1921년 이전에 출생한 것으로 추정해 볼 수 있다.
35) 이교윤, 『글로벌 태권도』, 조은, 2007, 33~34쪽.
36) 이호성, 『한국무술 미대륙 정복하다』, 스포츠조선, 1995, 69쪽.
37) 이호성, 『한국무술 미대륙 정복하다』, 스포츠조선, 1995, 69쪽.
38) 최홍희, 『태권도와 나』 1, 사람다움, 1997, 279·339쪽.
39) 이교윤, 『글로벌 태권도』, 조은, 2007, 33~34쪽.
40) 황기, 『무덕관』, 대한수박도회, 1993, 26쪽; 서상렬(백락언), 『무덕관은 통합되어야 한다』, 2002, 미간행소책자, 2쪽.

1장 관(館)의 형성

것으로 보인다.

　반면 최홍희는 전상섭이 니혼대학 출신이라고도 하는데, 이는 그가 '미야기 쵸준' 외에 '도야마 간켄'에게 가라테를 배웠다고 하고 있는 기록[41]과 합치하는 면이 있다. 아울러 '도야마 간켄'과 무예를 교류한 윤병인이나 '도야마 간켄'의 제자인 윤쾌병과 전상섭이 매우 가까운 사이였다는 점에서 쇼도칸가라테의 '도야마 간켄'에게서 가라테를 수련했을 가능성도 있어 보인다.[42]

　무덕관을 세운 황기(黃琦, 1914~2002)는 만주에서 무술을 수련한 후 해방 후 국내에서 서적을 이용해 카라테를 독학한 것으로 알려져 있다. 중국무술 수련에 대해서는 태권도계 원로들이 그의 경력을 방증할 만한 증거가 없다[43]고 하고 있기도 하다. 중국 국술을 수련했음은 황기에 의해 1949년 발간된 『화수도교본』에도 무덕관 단번 1번인 김은창(金恩昌)의 소개 글에도, "선생은 …… 타향 만주에 건너가 체류 중, 중국인에게서 중국 국술을 습득하시메 이르럿다."[44]라고 기재하고 있고, 1945년 11월에 입관한 김인석은 당시 무덕관에서는 형의 명칭을 중국어로 불렀다[45]고 하는 점을 통해 살펴볼 수 있다.

---

41) 이호성, 『한국무술 미대륙 정복하다』, 스포츠조선, 1995, 69쪽.
42) 도야마 간켄의 저서 『공수도대보감』에는 5단 이상의 사범 명단에 전상섭은 포함되어 있지 않아(遠山寬賢, 『空手道大宝鑑』, 鶴書房, 1963, 395~398쪽), 이 가능성은 조심스러울 필요가 보인다. 물론, 4단 이하의 관원이었을 가능성도 생각해 볼 수는 있다.
43) 이에 대해서는 강원식·이경명의 『태권도 現代史』(보경문화사, 1999)와 이호성의 『한국무술 미대륙 정복하다』(스포츠조선, 1995)와 강기석의 『태권도 半世紀 인물과 역사』(서울올림픽기념국민체육진흥공단, 2001) 참조.
44) 黃琦, 『花手道教本』, 朝鮮文化教育出版社, 1949, 序文.
45) 강기석, 『태권도 半世紀』, 서울올림픽기념국민체육진흥공단, 2001, 29쪽.

무덕관 측의 자료를 중심으로 살펴보면, 황기가 무예에 대해 관심을 갖게 된 것은 6세 때 단옷날 장터에서 택견을 본 후라고 한다.46) 황기는 그 시기를 7~8세 정도라고 기록하고 있는데, 그는 단옷날 씨름 경기를 구경하다 우연히 어느 주막 앞에 이르게 되었다. 그때 젊은 남자 7~8명과 한 젊은 남자 사이에 언쟁이 오가다가 인원이 많은 쪽에서 상대방을 구타하기 시작하였는데, 젊은 남자는 이를 피하면서 족기(足技)를 사용하여 순식간에 전부를 굴복시키는 것이었다. 황기는 그 사람의 집까지 몰래 뒤를 따라가 배우고 싶다는 의견을 밝혔으나, 너무 어린 나이 때문인지 거절당했다47)고 한다.

1935년 경기상고를 졸업한 황기는 철도국에 취직하였는데, 1936년에 현재의 만주 길림 용정시에 위치한 조양천(朝陽川)역에 근무하게 되었다. 이때 우연히 무예가 양국진(楊鞠振)을 만나게 되었고 직장 동료인 박효필(朴孝必)과 함께 조양천 시의 변두리에 있는 그의 집에서 무예를 배우게 되었다.

황기가 양국진을 처음 만났을 때, 그는 50대 정도였으며, 몇 명의 수련생들을 가르치고 있었는데, 양국진은 황기의 배움 요구에 가르칠 만큼 충분하지 않다면서 정중히 거절했다. 황기와 박효필은 당시 중국어가 능숙하지 않았기 때문에 그들이 배우고자 하는 열정을 제대로 설명할 수가 없었다. 황기와 박효필은 양국진이 허락할 때까지 찾아가기로 했는데, 그들이 세 번째 방문했을 때 입관을 허락했고, 직장 관계로 이틀에 한 번씩 수련을 해야만 했다. 수련시간은 오후 7시

---

46) 이호성, 『한국무술 미대륙 정복하다』, 스포츠조선, 1995, 68쪽.
47) 황기, 『무덕관』, 대한수박도회, 1993, 130~132쪽 및 Hwang Kee, 『THE HISTORY OF MOODUKKWAN』, 1995, 10~15쪽.

1장 관(館)의 형성

부터 8시 사이였으며, 황기가 수련할 당시 그들을 포함 5인의 수련생들이 있었다. 1937년 8월에 개인적인 이유로 서울로 돌아온 황기는 1941년에 다시 만주에 가서 짧은 시간 동안 양국진의 가르침을 받았으나, 1946년 이후 중국이 공산화되면서 다시는 만나지 못했다.

황기는 당시 세법(勢法)과 보법(步法)과 연법(鍊法) 등 기본적인 수련에 집중했는데, 이 당시에 '담퇴12로(潭腿12路)'·'태극권(太極拳)'을 배웠다. 세법·보법·연법을 습득하는데, 2개월이 걸렸고, 담퇴12로는 5개월, 태극권은 6개월 정도 수련하여 약 3분의 2를 습득하였다.[48] 『화수도교본』과 『수박도대감』에는 이 형의 명칭들과 아울러 '소림장권'이라고 하는 형이 기재되어 있으며, 『수박도대감』에는 각종 형의 준비자세 동작이 실려 있어, 그의 무술 수련에 관한 단서를 얻을 수 있다.[49]

『수박도대감』에 기재되어 있는 태극권은 예비식(豫備式)부터 수식환원(收式還原)까지 88개 동작으로 이루어져 있는데, '양가 88식 태극권'과 동작이 일치한다. '양가 88식 태극권'은 1957년 국가체위무술과조직전가(國家体委武術科組織專家)에서 전통양식 대가(大架)의 동작을 설명하고 수정·정리하여 『태극권운동』이라는 책으로 간행한 것이다.[50] 따라서 황기가 양국진에게 배운 태극권이 '양가 88식 태극권'일 수는 없다. 『수박도대감』에 실려 있는 태극권의 준비자세는 현재 알려진 태극권의 자세와는 별개의 동작이라는 점 또한 주목된다.

---

48) 이에 대해서는 황기, 『무덕관』, 대한수박도회, 1993, 133~135쪽 및 Hwang Kee, 『THE HISTORY OF MOODUKKWAN』, 1995, 10~15쪽 참조.
49) 황기, 『수박도대감』, 삼광출판사, 1970, 206쪽.
50) 武冬, 『八十八式太極拳 敎與學』, 北京體育大學出版社, 2000, 57~58쪽 및 『中國武術百科全書』編纂委員會編, 『中國武術百科全書』, 中國大百科全書出版社, 1998, 91쪽 참조.

□ 무덕관의 형 준비자세

『수박도대감』에 실려 있는 준비자세이다. 무덕관에서 수련되던 형들의 준비자세로, 가라테에서 온 형들과 함께 담퇴, 소림장권, 태극권 등도 보인다. 태극권의 준비자세는 현재 전해지는 태극권의 동작과는 별개의 동작으로 보여 주목된다.(제공: 무덕관)

□ 무덕관의 형 – 소림장권 부분

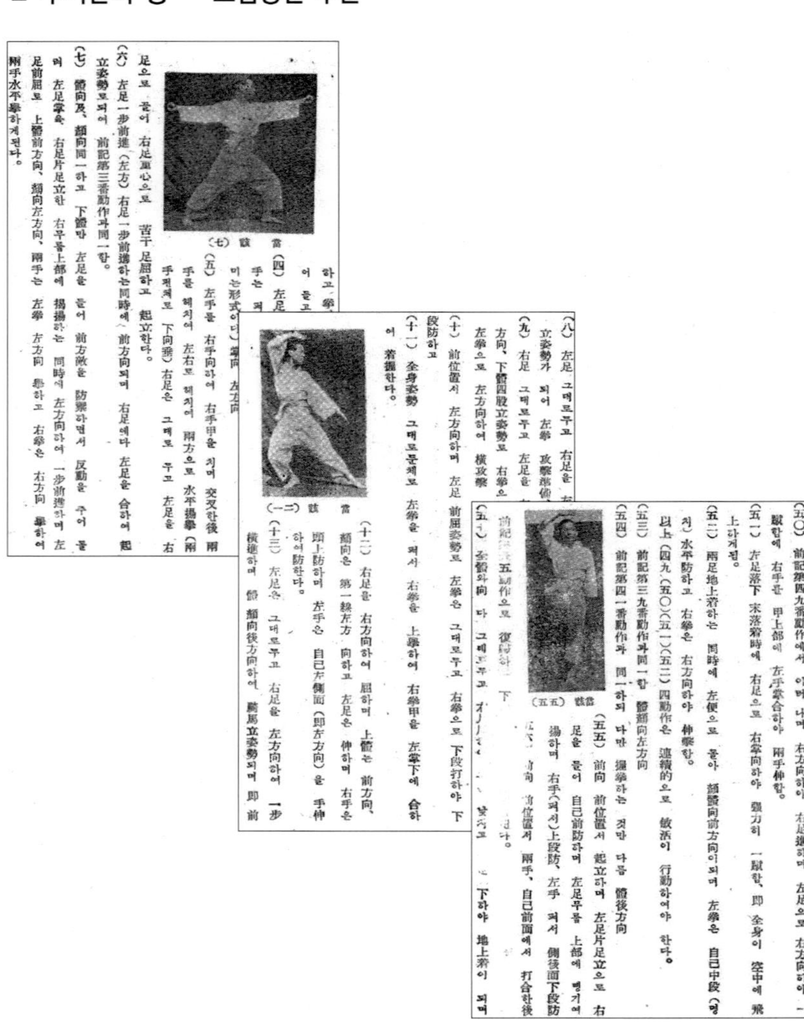

1949년에 간행된 『화수도교본』에는 소림장권이 설명과 함께 일부 동작이 기재되어 있다.(제공: 무덕관)

그럼에도도 불구하고 『수박도대감』에 '양가 88식 태극권'이 기재되어 있는 것은 만주에서의 황기의 짧은 무예 수련 시간과 관련을 지어 볼 수 있을 듯하다. 그의 언급대로 태극권을 배우긴 했지만, 완벽하게 마무리하지 못했고, 이로 인해 88식 태극권이 제정된 이후에 서적이나 88식을 습득한 사람과 교류를 통해 다시 익혔을 가능성이 충분히 있기 때문이다. 이에 대해서는 추후 연구가 좀 더 필요해 보인다.

황기가 가라테를 자신의 무예 체계 안에 포함하게 된 것은 해방 후 운수부를 중심으로 무술을 가르치던 시기였다. 당시 중국무술을 배우려는 이들을 만나기가 어려운 시절이었기 때문에 수련 내용을 가라테 중심으로 바꾸게 되었다고 한다. 황기는 그런 과정에서 전상섭을 알게 되었고, 또 당시 청도관 관원이며 교통부 도서관에 근무하고 있던 현종명(玄鍾明)을 통해 이원국을 알게 되었고,51) 이로 인해 가라테에 관해 알게 되었다고 한다.

이후 그는 가라테 서적을 철도국 도서관에서 공급받아 배우게 되었다.52) 제자들도 카라테의 형들을 책을 통해 배웠다고 증언53)을 하고 있어, 특정인에게 배우기보다는 서적을 통해 가라테를 습득했을 가능성이 좀 더 높아 보인다. 최홍희(崔泓熙, 1918~2002)는 이에 대해 청도관에서 어깨너머로 태극·평안·발색 또는 철기 등 가라테형을 배웠다54)고도 하는데, 최홍희가 6·25 이전에는 청도관과 관련을 맺지 않았던 것으로 보여 그가 목격한 사실이라고 판단하기에는 어렵다.

---

51) 황기, 『무덕관』, 대한수박도회, 1993, 26쪽.
52) 서상렬(백락언), 『무덕관은 통합되어야 한다』, 2002, 미간행소책자, 2쪽.
53) 강기석, 『태권도 半世紀 인물과 역사』, 서울올림픽기념국민체육진흥공단, 2001, 25쪽.
54) 최홍희, 『태권도와 나』 2, 사람다움, 1998, 62쪽.

1장 관(館)의 형성

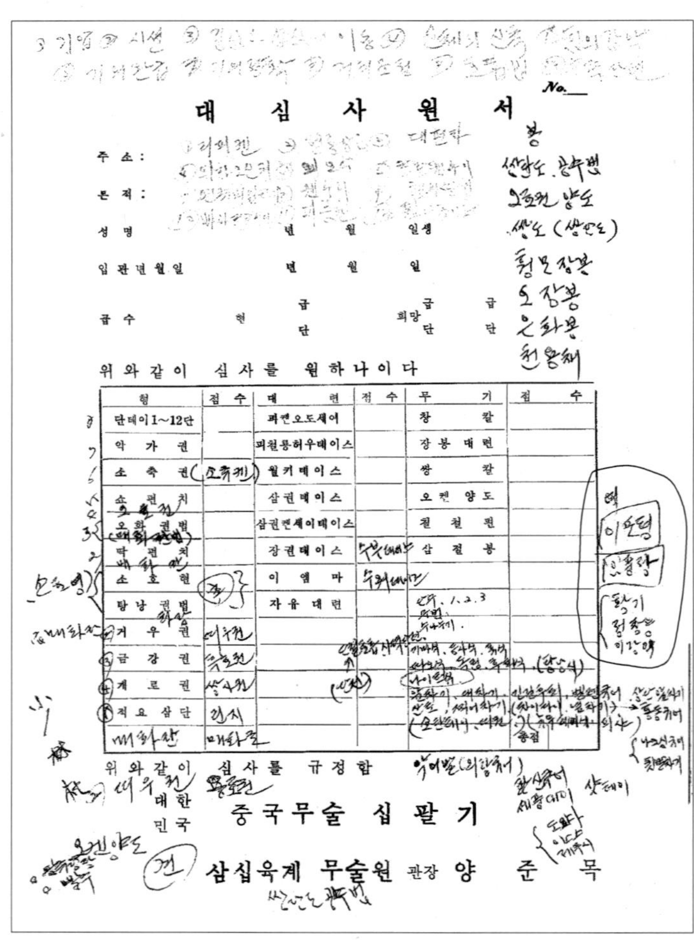

대심사원서

중국무술 십팔기의 심사원서로 중국무술인 이포평, 임풍장과 함께 황기, 정창용, 이강익 등 무덕관 관계자들의 이름이 기재되어 있는데, 이는 양 단체의 교류 흔적으로 보인다. 양 단체가 교류할 수 있었던 데는 황기의 무예 기본이 가라테보다는 중국 무술에 가까웠기 때문이 아닌가 생각된다.

이들 모체관을 설립한 이들 외에도 가라테를 수련한 이들은 더 있는데, 오도관(吾道館) 관장과 국제태권도연맹 총재를 지낸 최홍희도 가라테를 수련했다. 하지만 최홍희의 가라테 스승이 누구인지는 불분명하다. 최홍희의 자서전인 『태권도와 나』를 보면, 1938년 일본 교토[京都]에 도착한 지 1년 반 동안 있으면서 가라테를 배웠다고 하는데, 그때 스승이 누구인지는 언급하고 있지 않으며, 1년 반 후에 도쿄[東京]로 옮겨서도 YMCA건물 옥상에서 가라테를 또 수련했다고 하면서도 누구로부터 배웠는지는 밝히고 있지 않기 때문이다. 그는 이후 1941년에는 동아상업학교 야간부 4학년에 편입하였고, 이때 이후 주오[中央]대학교 법학과에 재학하였다고 하고 있는데, 동아상업학교에 다닐 때 쇼도칸을 방문했다고 하고 있지만,[55] 스승에 대해서는 명확히 밝히고 있지 않다.

그는 1995년 무술잡지 『DOJANG』과의 인터뷰에서 쇼도칸가라테의 후나고시 기친을 알고 있으며, 그로부터 기술을 전수받았느냐는 질문에 쇼도칸을 1942년에 한 번 방문한 적이 있었고, 가라테 2단을 획득하였다[56]고 얼버무리고 있어 후나고시 기친이 그의 직접적인 스승이었을 가능성은 적어 보인다. 이러한 애매한 답변은 2001년 무술잡지 『마르스』와의 인터뷰에서도 나타난다. 주오대학에서 가라테를 배운 것으로 알고 있다는 기자의 물음에 "가라테는 1921년에 오키나와 사람인 후나코시 키친이 일본 본토에 당수를 가지고 오면서 발전했지."[57]라고 하고 있는 것이다. 자신의 스승이었으면 '오키나와 사

---

55) 최홍희, 『태권도와 나』 1, 사람다움, 1997, 55~73쪽.
56) 『DOJANG』 1995년 10월호, 12쪽.
57) 『마르스』, 2001년 7 / 8월호, 116쪽 ; 한병철, 『고수를 찾아서』, 영언문화

1장 관(館)의 형성

람 후나코시 키친'이라는 표현을 사용하지 않았을 것으로 보이기 때문이다. 기록에 따라서는 교토에서는 고향선배인 한국인 김 씨에게 가라테를 배웠다58)고 하고 있기도 한데, 도쿄에서의 스승이 누구인지는 불분명하다. 최홍희의 무술 수련이 주로 이루어진 곳 중에 하나인 동경YMCA 옥상에서는 후일 중앙기독교청년회(YMCA)권법부를 창설하는 윤병인과 함께 수련하였다고 기록되어 있다.59) 이는 최홍희가 윤병인에게 다소나마 무예를 배웠을 가능성을 생각해 볼 수 있게 한다. 당시 윤병인은 앞서 언급한 대로 상당한 무예의 경지에 이미 올라 있었으므로, 최홍희가 윤병인과 함께 같은 수련생의 입장에서 수련했다고 하는 것은 어려워 보이기 때문이다. 후에 최홍희는 윤병인이 중앙기독교청년회(YMCA)권법부를 개관했을 때 참석하기도 했으며,60) 국방경비대의 지도를 윤병인에게 요청하기도 했었다.61) 이는 최홍희 스스로도 윤병인의 무예 실력을 인정하고 있었음을 말해 준다. 따라서 그가 윤병인에게 무예를 배웠을 가능성을 생각해 볼 수 있게 한다.62)

사, 2003, 193쪽에 재수록.

58) 최홍희, 『태권도 종합본』, 국제태권도연맹, 1989, 747쪽.

59) 이호성, 『한국무술 미대륙 정복하다』, 스포츠조선, 1995, 82쪽.

60) 이호성, 『한국무술 미대륙 정복하다』, 스포츠조선, 1995, 82쪽.

61) 박철희 구술·허인욱 정리, 『四雲堂의 태권도 이야기』, 미간행 소책자, 2005, 14~15쪽.

62) 이와 관련해 최홍희가 4292년(1959)에 펴낸 『跆拳道敎本』(誠和文化社)을 보면, '수도와 수도에 의한 단련'(82쪽)과 '손목에 의한 단련'(84쪽) 항목 편에 두 사람이 마주 서서 전진후퇴를 하며 수도와 수도를, 안 손목과 안손목·바깥손목과 바깥손목을 부딪치는 훈련 방법이 기재되어 있는데, 이 훈련방법들은 가라테에서는 보기 힘든 훈련방법으로, 중앙기독교청년회(YMCA)권법부를 창설한 윤병인의 무예에서 영향을 받은

또한 후일 조선연무관 창설자인 전상섭의 실종 후 지도관(智道館) 관장에 취임하는 윤쾌병(尹快炳)과 중앙기독교청년회(YMCA)권법부에서 교범을 지내고 대구 연무관[63]을 이끈 김기황(1921~1993)은 '도야마 간켄'의 쇼도칸가라테를 수련하였다. 앞서 언급한 대로, 윤쾌병은 원래 이름이 윤희병(尹曦炳)으로 주오[中央]대학에서 병리학을 공부하면서 가라테를 배웠다.[64] 그는 일본에서 1945년에 한무관(韓武館)을 창설하기도 했다. 한무관은 방구(防具)를 착용한 경기화의 선두에 서 있었는데, 후일 지도관의 방구를 이용한 대련법 또한 이 영향이 어느 정도 미쳤던 것으로 여겨진다. 윤쾌병이 일본에 세운 한무관은 현재 사단법인 전일본공수도연맹(全日本空手道連盟) '렌부카이[鍊武會]'로 이어지고 있다.

김기황은 쇼도칸가라테 외에 윤병인으로부터 권법을 배워 수련하였는데, 이는 윤병인의 제자인 박철희가 "김기황 선생과 윤 선생님은 서로 토조산형을 많이 연무하셨다."[65]라고 증언하고 있음을 통해 알 수 있다.

대한공수도협회 창설에 참여한 조영주(曺寧柱)도 가라테 고쥬류[剛柔流] '미야기 쵸준'의 제자로 '야마구치 고겐'이 1938년 만주를 돌아다닐 때, 사범대행을 했을 정도로 가라테 실력을 인정받았다.[66] 그

것이 아닌가 생각된다.

63) 대구 연무관은 조선연무관권법부와는 별도의 관으로 김기황의 성균관대 제자인 하대영이 스승을 존경하여 그에게 바친 것이다(이호성, 『한국무술 미대륙 정복하다』, 스포츠조선, 1995, 106쪽).

64) 이호성, 『한국무술 미대륙 정복하다』, 스포츠조선, 1995, 69쪽.

65) 박철희 구술·허인욱 정리, 『四雲堂의 태권도 이야기』, 미간행 소책자, 2005, 14쪽.

66) 조영주는 낫과 사슬이 연결된 쿠사리가마[鎖鎌]의 숨은 명인이라고 한

1장 관(館)의 형성

는 후에 재일본대한민국민단(在日本大韓民國民團) 단장(團長)을 역임했으며, 일본 가라테 교꾸신가이깐[極眞會館]을 창설한 최영의(崔永宜·일본명: 오야마 마쓰다쯔[大山倍達], 1922~1994)의 실질적인 스승으로 여겨지는 인물이기도 하다.

이상 살펴본 바와 같이 태권도로 통합되는 모체관들의 창설자 혹은 관장들이 대부분 가라테 경험이 있었음은 부정할 수 없어 보인다. 앞서 살펴본 대로, 5대 모체관 창설자 중 이원국과 노병직은 후나고시 기친에게 가라테를 배웠고, 윤병인은 쇼도칸가라테 경험이 있으며, 전상섭은 고쥬류 혹은 쇼도칸가라테를 배웠으며, 황기는 스승이 없었지만 독학으로 가라테를 습득한 것은 사실이기 때문이다.

하지만 창설자 중 윤병인과 황기는 만주에서 배운 권법이 그들 무예의 근본이었으며, 전상섭도 윤병인에게 권법을 수련했을 가능성이 존재하고 있다. 따라서 단순히 태권도의 전사(前史)를 언급하면서 가라테와의 연관성만을 언급하는 것은 올바른 태도는 아닌 것으로 보인다.

다(2007년 6월 30일 지승원 인터뷰).

2. 모체관의 창설과 변천

태권도(跆拳道)는 앞서 언급한 것처럼, 청도관(靑濤館)·송무관(松武館)·무덕관(武德館)·조선연무관(朝鮮硏武館)권법부(拳法部)·중앙기독교청년회(中央基督敎靑年會·YMCA)권법부(拳法部) 등 5개 모체관(母體館)의 무예를 모태로 하여 형성된 무예이다. 이 5개 모체관들은 태권도 형성에 있어서 중심 역할을 하였다는 점에서 기간도장(基幹道場)이라고도 불리기도 하였다. 따라서 태권도 형성을 이해하기 위해서는 이 5개 모체관의 형성과 변화과정을 살펴볼 필요가 있는 것이다.

청도관(靑濤館)

1) 청도관 창설과 이원국

5대 모체관 중 가장 먼저 창설된 당수도 청도관은 젊은 청년의 꿈과 기개가 파도처럼 퍼져 나가라는 뜻에서 이름을 제정했다고 하는데, 청도관의 '도(濤)'는 이원국이 가라테를 수련했던 쇼도칸[松濤館]의 '도(濤)'에서 따온 것으로 보인다.

해방 전인 1944년 9월 15일 서대문구 옥천동에 있던 영신학교(永信學校) 강당을 빌려 우리나라 최초로 '당수도'라는 명칭으로 개관한 것으로 전해지고 있다.[67] 이에 대해 송무관 창설자인 노병직은 1946년 2월에 시천교당을 찾아가 시천교 관리인 김기성을 만나 허락을 받은 이후부터 청도관 수련장으로 사용하였다고 하여 다르게 기억하고 있다. 그가 이런 언급을 한 이유는 청도관원 입관서열 1번부터 전체 관원은 시천교당 이후에 입관한 사람들이라는 점 때문이다. 따라서 이원국의 말은 믿을 수 없다[68]고 하는 것이다.

이에 대해 최석남은 1955년에 저술한 『권법교본(拳法敎本)』에서 "…… 일제 말기 모관직에 있었든 이원국 씨가 비로소 구시천교회당에 '당수도 청도관'이라는 간판을 붙이고 후배를 육성한 것이 바로 해방 육(六) 개월 전 일이다."[69]라고 하고 있어 참고가 된다. 일제강점기로부터 벗어난 것이 1945년 8월 15일이므로, 그 6개월 전은 1945년 2월 경임을 알 수 있다. 개관연도가 이원국 또는 노병직의 언급과 다르고, 장소도 시천교교회당을 이용한 것으로 기록하고 있어, 혼란을 가증시킨다. 이원국이 저술한 것으로 되어 있는 『태권도교범(跆拳道敎範)』에는 "해방 전해인 1944년 1월에 귀국 일제 말의 모든 역경과 악조건을 극복하고 지금의 서대문구 옥천동에 있던 당시 영신학교 강당을 빌려 한국에서 최초로 '당수도 청도관'이라는 간판을 걸고 한국태권도의 보급에 투신했던 것"[70]이라고 기록되어 있다. 이 교본이 1969년에 발

---

67) 『週刊朝鮮』 1990년 7월 8일 57쪽 및 『月刊中央』 1994년 12월호 319쪽.
68) 서성원, 『태권도 현대사와 길동무하다』, 상아기획, 2007, 23쪽.
69) 崔碩男, 『拳法敎本(空手道)』, 東西文化社, 1955, 23쪽.
70) 李元國, 『跆拳道敎範』, 進修堂, 1969, 34~35쪽.

행되었음을 고려할 때, 기억의 오류로 보기도 어려워 보인다.

이들의 언급은 어느 한쪽이 잘못되었다기보다는 인식의 차이에서 비롯된 것으로 보인다. 즉 일본에서 귀국한 이원국은 영신중학교에서 가라테를 교습하긴 했지만, 이는 후일 시천교당에서의 교습으로 이어진 것은 아니었던 것으로 보인다. 이 점은 영신중학교 강당에 처음 도장을 열었을 때, 첫날 수련생으로 찾아온 사람들이 일본인 3명과 한국인 2명[71]이라고 언급하고 있는 데서 알 수 있다. 이원국 스스로도 이들의 이름을 기억하고 있지는 못하고 있는 것으로 보이기 때문이다. 만일 이들이 후일 청도관의 주축이 된 인물이었다

이원국의 펴낸 『태권도교범』

청도관 창설자 이원국이 펴낸 『태권도교범』의 표지이다. 1969년에 진수당에서 발간되었다. 여기에는 태극, 평안, 철기, 발새 등 가라테 형들이 소개되어 있으며, 부록으로 대한태권도협회 제정형이 첨부되어 있다.

면 이원국이 그 이름을 거론했을 것으로 보인다. 즉 이원국은 이를 동일한 연장선상에서 언급한 것이고,[72] 노병직은 시천교당을 사용한 시기를 기준으로 그 시기를 언급한 까닭에 창설 시기에 대해 차이가

---

71) 『月刊中央』 1994년 12월호, 316쪽.

72) 이와 관련해서 대한뉴스 119호를 보면, 1957년 6월에 청도관 개관 제 14주년 기념 연무대회가 열리고 있어, 청도관 내에서는 개관일을 해방 전으로 인식하고 있었음을 알 수 있다. 대한뉴스 119호와 관련해서는 영상을 'e영상역사관(http://ehistory.kr)'에서 확인할 수 있다.

1장 관(館)의 형성

생긴 것으로 보인다.

　아울러 당시 청도관 창설과정에 대해서도 이원국과 노병직 간에 이견이 존재한다. 이원국은 당시 친분이 있던 일본의 아베 총독의 허가를 받아 이루어졌음을 언급하였다. 이원국과 아베가 아보회(亞保會) 회원으로 활동한 인연이 있어서 도장 설립 허가를 받아냈다는 것이다.[73] 아베 총독은 싸움이 나고 관광객들한테 행패를 부릴까 봐 아예 금지를 시켰다고 한다. 이에 이원국은 유도인이나 검도인의 예를 들면서 설득한 결과 영신중학교에서 도장을 열 수 있었다고 하는데, 당시 이원국이 아베 총독에게 5가지의 약속을 했다고 한다. 그 5가지는 '청도관 관원은 절대로 불량한 행동을 하지 않겠다.'·'해당 경찰서의 치안에 절대로 누를 끼치지 않겠다.'·'다른 지역의 공안이나 치안유지에도 협조를 아끼지 않겠다.'·'건전하고 충실한 무도인으로 육성하겠다.'·'아녀자와 노인 등 연약한 자를 돕는 데 앞장서겠다.' 등이라고 한다.[74]

　아베 총독과의 친분 때문에 이원국이 도장을 개설했다고 하여 이원국이 친일파였다는 설이 있으며, 후일 오도관 창설자인 최홍희는 이원국이 이 때문에 반민특위의 재판에 섰다고 증언하기도 하였다.[75] 이에 대해 노병직은 당시가 5인 이상 한국인이 집합을 하게 되면, 경찰당국의 허가를 받아야 되는 시기이긴 하지만, 자신이 송무관을 개관할 때 경찰서장의 허가를 손쉽게 받아냈다는 점을 들면서, 이원국이 아베 총독 또는 경무국장을 거론하는 것은 과장된 것[76]이

---

73) 『週刊朝鮮』 1990년 7월 8일(1108호) 57쪽.
74) 서성원, 『태권도 현대사와 길동무하다』, 상아기획, 2007, 238쪽.
75) 강원식·이경명, 『태권도 現代史』, 보경문화사, 1999, 4쪽.

라는 반론을 제기하기도 했다. 이는 노병직의 언급이 좀 더 옳은 것
이 아닌가 생각된다. 앞서 언급한 것처럼 가라테는 1937년부터 조선
에 소개되고 있었고, 강낙원에게 가라테를 배운 이남석의 경우에서
보듯이 조선연무관 등에서 이미 가라테가 교육되고 있었다는 점에서
이원국의 언급은 과장된 면이 있기 때문이다.

청도관은 안국동으로 옮기고 얼마 있지 않아, 제1회 당수도 연무대회
를 명동의 시공관에서 개최했다.[77] 최석
남은 『권법교본』에서 "전반(前般) 11월
25일에 시공관에서 연무대회를 개최했
다."[78]는 기록을 하고 있는데, 어느 관에
서 했는지는 언급하고 있지 않다. 『권법
교본』이 1955년 2월에 발간되었고, 당시
청도관만이 있을 정도[79]라고 최석남 스
스로 언급하고 있다는 점을 고려할 때,
1954년 11월 25일에 청도관에서 주최한
연무대회를 말하는 것으로 여겨진다.

당시 관장 이원국은 일주일에 2번 정
도 도장에 들러 수련 모습을 지켜보았
는데, 이때 수련 지도는 훗날 북한 태
권도 총책임자가 되는 유응준(兪應俊)

최석남의 『권법교본』

단기 4288(1955)년 당시 육군
대령이던 최석남이 '권법'이라
는 명칭으로 저술한 것이다.
시연은 당시 병역을 수행하고
있던 엄운규가 맡았다.

---

76) 서성원, 『태권도 현대사와 길동무하다』, 상아기획, 2007, 22쪽.
77) 이호성, 『한국무술 미대륙 정복하다』, 스포츠조선, 1995, 64쪽.
78) 崔碩男, 『拳法教本(空手道)』, 東西文化社, 1955, 23쪽.
79) 崔碩男, 『拳法教本(空手道)』, 東西文化社, 1955, 24쪽.

1장 관(館)의 형성

과 2대 청도관 관장이 되는 손덕성(孫德成)이 맡았고, 승급심사는 6개월에 한 번씩 치러졌다.[80] 당시 청도관 수련생은 300여 명이었고 방과 후 5시부터 1·2부로 나누어 수련을 했다.[81]

청도관 출신으로는 유응준·손덕성·엄운규·현종명·민운식·한인숙·정영택·강서종·백준기·우종림·남태희·고재천·곽근식·김석규·한차교·조성일·이사만·이준구·김봉식 등이 배출되었으며, 청도관의 분관(分館)으로는 서울 서대문구 이용우의 정도관(正道館), 광주를 중심으로 한 고재천의 청룡관(靑龍館), 인천을 중심으로 한 강서종의 국무관(國武館) 등이 있었으며, 직접적인 사제관계로 연결되지는 않지만, 최홍희의 오도관(吾道館)도 청도관에서 파생된 관의 하나로 볼 수도 있을 듯하다.

2) 이원국의 밀항과 손덕성의 관장 승계

이원국이 일본으로 밀항한 이후 청도관의 관장 자리는 손덕성이 잇게 된다. 이원국은 1950년 6월 부산에서 일본으로 밀항한 것으로 언급한 적이 있다.[82] 6·25가 발발하자 부산으로 피난을 갔다가 다대포 앞바다의 무인도에서 당시 돈으로 50만 환쯤을 주고 밀항선을 탔다[83]고 한 것이다.

---

80) 강원식·이경명, 『태권도 現代史』, 보경문화사, 1999, 4쪽.
81) 국기원, 『태권도피플』5 「문무 겸비한 진정한 무도인 이교윤 관장」, 2006, 31쪽.
82) 『週刊朝鮮』 1990년 7월 8일자 57쪽.
83) 『月刊中央』 1994년 12월호, 318쪽.

하지만 밀항시기와 관련해서는 다른 기록이 보인다. 1959년 6월 16일자 『서울신문』에 낸 손덕성의 성명서를 보면, "1·4후퇴 즉시 이원국은 당시 역원장인 본인에게 자기로서는 신병도 있고 또한 이상 더 운동을 계속할 수 없으니 제2대 관장을 부탁 위임하기에 글자 그대로 적자공권간판 3자를 물려받았던 것이다."라고 기재되어 있어, 1951년 1·4후퇴 이후에 이원국이 일본으로 밀항한 것으로 보인다. 이 점은 최홍희도 1950년 말 즈음에 이원국이 동래에 있는 육군종합학교로 손덕성과 함께 찾아왔다[84]고 하고 있어 1950년 6월에 일본으로 밀항했다고 보기는 어려워 보이기 때문이다.

이원국의 밀항 이유에 대해서는 여러 가지 추정이 존재하고 있다. 이원국 스스로는 당시 자유당에서 청도관 제자들을 입당시키라는 요구를 거부했고 이로 인해 이승만 대통령 암살 미수라는 누명을 쓰고 일본으로 밀항했다[85]고 하지만, 마포에서 북한군에 붙잡혀 심한 고문을 당한 직후 밀항했다는 설[86] 또는 인민군에게 잡혀 부역을 했던 사실이 우익들에게 탄로 날까 봐 겁을 먹고 일본으로 도주했다는 설[87]도 존재한다. 부역한 일에 대해서는 최홍희도 언급하고 있다. 그는 "후일 알았지만, 이원국은 1·4후퇴 때 서울에 남아 있으면서 청도관 옥상에 붉은 기를 게양하는 동시에 그의 제자 엄운규와 함께 붉은 완장을 달고 부역한 것이 탄로되어 추방을 당한 것이다."[88]라

---

84) 최홍희, 『태권도와 나』 1, 사람다움, 1997, 279·339쪽.
85) 『週刊朝鮮』 1990년 7월 8일자 56쪽 및 『月刊中央』 1994년 12월호 316~318쪽.
86) 이호성, 『한국무술 미대륙 정복하다』, 스포츠조선, 1995, 64쪽.
87) 서성원, 『태권도 현대사와 길동무하다』, 상아기획, 2007, 240쪽.
88) 최홍희, 『태권도와 나』 1, 사람다움, 1997, 279쪽.

고 기록하고 있는 것이다.

여하튼, 이로 인해 손덕성이 관장직을 승계하게 되었다. 최홍희는
이원국이 일본으로 밀항하기 전인 1950년 말 부산 동래에서 손덕성의
입회하에 이원국으로부터 청도관을 인수했으나, 군인 신분이었기 때
문에 일반 사회의 직책을 가질 수 없는 관계로 손덕성을 관장으로 하
고, 자신은 명예관장이 되었다고 하고 있다.[89] 이원국 또한 청도관 경영과 함께 태권도를 널리 보급하기 위해 논산훈련소장으로 있던 최홍희에게 협조를 구했다[90]고 언급한 적이 있다. 당시 최홍희는 동래의 군사학교에 있었으므로 논산훈련소장은 기억의 착오로 여겨진다.

이 상황과 관련해서는 1959년 6월 16일 『서울신문』기록을 통해 당시 상황을 알 수 있다.
서울에서 청도관을 운영하던 현종명이 능력 부족을 이유로 도움을
청한 상황에서 이원국이 신병이 있음과 더 운동을 계속할 수 없다는

청도관 단증

단기 4289(1956)년 청도관의 단증으로 무예 명칭으로 '태권'과 '당수'가 함께 쓰이고 있으며, 명예관장에 최홍희, 관장에 손덕성의 이름이 보인다.

---

89) 최홍희, 『태권도와 나』 1, 사람다움, 1997, 279 · 339쪽.
90) 『週刊朝鮮』 1990년 7월 8일(1108호), 57쪽.

이유를 들어 관장을 손덕성에게 위임한 것이다.[91] 이후 손덕성은 사범으로 민운식·현종명·엄운규를 임명하고 그 후 남태희를 사범으로 임명하면서 청도관의 재건에 나섰다. 6·25동란 직후 청도관 관원은 2백 명 안팎이었다[92]고 한다. 1956년 7월 29일에는 청도관 주최의 14회 연무대회가 조선일보 후원으로 장충단 육군체육관에서 개최되었는데, 100여 명의 인원이 53가지의 시범을 보였다[93]고 한다. 또 1957년 6월 23일에는 앞서 언급처럼, 청도관 개관 제14주년 기념 및 17회 정기연무대회가 육군체육관에서 거행되었다.[94]

손덕성은 개인 사재를 들여 사범 봉급과 춘추 정기적인 연무대회의 경비를 지급하였으며, 청도관 기관지인 『청도』와 『태권특보』를 발간하였다.[95] 또한 그는 1955년에는 제3군단장 참석하에 청도관장 손덕성 명의로 된 단증 및 고문 추대장을 수여했다. 당시 민간 도장으로서 군대 내에서 활동하려면 최홍희에게 명예 4단을 주는 것이 좋을 것이라는 남태희의 건의 때문이었다.[96]

하지만 1958년 동남아 태권도 시범단을 파견할 때 단장을 맡게 해 달라는 손덕성의 요구를 최홍희가 거절하면서 둘의 관계가 벌어지기 시작했다. 손덕성은 '대한태권도총본부' 결성 시에 자신을 사무장에, 당시 정계 실세였던 이재학을 회장에, 최홍희를 부회장에 편제한 것이다. 이는 최홍희를 공개적으로 망신 주자는 의도였던 것으로 보기

---

91) 『서울신문』 1959년 6월 16일자.
92) 강원식·이경명, 『태권도 現代史』, 보경문화사, 1999, 4쪽.
93) 『조선일보』 1956년 7월 30일자.
94) 대한뉴스 119호(e영상역사관(http://ehistory.kr)에서 확인 가능).
95) 『서울신문』 1959년 6월 16일자.
96) 이호성, 『한국무술 미대륙 정복하다』, 스포츠조선, 1995, 97쪽.

1장 관(館)의 형성

도 하는데, 적어도 당시 태권도계의 실세였던 최홍희의 자존심을 상하게 했던 것은 사실로 보인다.[97] 최홍희의 자서전인 『태권도와 나』에서 "그런데 깜짝 놀란 사실로써 그들은 새로 생기는 이 기구의 편제나 기능에 대해 일언반구도 없었고 선거조차 없이 한창완이가 짜놓은 각본대로 …… 발표하는 것이 아닌가. 정말 어처구니없는 일이기는 했지만 일단 참기로 했다."[98]고 기록하고 있기 때문이다. 이로 인해 최홍희와 손덕성의 관계는 돌이킬 수 없는 지경에 이른 것으로 보인다. 최홍희는 이에 대해, "뒤늦게 이처럼 된 내막을 알고 손덕성이를 관장직에서 물러나라고"[99] 했다고 기술하고 있기도 하다.

청도관 내부적으로도 손덕성의 운영에 의견이 맞지 않았던 현종명·엄운규·남태희와 충돌이 발생하였다. 특히 손덕성은 여러 도움을 줬던 엄운규의 인간적인 배신에 격노했는데, 손덕성과 최홍희 그리고 엄운규 등과의 갈등은 1959년 6월 16일 『서울신문』[100]에 현종명·엄운규·남태희의 제명 처분과 최홍희의 단증 및 명예관장 취소와 관련한 성명서를 게재하면서 공개적으로 표명되었다.

이에 손덕성과 불화를 겪던 최홍희와 엄운규는 연계를 가지며 손덕성을 압박하였다. 엄운규는 일본에 거주하고 있던 이원국에 편지를 통해 청도관에 개입하도록 하였다. 손덕성이 『서울신문』에 낸 성명서에 "단 임명장이 아닌 지령장이 수중에 난무한 그들의 장래가

---

97) 이호성, 『한국무술 미대륙 정복하다』, 스포츠조선, 1995, 97쪽.
98) 최홍희, 『태권도와 나』 1, 사람다움, 1997, 391쪽.
99) 최홍희, 『태권도와 나』 1, 사람다움, 1997, 391쪽.
100) 1959년 6월 15일자 청도관 손덕성 명의의 성명서(강원식·이경명, 『태권도 現代史』, 보경문화사, 1999, 25~28쪽에서 재인용). 이하 성명서 내용의 출처도 동일하다.

또한 지극히 한심하다 아니할 수 없다. 수십만 관원을 사랑하고 태권도 청도관의 앞날을 위하여 그러한 배신행위를 하는 자에게 어찌 관장이란 명칭을 물려줄 수 있을까?"라고 하여 청도관장 임명장은 아니지만, 엄운규가 이원국으로부터 청도관 관장에 임명받은 것으로 이해하고 있음을 알 수 있다. 최홍희 또한 1959년 9월 3일 대한태권도협회를 창립하면서 이사에 손덕성을 제외하고 엄운규를 임명하면서 손덕성을 제외시킨 것이다. 아울러 수련생들 앞에서 손덕성을 물리적으로 도장 밖으로 몰아내기도 했다.[101] 이런 과정을 거쳐 손덕성은 청도관과 태권도계에서 소외되었고, 결국 1963년 3월에 미국으로 이민을 가게 되었다. 이후엔 관장직이 엄운규로 이어졌는데, 관 통합 이후 청도관은 청도회라는 모임 형태로 유지하고 있으며, 미주에는 청도관 출신 사범들의 모임인 미주청도관협회가 모임을 갖고 있다.

청도관 소단증

1976년의 청도관 소단증으로, 관장에 국기원장 엄운규의 이름이 보인다.

3) 청도관의 분관

청도관은 이원국이 1951년 초 일본으로 밀항을 하면서, 손덕성이

---

101) 최홍희, 『태권도와 나』1, 사람다움, 1997, 331쪽.

1장 관(館)의 형성

관장에 취임하지만, 절대적인 영향력을 미치던 창설자의 부재는 분관의 단초가 되었다. 청도관의 분관으로는 정도관과 국무관·청룡관이 있다.

□ 정도관(正道館)

1944년 말 청도관에 입관한 이용우(李龍雨, 1928~2006)에 의해 1954년 서울 서대문 로터리 부근에 개관되었는데, 다른 신흥 관들과는 달리 모체관인 청도관과 마찰 없이 관을 개설했다는 점에서 특이한 경우에 속한다고 할 수 있다.

정도관의 명칭은 도장을 개관하려고 고민하던 이용우가 청도관의 '청'에서 점을 하나 빼 보면 어떻겠느냐는 엄운규의 도움에서 아이디어를 얻었는데, '바른 길을 걷는다'는 무도정신과 맞아떨어져 명칭이 탄생하게 되었다.

당시 정도관은 백여 평이 넘었는데, 이용우가 다른 도장과 차별화된 독특한 수련프로그램으로 지도하면서 한때 수련생들이 많이 몰려 5부로 나누어서 밤늦게까지 이어졌다.

'나는 떳떳하고 부끄러움이 없는 무도인이다.'라는 관훈으로 정도관은 1960년대 중반부터 마산·울산·창원·목포·김제 등지에 지관을 개관하며 관세를 확장해 나갔다.

정도관의 초창기 수련생으로는 장용갑·김재기·김기동·오부웅·주계문·박태현 등이고 그 뒤를 이어 박경선·심명구·김명환·김학근·전영근·전선용·이종오가 정도관의 명맥을 이어 오고 있으며,[102]

---

102) 이에 대해서는 강원식·이경명, 『태권도 現代史』, 보경문화사, 1999,

2007년 3월부터는 김기동이 2대 관장으로 취임했다.

□ **국무관(國武館)**

2대 관장인 손덕성이 청도관에서 물러나자 부사범이었던 강서종이 인천을 중심으로 10여 개의 청도관 지관을 모아, 국무관을 만들어 손덕성을 관장으로 추대[103]하는 과정에서 만들어졌다. 손덕성이 최홍희·엄운규와 갈등을 일으킨 시기가 1959년 하반기이고, 『동아일보』에는 1959년 11월 9일에 국무관이 주최하는 연무대회를 개최한다[104]고 하는 것으로 봐서 1959년 11월 이전에 창립된 것으로 보인다.

손덕성이 관장직을 거절하고 미국으로 이민을 가자, 강서종이 국무관 관장에 취임했다고 하는데,[105] 이에 대해, 이교윤은 손덕성이 동료인 김석규와 서울 을지로 6가 계림극장 옆 경기여객 2층에서 국무관을 신설 운영하다 도미했다[106]고 한다.

1959년 11월 9일에는 앞서 언급한 대로 무덕관·한국체육관·진도관(眞道館)·강덕원 등의 찬조를 받아 시공관에서 태권도특별연무대회를 개최한 것으로 보인다. 이후 1969년 강서종은 손덕성이 미국에서 초청을 하자 국무관을 남겨 둔 채 도미했는데,[107] 국무관은 이후에도 동인천 역전으로 옮겨져 계속 운영되다가 90년대 말 사범이 교통사고를 당하면서 폐관되었다고 한다. 한편 강서종은 뉴욕 브룩

17~18쪽 및 『태권도피플』 5, 국기원, 2006, 30~31쪽 참조.
103) 이호성, 『한국무술 미대륙 정복하다』, 스포츠조선, 1995, 98쪽.
104) 『동아일보』 1959년 11월 4일자.
105) 이호성, 『한국무술 미대륙 정복하다』, 스포츠조선, 1995, 103쪽.
106) 이교윤, 『글로벌 태권도』, 조은, 2007, 37쪽.
107) 이호성, 『한국무술 미대륙 정복하다』, 스포츠조선, 1995, 103쪽.

클린에서 국무관을 개관했는데, 현재도 2남 강호선·3남 강태선에 의해 이어지고 있다.

□ 청룡관(靑龍館)

청도관 출신의 고재천이 제1훈련소에서 광주교청으로 발령이 나자 1957년 광주에 설립하였다. 1970년대 초 한국에 프로태권도가 시도됐을 때 이를 주도하기도 했다.[108]

□ 오도관(吾道館)

오도관을 청도관과 직접적으로 연결시키는 데 어려운 점이 있다. 오도관 관장을 지낸 최홍희가 이원국 청도관 관장으로부터 직접 무예를 배운 것은 아니기 때문이다. 하지만 오도관 창설과 유지에 청도관 출신의 남태희(南太熙) 등이 많은 역할을 했다는 점에서 청도관으로부터 영향을 많이 받은 관이라고 볼 수도 있을 듯하다.

오도관은 군(軍) 출신의 최홍희(崔泓熙)에 의해 1954년에 4월 1일[109] 강원도 용대리에서 창설되었다고 한다. 오도관 창설과 화랑 및 충무형 등을 완성하는 데에 남태희의 역할이 컸다.[110] 이 때문에 오도관은 최홍희와 남태희의 합작품이라는 평가를 받고 있기도 하다.[111]

오도관의 명칭에 대해서 최홍희는 '오도'는 공자가 '나는 오직 한 길을 걸어가는 사람이야(吾道一以貫之).'라는 말과 비슷한 자신의 성

---

108) 이호성, 『한국무술 미대륙 정복하다』, 스포츠조선, 1995, 74쪽.
109) 강신철, 『사진으로 보는 태권도』「오도관 약사」, 자연과 사람, 2002, 32쪽.
110) 최홍희, 『태권도와 나』 1, 사람다움, 1997, 338~339·397쪽.
111) 강원식·이경명, 『태권도 現代史』, 보경문화사, 1999, 13쪽.

격과 태권도를 전 세계로 뻗치게 하겠다는 뜻을 내포하고 있다[112]고 하고 있다.

오도관에는 남태희를 비롯해 백준기·한차교·우종림·고재천·김석규·곽근식 등 청도관 출신들이 대다수를 차지했고, 지도사범 또한 손덕성·현종명 등 청도관 출신이 주류를 이루었다. 현종명은 1954년부터 10년간 오도관 수련생들을 지도하며 관장직을 맡기도 했다. 이는 최홍희가 청도관 명예관장으로 재직한 것과 관계가 있는 것으로 볼 수 있다.[113] 오도관 1기생으로는 김수기, 2기생으로는 이응삼과 이화섭 등이 있었다.[114]

최홍희는 '태권도'라는 명칭을 이승만 대통령으로부터 1955년 4월 11일 받아냈는데, 그는 그날을 기점으로 해서 그의 지휘하에 있는 오도관과 청도관의 당수도 간판을 태권도로 바꾸도록 했으며, 아울러 남태희에게 지시해 태권도를 수련하는 장병들이 경례할 때는 '태권'이란 구호를 외치도록 했다. 한편 전주와 청주의 두 개 예비 사단에 각각 도장을 마련하여 군인과 민간인이 공동으로 수련하도록 했다.[115]

1959년 2월에 초청을 받아 월남(베트남) 국방성 초청에 의해 당수도 선수단이 파견되었다. 단장에는 최홍희이 지휘에는 남태희, 선수에는 고재천·우종림·백준기를 포함한 총 20명이었다.[116] 이때 시범단의 시연에 월남 '고딘 디엠' 대통령이 시범 연장을 요청[117]하기도

---

112) 강원식·이경명, 『태권도 現代史』, 보경문화사, 1999, 339쪽.
113) 강원식·이경명, 『태권도 現代史』, 보경문화사, 1999, 14쪽.
114) 최홍희, 『태권도와 나』 1, 사람다움, 1997, 339·397쪽.
115) 최홍희, 『태권도와 나』 1, 사람다움, 1997, 347~348쪽.
116) 『동아일보』 1959년 2월 26일자.

1장 관(館)의 형성

최홍희의 『태권도교본』

단기 4292(1959)년에 오도관을 창설한 최홍희가 저술하고 성화문화사에서 펴낸 『태권도교본』의 표지이다. 이 책에는 태극, 평안 등 가라테형과 함께 화랑, 충무, 을지 형 등 오도관 창작 품새가 기재되어 있다.

했다. 이 일행은 타이완[臺灣]을 방문해, 타이베이[臺北]와 타이남[臺南]에서 시연하기도 했다.118)

태권도 교관단 파견은 1962년 12월 남태희를 단장으로 김승규·정영휘·추교일 등 4명이 파견되었는데, 1973년 3월 12일 철수할 때까지 6백57명의 유단자를 파견했다. 역대 태권도 교관단장은 남태희·백준기·최동희·김석규·고재천·김봉식·정병길·김승규 등 청도관 출신이 주축을 이루었다.119) 1959년 4월 11일에는 서울 육군체육관에서, 15일에는 대구 종합운동장에서 시범 연무를 한다120)는 기록이 남아 있다.

최홍희는 1964년에 화랑·충무·계백 등 18개 틀(품새)을 1966년에는 4개 틀을 완성하였는데, 오도관을 중심으로 군에 이를 보급하였다. 이때 지도관이나 무덕관 출신들의 교관들과는 충돌이 있기도 했다.121) 오도관은 태권도를 수련하고 입대한 사병들의 단증에 청도관 것만 인정하고 나머지 단은 '민간단'이라고

---

117) 『동아일보』 1959년 3월 14일자.
118) 최홍희의 『태권도와 나』 1, 사람다움, 1997, 403~409쪽.
119) 강원식·이경명, 『태권도 現代史』, 보경문화사, 1999, 14쪽.
120) 『동아일보』 1959년 4월 5일자.
121) 최홍희, 『태권도와 나』 2, 사람다움, 1998, 41~43쪽.

해서 별도로 승단심사를 거치도록 해 민간도장과 첨예한 갈등을 빚었다. 이에 대해 후일 최홍희는 "오도관이 '형제관'이라 할 수 있는 청도관과의 잦은 교류로 기본동작과 형(型·품새)의 수련체계가 같았으나, 지도관·창무관 등 민간도장의 수련체계와는 달라 군에 맞는 별도의 심사가 필요했기 때문"[122]이라고 해명했다.

오도관은 최홍희가 공격적인 관 확장을 하면서 민간에서 다른 관들과 불화를 일으키기도 했던 것 같다. 1955년경에는 전주시의 예비사단과 경찰국에 진출했는데, 지도관의 전일섭이 찾아와 청도관이나 오도관의 진출을 금지해 달라는 요청을 하기도 했으며,[123] 1959년 6월경에는 대구에서 청도관 유단자들을 불러 2군이 운영하고 있는 역전 근처의 극장에서 시범을 개최하려고 하자, 무덕관의 홍종수가 이 시범을 저지시키려고 했다[124]는 기록을 통해서 추정해 볼 수 있다.

오도관은 최홍희가 '국제태권도연맹(International Taekwondo Federation)'을 창설한 후, 대한태권도협회와의 주도권 쟁탈과 당시 정권과의 불화로 인해 1972년 캐나다로 망명하면서 국내에서는 급격히 퇴조하게 되었다. 최홍희를 지지한 오도관 사범들은 국제태권도연맹을 이끌어 가는 주도적 역할을 하게 된다.

---

122) 강원식·이경명, 『태권도 現代史』, 보경문화사, 1999, 14∼15쪽.
123) 최홍희, 『태권도와 나』1, 사람다움, 1997, 354쪽.
124) 최홍희, 『태권도와 나』1, 사람다움, 1997, 415쪽.

1장 관(館)의 형성

1959년 태권 제2기 일동 기념사진

태권 제2기 일동 기념(4292. 7. 16)과 태권도 제2회 조업 기념(4292. 12. 25)
으로 기재되어 있는 이 두 장의 사진은 명확히 어느 관의 기념사진인지는
불분명하다. 다만, 1959년 7월에는 '태권'이라는 명칭이 오도관을 중심으로
사용되고 있었고, '2기 일동'은 사범 양성과 관련된 문구로 보여, 오도관 계
열에서 사범 훈련이 끝나고 찍은 기념사진으로 여겨진다.

오도관의 역대 국내 관장은 1대 남태희, 2대·5대 우종림, 3대 김석규, 4대·7대 현종명, 6대 장태익, 8대 곽병오, 9대 허용, 10대 백준기, 11대 진덕영, 12대 고동준[125]이 역임했는데, 2005년 1월 31일부터는 한병학으로 이어지며 명맥을 유지하고 있다. 2000년 이후, 국제태권도연맹과 관련이 있는 단체들이 다시 국내에 보급을 시도하고 있는데, 그 결과가 주목된다.

송무관(松武館)

1) 개성에서의 창설과 활동

송무관은 1946년 5월 개성시 동흥동에서 노병직(盧秉直)이 개관한 것으로 알려져 있다.[126] 하지만 『동아일보』 1948년 11월 9일자에는 창립 1주년 창립대회를 송도대강당에서 개최한다고 하고 있어, 대외적인 송무관의 공식적인 창설은 1947년 11월경에 이루어졌음을 알 수 있다.

이에 대해서 노병직은 1936년 3월 동경에 유학 간 후 방학 때가 되면 개성에 와서 친구와 후배들에게 가라테를 가르쳤으며, 1944년 2월에 완전히 고향에 돌아온 후 자남동에 소재하고 있는 관덕정에 도장을 내기로 하고 관할 경찰청에 허가원을 제출하여 허가를 받았다

---

125) 강신철, 『사진으로 보는 태권도』「오도관 약사」, 자연과 사람, 2002, 32쪽.
126) 서성원, 『태권도 현대사와 길동무하다』, 상아기획, 2007, 22쪽.

고 한다. 당시는 앞서 언급대로 5인 이상이 집합을 하게 되면 반드시 경찰 당국의 허가를 받아야 했기 때문이다. 이런 과정을 거쳐 1944년 3월 20일 송무관을 창설[127]했다고 한다. 이는 1944년 7월 25일 제1회 승급심사가 이루어졌다는 점에서 내부적인 창설일은 1944년 3월 20일 임을 알 수 있다.[128]

당시 허가원의 내용은 "단체명＝공수도 송무관, 장소＝개성시 자남동 관덕정 구 정자건물, 지도사범＝노병직, 교습명＝일본 공수도(가라테), 교습시간＝매일 아침 6시부터 2시간"이었다.

송무관의 명칭 중 '송'의 의미에 대해 십장생의 하나인 소나무[松]의 항상 푸르고 역동적인 의미를 개인적으로 선호했고, 노병직의 고향인 개성의 옛 이름이 송도(松都)이며, 가라테를 배운 곳이 송도관(松濤館)이었기 때문이라고 하며,[129] 무는 무예(武藝)·무술(武術)·무도(武道)의 기량을 갈고 닦아 정신을 수양하여 심기체(心技體)의 인간을 도야하는 의미가 있는 것[130]이라고 한다.

관덕정에서 수련생을 가르칠 때는 10여 명 정도의 개인교습이었는데, 제2차세계대전이 격화되면서 청·장년들이 징병과 징용으로 끌려가자, 1944년 8월 23일 개인교습을 중단할 수밖에 없었다[131]고 한다.

앞서 언급대로 외부사정으로 개인교습을 그만두기 전인 1944년 7월

---

127) 강신철, 『사진으로 보는 태권도』「송무관 약사」, 자연과 사람, 2002, 30쪽.
128) 류호평, 「태권도의 각문파 창립과정과 특성에 관한 연구」, 『선무학술논문집』13, 2003, 168~171쪽.
129) 강원식·이경명, 『태권도 現代史』, 보경문화사, 1999, 12쪽.
130) 강신철, 『사진으로 보는 태권도』「송무관 약사」, 자연과 사람, 2002, 30쪽.
131) 강기석, 『태권도 반세기』, 서울올림픽기념국민체육진흥공단, 2001, 39~40쪽; 서성원, 『태권도 현대사와 길동무하다』, 상아기획, 2007, 21~22쪽.

25일 개성 궁사장 구건물에서 제1회승급심사를 시행했다. 응심인원은 11명이었으며, 태극초단~3단, 평안초단~3단형과 삼보대련이 심사 종목이었다. 당시 6급 합격자는 오경환·백태식·김영훈·이종만·이회순·이경문·박준영·한명순이었으며, 7급 합격자는 박면재·김인홍·김재하였다.

노병직은 단신의 체구에 강인한 인상이나 지나치게 카리스마가 강해 제자들에게서 호평을 받지는 못했다. 그는 수련 1시간 전에 일찍 와서 아령과 역기 등으로 몸을 푼 다음 오른손과 왼손을 번갈아 가며 권고대에 정권주먹·수도치기 순으로 단련을 했는데, 그 가공할 완력에 수련생들이 혀를 내두를 정도였으며, 그는 또 수련생들에게 반드시 1백 번 이상 권고를 치게 한 다음 본격적으로 지도했는데, 4급 이상이면 꼭 실전대련을 시켰다[132]고 한다. 겨루기 대련을 할 때는 먼저 수련생들끼리 시키고 지칠 만할 때 노병직이 직접 지도를 했다[133]고 한다.

1945년 8월 15일 해방을 맞아 명칭을 공수도에서 당수도로 바꾸어 사용했으며, 1946년 5월 개성시 동흥동에서 송무관을 재발족하였고, 1946년 11월에는 경위 호봉의 제일관구경찰청 당수도 강사겸 동관구 경찰학교 당수도 교관 임명을 받고 1949년 7월까지 경찰학교에서 당수도를 지도하였다.[134] 그리고 앞서 언급한 대로, 1948년 11월에는 1주년 창립기념 연무대회를 송도대강당에서 개최하였다.

---

132) 강원식·이경명, 『태권도 現代史』, 보경문화사, 1999, 13쪽.
133) 류호평, 「태권도의 각문파 창립과정과 특성에 관한 연구」, 『선무학술논문집』 13, 2003, 168쪽.
134) 류호평, 「태권도의 각문파 창립과정과 특성에 관한 연구」, 『선무학술논문집』 13, 2003, 167쪽.

『사진으로 보는 태권도』의 「송무관 약사」에는 송무관의 관훈으로 "예의존중·극기겸양·부단노력·최웅만부(最雄萬夫)·문성겸전(文成兼全)" 등이 기재되어 있으나,135) 3대 송무관 관장을 역임한 강원식은 이에 대해 60년대까지는 관원선서는 존재했지만, 중앙도장에는 이 관훈이 존재하지 않았다고 하면서 전라도 지역의 송무관에서 사용된 것이 아닌가 추정하였다.136)

국내에서의 관장은 초대 노병직에 이어, 2대 이영섭·3대 강원식으로 이어졌다.137) 미국에서 송무관의 단증은 노병직의 아들 노희상을 통해 계속 발급되고 있으며,138) 인터넷 사이트(http://www.songmookwan.com/)도 운영되고 있다. 송무관은 이회순·이영섭·김홍빈·한상민·송태학·이희진·조규창·홍영찬·조완운·김일상·문현상·노일환 등을 배출했는데, 5대 기간도장 중 관세가 가장 미약하였다139)는 평가를 받고 있다.

2) 중앙도장의 서울 이전과 활동

6·25 이후인 1953년 9월 20일에 서울 마포구 아현동에서 당수도 송무관 중앙본관을 재발족했다.140) 개성시가 휴전선 이북에 위치해 미수복지구가 되었던 까닭이다. 이 시기에 청도관에서 수련한 현종명·민운식·최기용·한인숙·유웅준 등이 기회 있을 때마다 제각각

---

135) 강신철, 『사진으로 보는 태권도』「송무관 약사」, 자연과 사람, 2002, 30쪽.
136) 2007년 8월 1일 강원식과의 인터뷰.
137) 강원식·이경명, 『태권도 現代史』, 보경문화사, 1999, 13쪽.
138) 이호성, 『한국무술 미대륙 정복하다』, 스포츠조선, 1995, 73쪽.
139) 강원식·이경명, 『태권도 現代史』, 보경문화사, 1999, 13쪽.
140) 강신철, 『사진으로 보는 태권도』「송무관 약사」, 자연과 사람, 2002, 30쪽.

노병직에게 당수도 기술을 배워 갔으며, 손덕성·남태희가 교류시범차 다녀가기도 했다[141]고 한다.

1956년 10월 13·14일에는 인천공설운동장에서 인천한양공사(仁川漢陽公社) 주최로 '공수도 연무 및 제1회 투우대회'를 주관하게 되었는데, 이화랑(李花郞)이 황소와 맨손대결 이벤트도 행한다[142]고 하는 기록이 보이는데, 이화랑은 공수도보다는 차력을 주로 한 이철산의 제자이다.[143]

1957년 4월에는 관장 이춘상(李春商)에 의해 서대문구 합동(哈洞) 114번지에서 공수도 송무관이 신발족하게 되었다[144]는 기록이 보이는데, 송무관 관련 인물 중에서 그의 존재가 찾아지지 않아 의문이 든다. 이에 대해서는 차후 다른 기록의 발견을 기다려야 할 듯하다.

1965년경에는 서대문 형무소 옆 대한체육관에서 중앙도장이 운영되었으며,[145] 1967년 11월 16일에는 서울시 중구 중림동으로 이전하여 태권도 송무관 중앙본관을 개관[146]하였다. 1971년 5월 27일에는 '송무관노병직배쟁탈개인선수권대회'를 개최했다.[147]

---

141) 류호평, 「태권도의 각문파 창립과정과 특성에 관한 연구」, 『선무학술논문집』 13, 2003, 167쪽.
142) 『동아일보』 1956년 10월 12일자.
143) 2007년 8월 1일 강원식과의 인터뷰.
144) 『동아일보』 1957년 4월 20일자.
145) 류호평, 「태권도의 각문파 창립과정과 특성에 관한 연구」, 『선무학술논문집』 13, 2003, 168쪽 註10).
146) 강신철, 『사진으로 보는 태권도』 「송무관 약사」, 자연과 사람, 2002, 30쪽.
147) 『月刊스포츠』 1975년 4월호, 68쪽.

1장 관(館)의 형성

3) 송무관의 심사규정

송무관의 승급심사종목을 보면, 8급과 7급 심사에는 태극초단~태극 삼단형 및 삼보대련, 6급과 5급 심사에는 평안초단~평안삼단형 및 삼보대련, 4급부터 1급 심사에는 평안 사단·평안 오단형과 삼보대련 및 단도대련을 심사하였다.

승단심사종목을 살펴보면, 초단에는 평안 오단·철기 초단·찐테 중 2개를 지정하고 자유대련 2번과 호신법, 격파였다. 격파는 송판· 벽돌·기와 중에서 하나를 선택하도록 했는데, 송판은 오분송판 2매를 정권·이권·수도·봉·앞차기·돌려차기·뒤돌려차기·옆차기· 2단옆차기 중에서 하나를 선택하여 격파하도록 했으며, 벽돌은 1매를 정권·등주먹·수도·역수도 중에서 하나를 선택하여 격파해야 하며 발로 격파하는 것은 안 됐다. 또한 기와는 8매를 정권·수도· 등주먹 중에서 하나를 선택하여 격파하도록 하는데, 이마로 격파하는 것은 금지하였다.

2단심사는 철기 이단과 발새 소·반월·공산군 소·진테·십수 중에서 형 하나를 지정하여 심사했으며, 대련은 자유대련 2회·1대 2 대련 1회·단도 대련 1회였으며, 초단과 같이 호신법과 격파를 하였는데, 격파는 오분(分) 송판 2매나 1치(寸) 송판 1매·벽돌 1매· 기와 10매였는데, 방법은 초단과 같았다.

3단심사에는 철기 삼단과 암학·노패·발새 대 중에서 한 개를 지정했으며, 자유대련 2회, 1대 3대련 1회, 단도 또는 장도 대련 1회를 실시했다. 아울러 호신법과 격파도 실시했는데, 초단·2단과 방법이 같았는데, 송판에 한해서 장애물 격파가 있었다. 장애물 격파는 2단 옆차기·2단 돌려차기였으며, 때에 따라서는 논문이 출제되었다.

4단심사 이상에는 철기 삼단·공상군 대·연비·오십사보·자은 중에서 하나를 지정했으며, 자유대련 2회·1대 3대련 1회·단도 또는 장도 대련 1회·기타 흉기·무기대련을 실시했다. 이 외에 호신법과 격파와 논문이 있었다. 이 중 격파는 초단과 동일했으며, 장애물 격파는 3단심사와 같이 하였으며, 논문의 논제는 수시로 다르게 출제하였다.

심사의 채점은 100점 만점으로 하고, 75점 이상은 정식 승급·승단 결정했고, 55점 이상 70점까지는 추천으로 승급·승단을 결정하였으며, 7단 이상은 격파를 생략하였다.[148]

이 송무관의 심사는 그 종목 구성에 있어 대한공수도협회의 심사 등 이후에 실시된 심사제도에 커다란 영향을 미치게 되었다고 하는데, 이에 의미를 두기도 한다. 물론 호신법과 단도, 장도 등 흉기를 상대로 하는 대련은 대한공수도협회 때부터는 실시되지 않았다고 한다.[149]

---

148) 심사에 관해서는 류호평, 「태권도의 각문파 창립과정과 특성에 관한 연구」, 『선무학술논문집』 13, 2003, 168~171쪽 참조.
149) 류호평, 「태권도의 각문파 창립과정과 특성에 관한 연구」, 『선무학술논문집』 13, 2003, 171쪽.

1) 무덕관의 설립

무덕관은 일반적으로 해방 직후에 서울 용산역 부근의 교통부 청사를 빌려 황기에 의해 '운수부우회(運輸部友會) 당수도부(唐手道部)'로 출발한 것으로 알려져 있다. 하지만 여기에는 의문의 여지가 없는 것도 아니다.

먼저 창립연대에 대해서는 황기 스스로는 그가 저술한 『당수도교본(唐手道敎本)』에는 단기 4278(1945)년 11월에 창립한 것으로 기록[150]하고 있는데,[151] 이에 대해서 조선연무관 권법부 출신으로 지도관 관장 및 국기원 부원장 등을 역임한 이종우(1928~)는 무덕관은 분명히 청도관이나 조선연무관보다 먼저 창설되지는 않았다고 하면서 중앙기독교청년회(YMCA)권법부와 비슷한 시기에 창설되었을 것[152]이라고 하는 등 1946년 이후로 보고 있는 것이다.

하지만 이는 앞서 언급했듯이 청도관의 예에서 볼 수 있듯이 인식 차이에서 비롯된 것으로 보인다. 즉 황기는 처음 무예를 가르치기 시작한 때부터 연속선상에서 무덕관 창설시기를 언급한 반면, 이

---

150) 黃琦, 『唐手道敎本』, 契良文化社, 1958, 22쪽.
151) 황기가 저술한 『수박도대감』, 「주요연혁」(삼광문화사, 1970, 676쪽) 및 『THE HISTORY OF MOODUKKWAN』(1995, 23쪽)에는 1945년 11월 9일로 기록되어 있으며, 『무예시보』 4293(1961) 12월 1일자(4호)에는 "단기 四二七八년(1945) 十월 九일 서울 용산에서 창립발족"이라 하여 한 달의 시간 차이가 나고 있다.
152) 서성원, 『태권도 현대사와 길동무하다』, 상아기획, 2007, 16쪽.

종우의 견해는 대외적으로 무덕관의 존재가 인식되기 시작한 시기부터를 창설 시기로 인식했기 때문으로 보인다. 이는 황기의 첫 번째 지도가 2개월도 못 가서 흐지부지되었고, 1946년 초에 운수부 동료 5명과 시작한 수련도 유명무실해졌다[153]고 하는 기록을 통해 알 수 있다. 무덕관과 직접 관련이 없던 사람들은 이런 사정을 알지 못하였기 때문에 대외적으로 알려진 시기를 언급하는 것으로 여겨진다.

아울러 무덕관 창설 초기에 명칭이 무엇인지가 불명확하다. 황기가 자신이 근무하던 운수부 심사계 옆의 10평 정도 되는 창고에서 '무덕관 화수도'라는 명칭으로 가르치기 시작했다[154]는 기록이 있는 반면, 1945년 11월에 무덕관에 입관한 김인석은 당시는 미군정시대였기 때문에 '교통부'가 아니라 '운수부'였는데, 대외적으로는 '운수부 당수도 도장'이었고, 그다음엔 '운수부 화수도 도장'에서 다시 '운수부 당수도 도장'으로 변경했다가 기간도장들이 각각 새 관명을 달고 개관함에 따라 '무덕관'으로 또다시 변경했다[155]고 하고 있기 때문이다. 황기 스스로는 "…… 명칭을 심사숙고한 후 화수도(花手道)라고 정하고 수련하였던 것이다. 공개(公開)하지도 않았으며 간판도 걸지 않고 시작하였다."[156]고 하고 있어, 내부적으로는 '화수도'

---

153) 서상렬(백락언), 『무덕관은 통합되어야 한다』, 2002, 미간행소책자, 1~2쪽 및 HWANGKEE, 『THE HISTORY OF MOODUKKWAN』, 1995, 24~26쪽).

154) 서상렬(백락언), 『무덕관은 통합되어야 한다』, 2002, 미간행소책자, 1~2쪽 및 HWANGKEE, 『THE HISTORY OF MOODUKKWAN』, 1995, 24~26쪽).

155) 강기석, 『태권도 半世紀』, 서울올림픽기념국민체육진흥공단, 2001, 28~29쪽.

156) 황기, 『무덕관』, 대한수박도회, 1993, 25쪽.

1장 관(館)의 형성

라는 명칭을 사용되었던 것으로 보인다.

화수도연무대회 포스터

4282년(1949) 7월에 교통학교 강당에서 개최된 제3회 화수연무대회 포스터이다. '화수연무대회'라는 내용을 통해, 이 시기에도 무덕관 내에서는 '화수도'라는 명칭을 사용하고 있었음을 알 수 있다. (제공: 무덕관)

황기 스스로는 '화수도'란 명칭을 애용하였음은 단기 4282년 10월 19일 제3회 '화수연무대회'를 개최하였으며, 1950년 4월에는 『화수도교본(花手道敎本)』이 발행된 것으로도 알 수 있다. 화수도라는 명칭을 사용하게 된 이유에 대해 황기는

'화(花)' 자는 과거의 화랑도의 두자(頭字)를 채택한 것이니 이는

우리나라의 역사적 전통으로 밀추어 보드라도 의의심장한 바가 있음
은 재언(再言)은 불요(不要)하니 즉 꽃은 이 모든 자연계의 가장 원만
하고 자유롭고 화려하고 희망에 충만하야 힘차고 평화롭고 모든 행복
의 자연발로이며 누구나 안이 만물이 다 꽃을 보고는 웃지 않는 사람
은 업고 (화)라는 어원, 어감도 비할 곳 없이 평화롭고 순조로우니 능
히 이 거도(巨道)의 표어의 일자로 선택됨에 부꾸럼이 없고도 나마지
가 있을 것이다.

　‘수(手)’ 자는 당수도의 수자를 인용함도 되지마는 (수)라함은 손을
의미함이요 또 사람을 표현함이요 나가서는 자격 실력이나 물리학적
표현도 되여 어원, 어감도 대단히 부드러워 넉넉이 사도(斯道)의 대표
어로서 채택되여 부꾸럼이 업다고 생각된다.

　또 끝으로 ‘도(道)’인데 이 자는 고래로부터 전하야 내려온 말이며
이에 대하야는 현명한 세인이 다 주지하는 사실임으로 다언(多言)을
피하는 바이다. 그리하야 삼문자로 합하야 ‘화수도(花手道)’라 칭하게
된 것이다.[157]

라고 하고 있다.

　하지만 일반인들이 잘 알지 못하고 대외적으로 ‘당수도’라는 명칭
이 알려져 있으므로 부득이하게 ‘당수도’라고 불렀다[158]고도 한다.
즉 대외적으로는 당수도를 사용하였지만, 당수도를 대신할 명칭 제
정에 대한 의도는 지니고 있었음을 알 수 있다. 이는 『당수도교본』
을 통해서 알 수 있다.

---

157) 黃琦, 『花手道敎本』, 朝鮮文化敎育出版社, 1949, 37~38쪽.
158) 서상렬(백락언), 『무덕관은 통합되어야 한다』, 2004, 미간행소책자, 2쪽.

1장 관(館)의 형성

일반대중은 '당수도'라고 하여야 잘 알아듣는 것만은 사실이다. 그리하여 창설 초기인지라 일반적으로 온당한 인식과 보급을 조속하게 하려면 일반이 잘 알고 있는 명칭을 사용하는 것이 효과적일 것이기 때문에 표면 간판은 당수도라 하여 나아가다가, 어느 수준에 도달하여 당수도계가 안정성이 있다고 보일 때에 가서는 우리나라 사학가 또는 국문학자 권위자 선생들을 비롯하여 각계 선배들을 모시고 고견을 종합하여 가장 공정하고 우리나라에 적합하고 이상적인 명칭을 마련하여 나아갈 방침인 만큼 당수도라는 이름은 어디까지나 임시적인 명칭에 지나지 않는 것이다.[159]

황기의 새로운 명칭에 대한 속내를 알 수 있는데, 이는 황기가 1956년에 『무예도보통지』를 접하게 되면서 '수박도'라는 명칭으로 정착하게 된다. 복사기가 없던 시절 2년에 걸쳐 필사하고 이를 바탕으로 '수박도'라는 명칭을 제정하게 된 것이다. 그리고 그는 1960년 6월 30일에는 '대한수박도회'로 사단법인 허가를 받기도 한다.

황기는 해방 이후 근무하던 운수부 심사계의 10평 정도 되는 옆 창고에서 무술을 가르치기 시작했다. 처음 수련에 참가한 사람은 오원영(吳元泳)·함해성(咸海星)·이상초(李相楚) 3인이었으나, 2개월도 못 가서 흐지부지되고 말았다. 1946년 초에도 운수부 동료들인 신재영(申在泳)·홍성균(洪聖均)·윤재철(尹載?)·김욱(金旭)·김동한(金同漢) 등 5명과 다시 시작을 하여 중국식 세법과 보법까지 수련했으나[160] 또한 유명무실한 상태가 되었다. 이런 시기에 전상섭과 이원국을 만나 당시 유행하는 당수도로 명칭을 바꾸고 수련내용도

---

159) 黃琦, 『唐手道敎本』, 契良文化社, 1960, 27쪽.
160) 황기, 『무덕관』, 대한수박도회, 1993, 25~26쪽.

오끼나와 가라테로 바꾸었다.161) 이교윤은 현종명의 증언을 바탕으로 8·15광복 이후 서울 용산구 소재에 위치한 교통부 내에 부설형식으로 당수도부를 신설 철도국 직원을 대상으로 도장을 운영했으며, 수련생지도는 철도국에서 함께 재직하던 현종명이 전담하고 황기는 주로 섭외활동을 하였다162)고 서술하고 있다.

1947년 7월 17일에는 교통부 부우회 강당에서 연무회를 개최하였으며,163) 1948년 9월에 무덕관 제1회 승단심사를 실시했는데, 김은창(金恩昌)·김용덕(金容德)·유(柳)화영 등 3인이 초단으로 승단했다. 승단심사는 매년 춘추 2회 정기심사를 개최하였다164)고 한다. 1949년 10월 19일에는 '제3회 화수도연무대회'를 교통부우회 후원을 받아 교통학교 강당에서 개최하기도 했다.165)

무덕관은 용산의 철도국 부근에 있었기 때문에 사람들은 '철도국도장'이라고 칭했다. 당시 수련생은 홍종수·최희석·유화영·남삼현(南三鉉)·김인석·이복성·황진태·원용범·정창영·이강익 등으로 이들은 모두 철도국 직원들이었다. 무덕관은 철도국(운수부)을 통해 각 지방의 기차역 창고에 도장을 개관하면서 세력을 넓혀 나가 무덕관 하면 철도역이 연상될 정도였다166)고 한다.

---

161) 서상렬(백락언), 『무덕관은 통합되어야 한다』, 2002, 미간행소책자, 1~2쪽 및 HWANGKEE, 『THE HISTORY OF MOODUKKWAN』, 1995, 24~26쪽.
162) 이교윤, 『글로벌 태권도』, 조은, 2007, 39쪽.
163) 황기, 『수박도대감』, 삼광출판사, 1970, 62쪽.
164) 서상렬(백락언), 『무덕관은 통합되어야 한다』, 2002, 미간행소책자, 3쪽 및 HWANGKEE, 『THE HISTORY OF MOODUKKWAN』, 1995, 63쪽.
165) HWANGKEE, 『THE HISTORY OF MOODUKKWAN』, 1995, 25쪽.
166) 강원식·이경명, 『태권도 現代史』, 보경문화사, 1999, 8쪽.

1장 관(館)의 형성

1949년 7월 교통학교 강당에서 개최된 당수도 연무대회
시범장면(제공: 무덕관)

2) 무덕관의 협회창설과 분열

6·25전쟁 이후 다른 관들에 비해 무덕관은 내부적으로는 분란을 겪지 않았다. 창설자인 황기가 여전히 건재했기 때문이다. 하지만 황기가 무덕관을 중심으로 한 협회창설을 하고, 다른 관들과는 달리 독자적인 행보를 걷게 되면서 외부적으로 불화를 겪었다.

황기는 6·25기간 중에도 부산 초량에 자리 잡은 철도국 건물에서 임시로 도장을 만들어 지도했는데, 도장은 상황에 따라 자주 옮겨 부산 부두의 한 창고에서 수련생을 가르치기도 했다[167]고 한다.

---

167) 강기석, 『태권도 半世紀』, 서울올림픽기념국민체육진흥공단, 2001, 30쪽.

1952년 5월 18일 육군본부에서 개최한 '상이군인 및 유가족 위안운동경기대회'에 참가하여 당수도 시연을 하기도 하였다.[168]

1953년 7월에 부산에서 서울로 복귀하였고 용산 무덕관에서 발족시켰고, 9월에는 대한당수도협회(大韓唐手道協會)를 출범하였다. 당수도협회 초대회장에는 윤치영이, 2대는 윤성순 전 교통부 장관이, 이사장은 황기, 상무이사는 서상렬(백락언)이었다.[169]

1955년 5월에는 서울시 중구 동자동(東子洞) 서울역 부근으로 무덕관 중앙본관을 이전하였다.[170] 이교윤은 이때부터 정식으로 '무덕관'이라는 이름으로 출발했다[171]고 한다. 이 점은 앞서 김인석이 기간도장들이 각각 새 관명을 달고 개관함에 따라 '무덕관'으로 또다시 변경했다고 하는 점과 일치하는 것이어서 신빙성이 높아 보인다.

황기는 이해 전국에 9개의 지관을 신설하고, 같은 해 10월 30일에는 '한중친선당수도 국술 연무대회'를 시공관에서 개최하였으며, 같은 해 11월 8일부터 11월 10일까지 3일 동안 장충단 육군체육관에서 '해방10주년기념 대한당수도특별연무대회'를 개최하기로 했다는 기록이 있다. 이때 자유중국 선수의 특별출연도 있을 예정이라고 되어 있다.[172]

1957년 11월 13일에 당수도연무대회를 시공관에서 개최하였으며,[173] 1958년 9월 18일에는 교통부에서 철도창립 60주년 기념으로

---

168) 『서울신문』 1952년 5월 20일자.
169) 서상렬(백락언), 『무덕관은 통합되어야 한다』, 2002, 미간행소책자, 3쪽.
170) 黃琦, 『唐手道敎本』, 契良文化社, 1960, 22쪽.
171) 이교윤, 『글로벌 태권도』, 조은, 2007, 39쪽.
172) 『동아일보』 1955년 11월 4일자.
173) 대한뉴스 140호 (관련영상은 'e영상역사관')(http://ehistory.kr)에서 확인 가능.

1949년 하반기 무덕관 심사 후의 기념사진

두 번째 줄 양복 입은 이들 중에 좌측으로부터 청도관 출신의 고재천, 중앙기독교청년회권법부 창설자 윤병인, 무덕관 창설자 황기, 청도관 3대 관장이자 국기원장 엄운규, 청도관 출신의 현종명 등의 모습이 보인다.(사진 제공: 무덕관)

전국 각 철도국 대항시합을 용산 교통부 회관에서 개최하여 서울 철도국팀이 우승하였다.[174] 또 같은 해 11월 30일에는 한·중·미 친선 당수도연무대회가 시공관에서 개최되기도 하였다.[175]

1960년도에 들어오면서 무덕관은 큰 변화를 겪게 된다. 대한당수도협회에서 대한수박도회(大韓手搏道會)로 협회 명칭을 바꾸게 된 것이다. 1960년 5월 23일에 대한수박도회로 사단법인을 신청해, 같은 해 6월 30일에 인가를 받은 것이다. 1956년경 『무예도보통지』를 접한 후 당수도라는 명칭 대신 수박도를 선택한 것이다. 이와 관련해서는 1958년에 황기가 펴낸 『당수도교본』을 통해 그 이유를 알 수 있다.

> 이 기회에 여러분에게 알리고자 하는 것은 명칭문제이다. 저자(황기 －필자 주)로서는 현재 '당수도'라는 명칭을 대외적으로 쓰고 있으나, 이것은 본의 아닌 칭호인 것이다. 그리하여 일찍부터 화수도(花手道)라고 새로운 명칭을 제정하였던 것이다. 그러면 저자가 사도에 대하여 새로이 이름을 지으려는 이유는 그의 근본정신이나 내용이 우리 민족에게 적합하게 되어 있음은 물론이려니와 그가 우리나라에 독특한 화랑정신에 입각하여 있으므로, 외래적 사대사조를 배격하고 이를 타파하여 앞으로 우리의 독특한 간판으로, 독특한 입장과 방법으로 건설하여 전 세계에 그 우수성과 혜택을 끼치고자 하는 확고부동한 태세로 출발하려는 데 근본 취지가 있고, 또 당연히 그리 하여야만 하기 때문이다 ······. 일반대중은 '당수도'라고 하여야 잘 알아듣는 것

---

174) 황기, 『수박도대감』, 삼광출판사, 1970, 62쪽.
175) 대한뉴스 191호 (관련영상은 'e영상역사관')(http://ehistory.kr)에서 확인 가능.

만은 사실이다. 그리하여 창설 초기인지라 일반적으로 온당한 인식과 보급을 조속하게 하려면 일반이 잘 알고 있는 명칭을 사용하는 것이 효과적일 것이기 때문에 표면 간판은 당수도라 하여 나아가다가, 어느 수준에 도달하여 당수도계가 안정성이 있다고 보일 때에 가서는 우리나라 사학가 또는 국문학자 권위자 선생들을 비롯하여 각계 선배들을 모시고 고견을 종합하여 가장 공정하고 우리나라에 적합하고 이상적인 명칭을 마련하여 나아갈 방침인 만큼 당수도라는 이름은 어디까지나 임시적인 명칭에 지나지 않는 것이다.[176)]

황기 스스로 당수도라는 명칭은 보급을 위한 어쩔 수 없는 선택이었음을 이전부터 언급하고 있는 것이다. 그 스스로 자신의 무예에 맞는 명칭을 제정하고자 하였던 것이다. 그로 인해 『무예도보통지』에 나타나는 명칭인 수박이라는 용어를 사용해 독자성과 역사성 정통성을 부각시키고자 한 것이다. 이 점은 『수박도대감』에 "우리나라 독특한 전통에 입각하여 동양 전반적인 사도의 장점을 섭취하여 완전히 우리나라화하여 진리에 입각한 일정한 이념과 과학적인 기법에 의하여 순수한 무도로서 체계를 과학적으로 확립하여 인격 도야에 전심하고 있는 무덕관"[177)]이라는 표현을 통해서 어느 정도 살펴볼 수 있을 듯하다.

황기가 대한당수도협회나 대한수박도회를 구성했을 때는 단순히 무덕관만으로 협회를 구성하고자 한 것은 아니었던 것으로 보인다. 무덕관은 협회를 구성하는 당수도를 수련하는 단체의 하나일 뿐이었으며, 무예계를 대변하는 협회로서의 기능을 대한당수도협회나 대한

---

176) 黃琦, 『唐手道教本』, 契良文化社, 1960, 26~27쪽.
177) 황기, 『수박도대감』, 삼광출판사, 1970, 56쪽.

수박도회에서 담당하고자 생각했던 것으로 보인다. 이는 무덕관이 창립 25주년 당수도 연무대회를 개최할 예정임을 언급하면서 '대한 수박도 산하 무덕관'이라는 언급을 하고 있는『무예시보』2호[178]의 기록을 통해 그러함을 알 수 있다. 하지만 이후 여러 가지 불화로 인해 다른 단체의 참여가 없는 관계로 인해 무덕관과 대한당수도협회나 대한수박도회가 동일시되었던 것으로 보인다.

그리고 이해 9월 1일에는 수박도회의 소식지로 월간지『무예시보(武藝時報)』를 창간하였다.『무예시보』는 다음 해인 1961년 4월 1일자(8호)까지 발간되었는데, 당시 수박도 및 무예계에 관한 정확한 일시에 대한 정보를 제공해 준다는 점에서 그 의미가 크다.

『무예시보』의 기록을 통해, 수박도회의 상황을 살펴보면, 당시 서울 시내에는 중앙·용산·성동·YMCA 및 분관·마포·영등포·서대문·답십리·신촌·도화 도장 등이 있었으며, 입회금은 천 환, 회비는 매달 오백 환씩이며, 6개월에 한 번씩 심사를 했다.[179]

1960년 5월에 25회 승단심사를 했는데, 500명이 응시했다고 하는데, 24회 심사 때보다 20% 증가했으며, 학생들이 많았다[180]고 한다. 같은 해 10월 23일에 열린 26회 유단자심사에서는 경인지구에서만 400명이 응시했다. 이날 조영주와 윤쾌병 그리고 유도인 석진경이 축사를 했다. 각 지구 유단자 심사는 10월 30일에는 대구지구가, 11월 6일에는 대전, 11월 20일에는 부산지구, 11월 27일에는 광주지구에서 거행[181]될 것이라고 기록하고 있는데, 이 심사결과가『무예시

---

178)『무예시보』, 4293년 10월 1일자(제2호).
179)『武藝時報』, 4293년 9월 1일자(1호).
180)『武藝時報』, 4293년 9월 1일자(1호).

1장 관(館)의 형성

보』 4294년 1월 1일자(5호)에 기재되어 있어 예정대로 거행된 것으로 보인다. 신문기사를 통해, 당시 1차 심사결과를 보면 2단에 80명, 초단에 217명이 임시 합격하였다고 하는데, 이들은 4294년 4월에 거행하는 27회 심사를 받아야만 한다고 한다.

1960년 9월 21일에는 주한 미8군 체육회 당수도부에서는 황기 주심으로 32명이 승급 심사를 봤으며, 9월 중순부터 충남본관 건물 2차 공사가 착공되었다. 9월 24일에는 영등포도장 제26회 심사 및 연무대회가, 10월 1일에는 정부수립 축하 당수도 시범대회가 충남 본관장 임명순이 참석한 가운데 무덕관 보은분관원들이 시연하였다.[182] 9월 24일에는 서울 도화도장이 개관했다.[183]

같은 해 10월 5일에는 전남본관 산하 본창도장에서 연무대회가 개최되었으며, 10월 16일에는 중앙도장과 용산도장 제26회 정기 유급자 심사와 신촌도장 정기심사가 각각 열렸으며, 10월 19일에는 고단자 수련 및 연무대회가, 10월 22일에는 YMCA도장·서대문도장·수원도장 정기심사와 미군 제1기갑사단 위문 시범 연무 및 전남본관 산하 영광도장에서 연무대회를, 10월 24일에는 미군 제1기갑사단 사령부 체육관에서 제15회 유엔(UN)데이를 기념하는 시범대회를, 10월 30일에는 성동도장 정기 심사와 경북본관 유단자 심사가 열렸다.[184]

---

181) 『武藝時報』, 4293년 11월 1일자(3호).
182) 『동아일보』 1960년 10월 5일자. 『무예시보』에는 11월 1일(『무예시보』 1960년 12월 1일자)로 되어 있다.
183) 『武藝時報』 4293(1960)년 10월 1일자(2호). 도화도장 개관일에 대해서 『무예시보』에는 10월 24일로 기재되어 있으나, 발행일이 10월 1일자임을 고려할 때 9월 24일로 보는 것이 옳은 것으로 보인다.
184) 『武藝時報』 4293년 11월 1일자(제3호).

11월 3일에는 서부도장이 개관, 11월 6일에는 안동도장 개관 5주년 기념 연무대회, 11월 12일에는 영등포도장이 신축 개관, 11월 20일에는 부산지구 제26회 유단자 심사, 11월 21일에는 해군사관학교 당수도부 심사, 11월 27일에는 광주지구 12개 도장 합동 유단자 심사를 하였다.[185]

1960년 11월 13일에는 무덕관 창립 15주년 기념 '한·미·중 친선 당수도연무대회(韓·美·中 親善 唐手道演武大會)'를 교통부 부우회관에서 개최했다. 한국에서는 무덕관과 지도관이, 미국에서는 미8군 당수도부가 중국에서는 재한중국국술부팀이 참가하였다. 당시 대회장에는 서민호, 부회장에는 황기와 윤쾌병이, 미국대표에는 무어 대령, 중국대표에는 왕순양이었다. 당시 시범종목과 시범자를 보면, 무덕관 중앙도장 소속 최상무(2단)가 이마격파를, 단도대련에는 무덕관 용산도장 정창영 사범과 김웅수가, 두 발로 동시에 격파하는 쌍축을 지도관 정효영이, 뛰어차기인 고축(高蹴)을 무덕관 이철영이, 누워서 차는 와축(臥蹴)을 한영태가, 정권격파를 미공군 오산비행장에 근무하는 톰슨이, 쌍도(雙刀)를 재한자유중국 국술부원 장충안이 시범을 하였다.[186]

1961년 1월 30일 수박도회 산하 고려대학 공수도팀이 니혼대학·도찌끼대학·일본공수도연맹·재일거류민단 공수도부의 초청으로 일본 동경에 원정하여 방구대련시합을 실시하였다. 단장에는 여석기였고, 부단장에는 윤쾌병, 고문에는 황기였다.[187]

---

185) 『무예시보』 4293(1961)년 12월 1일자(4호).
186) 『무예시보』 4293(1961)년 12월 1일자(4호).
187) 『동아일보』 1960년 12월 22일·1961년 1월 25일자·1961년 1월 27일자

같은 해 5월 4일에는 전일본공수도연맹 팀을 초청하여 시합을 가졌는데, 같은 달 6일과 7일에는 삼일당에서, 9일에는 부산에서, 13일에는 전주에서 친선경기[188]를 가졌다. 일본·중국·한국의 세 나라가 아세아 아세아당수연맹을 결성하기도 하였다.[189]

같은 해 3월 16일에는 미공군 오산비행장·18일에는 전곡도장·20일에는 미국지관·21일에는 미제1기갑사단의 유급자승급심사를 실시했으며, 21일에는 미육군 제7사단에서·24일에는 인천 월미도에서 시범을 하였다. 또한 같은 달 30일에는 미국 제1기갑사단에서 연무대회를 개최했다.[190]

하지만 무덕관은 1961년 5·16 쿠데타 이후에 크게 변화를 겪게 된다. 정권을 장악한 박정희 정권이 국가재건최고회의 포고령 제6호로 사회단체 재등록을 명령함으로써 문교부에서 유사단체의 통합을 요구했기 때문이다. 생존을 위해서는 통합이 필수불가결한 요소가 되었다.

하지만 황기는 통합에 반대하였고, 이에 통합에 찬성하는 고단자들과의 불화를 일으키게 된 것이다. 대한태수도협회와의 통합을 거부한 황기와 태수도협회와 통합을 찬성해 태권도협회에 가담하는 세력으로 나뉘게 되는데, 이를 무덕관 내에서는 대한수박도회 수구파와 신간파로 구분하기도 한다.[191]

당시 대한수박도회에 속한 무덕관 계열의 도장들은 대한체육회 산

및 『무예시보』 4294년 2월 1일·4294년 3월 1일·4294년 4월 1일자.
188) 『동아일보』 1961년 4월 28일자.
189) 서상렬(백락언), 『무덕관은 통합되어야 한다』, 2002, 미간행소책자, 5~6쪽.
190) 『무예시보』 4294년 4월 1일자(제8호).
191) 서상렬(백락언), 『무덕관은 통합되어야 한다』, 2002, 미간행소책자, 3쪽.

하 단체인 대한태수도협회 소속이 아니었으므로 전국체전 등의 경기에 출전할 수 없었으며, 협회행사에도 공인 단증이 없었으므로 참여할 수 없었다. 이는 무덕관 계열 소속의 도장들의 운영에도 직접적인 영향을 미쳤던 것이다. 대부분 관원들의 의중은 통합으로 기울어진 상황이었다. 1965년 3월 16일 중앙의 고참사범들과 각 시·도 본관장들이 마포도장에 모여 회의를 가졌고(일명 '마포회의'),[192] 통합을 최종 결정했다.[193] 이에 대해 당시 통합 찬성의 대표자격인 홍종수는 "무덕관 최대의 비극적인 현장"[194]이라고 언급하기도 했다.

이후 통합에 찬성한 태권도 무덕관 측은 이강익이 관장직을 맡았으나, 얼마 가지 않아 물러났다. 이어 홍종수가 2대·5대 관장,[195] 3대 김인석, 4대 최남도가, 1998년부터는 6대 전재규가 관장직을 승계해,[196] 그 맥을 이어 오고 있다.

한편, 대한수박도회 무덕관은 이후 태권도와는 별도의 무예 유파를 형성하였는데, 1988년 5월에 서울 용산구 남영동으로 중앙도장을 이전하여 개관하였다. 2002년 황기 사후에는 아들인 황현철(진문)이 관장직을 승계했다. 현재는 초기의 무술 형태를 벗어나 독자적인 화선·육로·칠성 등 형을 중심으로 별도의 무술 유파로서 존속하고 있다.

---

192) 서상렬(백락언), 『무덕관은 통합되어야 한다』, 2002, 미간행소책자, 10~11쪽.
193) 『태권도 半世紀』에는 3월 18일로 기재하고 있기도 하다(강기석, 『태권도 半世紀』, 서울올림픽기념국민체육진흥광단, 2001, 119쪽).
194) 강기석, 『태권도 半世紀』, 서울올림픽기념국민체육진흥광단, 2001, 119쪽.
195) 강신철, 『사진으로 보는 태권도』「무덕관 연혁」, 자연과 사람, 2002, 28쪽.
196) 이교윤, 『글로벌 태권도』, 조은, 2007, 39쪽.

1장 관(館)의 형성

審 査 願 書

심사위원장	심사위원	사 범

第　回 ……………………………………… 道場

住　所

本　籍

姓　名　　　　　생년월일 서기　　년　　월　　일생(당　　세)

入舘年月日 서기 19　년　　월　　일 현 단급　　희망단수　　단

위와 같이 심사를 원하나이다

서기 1 9 　년　　월　　일

武 德 舘 長 貴下　　　　　　願人　　　　　　　　㊞

심사년월일 서기 19　　　　願人欄에　姓名은　漢字로　記入할것

형		명	대	련	명	격	파		명	비		고
원 형	기사	점수	대 련	기사	점수	종별	수 량	기사	점수	기 타	기사	점수
평안표준			삼수식				매					
밧싸이			일수식				〃					
나이한쩌 1			자유대				〃					
〃 2							〃					
〃 3							〃					
깃데							〃					
전 도							〃					
공 산 군							〃					
오십사보							〃					
							〃					
총 점							〃					
평 균							〃					
심 사 평										심사위원 ㊞		

註 : 有段者는　必히　段番을　記入할것

무덕관 심사원서

1960년대 경에 무덕관에서 사용했던 심사원서로 여겨진다. 원형에 평안, 밧싸이, 나이한찌 등 가라테형이 보인다.

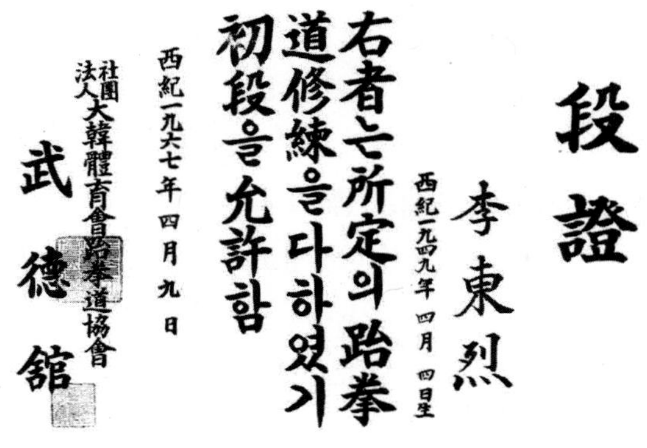

1967년 무덕관 단증

대한태권도협회에 가담한 무덕관의 단증으로 '대한체육태권
도협회 무덕관'이라는 문구가 선명하다.

또한 2002년 이후에는 수박도회 무덕관과 그 영향 아래 있는 당
수도 무덕관 그리고 태권도 무덕관의 분파들 간의 통합 논의가 언급
된 적이 있긴 하지만, 그동안 기술체계의 상이와 이해관계가 다르기
때문에 가시적인 성과가 나타날지는 불분명하다.

조선연무관 권법부(朝鮮研武館 拳法部)

1) 조선연무관의 창설과 연혁

조선연무관권법부는 1946년 3월 3일 전상섭에 의해 창설되었다. 1943

년에 일본에서 귀국한 전상섭은 서울 경신중학교에서 체육 교사를 했으며, 학생들의 군사 훈련을 맡은 배석장교 노릇을 했다. 또한 경성전기학교에서도 체육교사를 지내다가,[197] 조선연무관에 '권법부'를 설치한 것이다. 조선연무관에 '권법부'를 설치할 수 있었던 데에는 전상섭이 학창시절 그곳에서 유도를 수련하였고 귀국 후 조선연무관으로 개명되는 일본 강덕관 조선지부 도장에서 무예를 연마하면서 유도유단자들을 대상으로 가라테와 유도를 교습한 데에 그 배경이 있었다[198]고 한다. 물론 이에 대해서는 분명치 않다[199]는 견해도 존재한다.

조선연무관권법부의 명칭에 대해서는 조선연무관 '공수도부'로 기록하는 경우도 있다.[200] 1946년 7월 23일자 『동아일보』 기사에도 조선연무관'당수부'(朝鮮研武館'唐手部')라는 명칭으로 기재되어 있어, 혼선을 일으킨다. 하지만 당시 조선연무관에서는 최초의 공식명칭은 '권법부'였던 것으로 보인다. 조선연무관권법부 출신으로 지도관(智道館) 2대와 4대 관장을 역임한 이종우의 언급을 통해서도 알 수 있다.

…… 17세 무렵 막연하게 무림의 고수를 꿈꾸고 있었는데, 어떤 사람이 소공동에 가면 18계를 가르치는 곳이 있다고 하잖아. 그래서 거기를 찾아갔죠. 그곳이 바로 일제시대 유도 도장이었는데, 그때는 조선연무관이라는 간판을 내걸고 유도부와 권법부를 만들었어요. 그때부터 권법부에서 가라테를 배운 거죠. 권법이 바로 일본 가라테거든요. 일본말로 부르면 국민감정도 있고 하니까 권법이라고 부른 겁니다.

---

197) 이호성, 『한국무술 미대륙 정복하다』, 스포츠조선, 1995, 69쪽.
198) 강원식·이경명, 『태권도 現代史』, 보경문화사, 1999, 5쪽.
199) 강기석, 『태권도 半世紀』, 서울올림픽기념국민체육진흥광단, 2001, 32쪽.
200) 강원식·이경명, 『태권도 現代史』, 보경문화사, 1999, 5쪽.

　　…… 초창기 조선연무관은 유도가 중심이고 한쪽 구석에 권법부가 있었어요. …… 처음엔 권법 1단이었는데, 나중엔 태권도 9단이 된 겁니다. 명칭이 그렇게 바뀌었으니까.[201]

　　이종우는 조선연무관이 창설된 날로부터 20일 후에 입관하였다. 그런 그가 '권법부'였다고 하고 있는 것이다. 이 점은 후일 조선연무관출신으로 한무관(韓武館)을 창설한 이교윤도 당시 사용한 명칭이 '권법'이었다[202]고 하고 있어 공식적인 명칭은 권법부였음을 알 수 있다.

　　조선연무관권법부 창설 초기에는 후에 중앙기독교청년회(YMCA)권법부를 창설하는 윤병인이 사범으로 있었다.[203] 이 때문에 조선연무관권법부와 중앙기독교청년회(YMCA)권법부는 '친척지간'[204] 혹은 '형제관'[205]이라고도 칭해졌다고 한다. 이는 조선연무관권법부에서 '당수'나 '공수'라는 용어 대신 '권법'이라는 용어를 사용한 것은 윤병인의 영향 때문임을 말해 준다. 물론, 이종우의 견해처럼 일본용어인 가라테를 사용했을 때 가지는 국민감정의 문제도 있었겠지만, 당시 청도관이나 송무관 등에서 앞서 사용하고 있었다는 점에서 큰 문제가 되지 않았음을 알 수 있다. 아울러 소공동에 가면 18계를 가르치는 곳이 있었다는 이종우의 증언은 조선연무관권법부 초기에 수련 내용에 가라테 외에 윤병인의 영향을 받은 권법도 교습되었을 가능성을 생각해

---

201) 『신동아』 2002년 4월(통권 511호)호 이종우 국기원 부원장의 '태권도 과거' 충격적 고백.
202) 『태권도피플』 6, 국기원, 2006, 25쪽.
203) 박철희 구술·허인욱 정리, 『四雲堂의 태권도 이야기』, 미간행 소책자, 2005, 6쪽.
204) 강원식·이경명, 『태권도 現代史』, 보경문화사, 1999, 6쪽.
205) 강기석, 『태권도 半世紀』, 서울올림픽기념국민체육진흥광단, 2001, 34쪽.

1장 관(館)의 형성

볼 수 있게 한다.

해방 직후 조선연무관권법부는 무급에서 8급까지 상·중·하로 나눠 관원들을 지도했다. 관번은 입관일만을 기준으로 삼지 않고 급(級)도 고려하였다[206]고 한다. 초창기 수련생은 연구서에 따라 조금씩 차이가 나는데,『태권도 현대사』에는 배영기·이종우·김복남·박현정·이수진·정진영·이교윤·이병로·홍창진·박영근 등[207]이라고 한다. 중복되지 않은 인물로『태권도 반세기』를 보면, 홍찬길·김수진·이영덕[208] 등 인물을 볼 수 있다. 이 중 '홍창진'과 '홍찬길', '이수진'과 '김수진'은 동일 인물로 보인다. 초기 수련생들에 관해서는 조선연무관권법부가 1946년 7월 1일부터 20일까지 모한(冒寒)수련을 마치고 제1회심사를 했다는『동아일보』의 기사가 참조된다. 당시 제1회심사 결과가 실려 있는데, 중급(中級)에 배영기(裵永基)·전일섭(田逸燮)·엄기윤(嚴基允)·김복남(金福男)·서광준(徐光俊)·정진봉(丁鎭奉)·이종우(李鍾宇)가, 초급(初級)에 유명제(劉明濟)·곽상?(郭相?)·박?윤(朴?允)·이경율(李慶率)·장기돈(張基敦)·김광수(金光洙)·홍창길(洪昌吉)·이훈영(李勳永)이 진급하였다[209]고 한다.『동아일보』의 기사가 당대 기록이라는 점에서 좀 더 신뢰가 간다. 그렇다면, '홍창진' 혹은 '홍찬길'은 '홍창길(洪昌吉)'이 옳을 듯하다.

1946년 11월 3일에 조선연무관 내에서 30회 유도승급시합과 아울러 당수(가라데)특별연무대회를 시행하려고 한다[210]는 기사를 볼 수 있는

---

206) 강원식·이경명,『태권도 現代史』, 보경문화사, 1999, 6쪽.
207) 강원식·이경명,『태권도 現代史』, 보경문화사, 1999, 6쪽.
208) 강기석,『태권도 半世紀』, 서울올림픽기념국민체육진흥공단, 2001, 33쪽.
209)『동아일보』, 1946년 7월 23일자.
210)『동아일보』, 1946년 10월 29일자.

데, 당수특별연무대회는 조선연무관권법부가 주관한 것으로 생각되며, 1947년 11월 20일에는 제3회연무대회를,[211] 1948년 6월 20일에는 제4회 권법연무대회를 개최했으며, 1949년 11월 13일에는 제8회권법연무대회를 소공동에서 개최[212]한 것으로 보인다.

1950년 4월에는 권법부 사범으로 윤희병(윤쾌병)이 취임하였는데, 당시 가라테 7단이었다.[213] 이때 윤쾌병은 한 달여간 봉술을 지도하기도 했다.[214] 이 당시 윤쾌병이 가르친 봉술은 오키나와에서 널리 수련되던 덴류노곤[天龍の棍]·주우시노곤[周氏の棍]·사꾸가와노곤[佐久川の棍] 중의 하나일 것으로 생각된다. 윤쾌병이 가라테를 수련한 도야마 간켄의 쇼도칸에서도 이 형들이 수련되고 있었기 때문이다.[215]

전상섭이 6·25전쟁 이후 실종되자, 윤쾌병·이종우가 이끄는 지도관(智道館)과 이교윤이 이끄는 한무관(韓武館)으로 나뉘어졌다.

2) 조선연무관권법부의 분열과 파생관

6·25동란 때 관장 전상섭이 행방불명되면서 조선연무관권법부는 사실상 해체되었는데, 한국체육관으로 옮겨 관의 부활을 시도하였다. 이에 대해 이종우는 서울 환도 이후, 권법부가 속해 있던 유도 중심의 조선연무관이 6·25 때에 북한군에 부역을 한 까닭에 정치적으

---

211) 『태권도한무관』(관앨범), 「관발전상」 사진, 1975년.
212) 『동아일보』 1949년 11월 9일자.
213) 『동아일보』 1950년 4월 4일자.
214) 이교윤, 『글로벌 태권도』, 조은, 2007, 37쪽.
215) 遠山寬賢, 『空手道大宝鑑』, 鶴書房, 1963, 307쪽.

1장 관(館)의 형성

로 곤란한 점이 생기자, 이로 인해 권법부 사람들이 을지로 3가에 있던 한국체육관으로 옮기게 되었다[216]고 한다.

하지만 이교윤은 이에 대해서 다르게 설명하고 있다. 6·25전쟁 후 모관(母館) 재건을 위해 대한유도회 이제황(李濟晃, 1910~1981)과 도장 사용 문제로 인해 시비가 일었고, 이로 인해 휴관을 하게 되었다고 한 것이다. 이후 이교윤은 한국체육관의 부관장 겸 관리인인 이상묵을 찾아가 사정을 했더니, 조건 없이 체육관 사용을 허락해 주어, 서울 중구 초동 을지로 3가에 위치하고 있던 한국체육관으로 1953년 7월 20일 옮기게 되었다[217]고 한다.[218] 또한 당시 한국체육관은 종합체육관으로, 이 조직 체제 내에 공수도부로 존립될 수밖에 없었기 때문에 조선연무관이라는 명칭을 사용할 수 없었다고 한다. 이로 인해 한국체육관 공수도부라는 명칭을 사용하였다[219]고 한다.

이후 조선연무관이 옮겨 간 한국체육관은 줄여서 '한체'라고 불리기도 했다. 이상묵의 허락을 얻어 한국체육관에서 임시방편으로 당수도를 가르친 이교윤은 1년 만에 2백 명 이상의 수련생을 확보했으나,[220] 이 과정에서 이종우와의 갈등이 심화되었다. 공수도부 운영

---

216) 『신동아』 2002년 4월호(통권 511호) 299쪽.
217) 이에 대해서는 강원식·이경명 『태권도 현대사』(1999, 16~17쪽) 및 『태권도피플』 6호 「문무 겸비한 진정한 무도인 이교운 관장」(국기원, 2006) 참조.
218) 이교윤이 편저한 『표준 태권도교본』(一信書籍出版社, 1991)에도 편저자 약력부분에 1953년 7월에 한국체육관 태권도부를 창설했다고 기재되어 있다.
219) 이교윤, 『글로벌 태권도』, 조은, 2007, 44쪽.
220) 이에 대해서는 강원식·이경명 『태권도 현대사』(1999, 16~17쪽) 및 『태권도피플』 6호 「문무 겸비한 진정한 무도인 이교운 관장」(국기원, 2006)

중에 이종우가 여러 차례에 걸쳐 공수도부를 윤쾌병에게 양도하자는 제의를 한 것이다. 하지만 이를 이교윤이 거절하면서 갈등이 발생한 것이다. 이교윤이 이종우의 제의를 거부한 것은 이종우가 공수도부를 장악하기 위한 저의가 있었던 것으로 인식하고 있었기 때문이다. 이후 이상묵이 이종우와 함께 공수도부 운영을 제의하면서 중재에 나섰지만, 이교윤이 이를 거부하였고 이상묵이 휴관을 요구하면서,[221] 이후 지도관과 한무관으로 나누어진 것이다.

□ 지도관(智道館)

지도관은 '지혜로운 길'을 의미하는데,[222] 관장은 윤쾌병이었다. 이교윤과 이종우의 갈등으로 인해 한국체육관은 잠시 휴관하게 되었는데, 이후 한국체육관을 이종우가 운영을 하게 되면서 지도관이 탄생하였다. 이와 관련하여 『동아일보』 1954년 12월 기록이 참고된다. 당시 기록을 보면, "대한체육관 공수부에서는 그동안 휴관 중이던 동관 공수도장을 이번 십이(二)월 이(二)십일부터 재개관하게 되었다."[223]는 기록이 보이기 때문이다. 대한체육관은 한국체육관을 말하는 것으로 보이는데, 이때부터 지도관이 실질적으로 설립된 것으로 보인다. 이교윤이 배제된 채, 이종우와 이병로가 중심이 되어 재개관했기 때문이다.[224] 이 점은 이종우와 갈등을 일으킨 이해당사자인 이교윤이

참조.
221) 이교윤, 『글로벌 태권도』, 조은, 2007, 44쪽.
222) 강원식·이경명, 『태권도 現代史』, 보경문화사, 1999, 6쪽.
223) 『동아일보』 1954년 12월 21일자.
224) 이 점은 공수도부는 1954년에 창설되었으며, 당시 지도자는 이종우와 이병로였다(곽성연·하웅용, 「한국 엘리트스포츠의 요람 한국체육관」, 『韓

"필자가 한국체육관에서 문하생을 양성한 시기에는 한무관도 없었으며 지도관은 더더욱 있을 수가 없었고 단지 조선연무관이라는 명칭이 존재했을 뿐이다."[225]라고 하고 있어, 그러한 점을 확인할 수 있다. 즉 한국체육관이 다시 공수도장을 개관한 시기인 1954년 12월 20일이 지도관의 실질적인 개관일로 볼 수 있는 것이다.

지도관은 1955년 12월 18일에는 '금년도 일반유급유단자진급승단심사와 단체 및 개인 대항시합'을 한국체육관에서 개최키로 했다는 『동아일보』에 기록되어 있다.[226] 당시 심사규정과 참가자격을 옮겨 보면 다음과 같다.

심사자격 육 개월 이상 수련한 무급유급유단자
지부대항 도장단위 5명식(단급제한 없음) 개인선발전 각급단별로 정함
수납요령 도장명, 사범명(전임교사를 말함), 수련연한(입문일부터 현재까지 무력을 기입할 것) **수금** 일인당 삼백 환(단체대항 및 개인전은 면제함)

1956년 2월 15일부터 1개월간 한국체육관 공수도부에서 '공수도호신술강습회'를 개최한다는 기록이 있다. 2월 15일 오후 6시 반까지 25세부터 45세의 수련생을 모집하여 오후 7시부터 8시 반까지 수련한다고 기재되어 있다.[227] 같은 해 10월에는 '전국정기승단진급심사' 및 '제3회중고등대학일반대항전'을 한국체육관에서 개최[228]하기도 했

國體育史學會誌』 19, 2007, 122쪽)는 연구 성과를 통해 확인할 수 있다.
225) 이교윤, 『글로벌 태권도』, 조은, 2007, 44쪽.
226) 『동아일보』 1955년 12월 16일자.
227) 『동아일보』 1956년 2월 15일.

던 것으로 보인다.

이후 지도관의 단계적인 발전은 전북 전주를 중심으로 관세(館勢)를 넓혀 나갔다. 전상섭의 동생 전일섭(田逸燮, 1922~2000)은 조선연무관권법부의 지관(支館)을 1947년 5월 전북 군산에 개관했는데, 이 지관은 6·25 이후 조선연무관권법부의 파생관인 지도관에 소속되었다. 전일섭은 1955년 전주에서 전북체육관이 개관하자 거점을 전주로 옮겼는데,229) 이후 군산·이리·남원·정읍 등 군(郡) 소재지까지 세력을 확장하였다.

『무예시보』 4호에는 1960년 11월에 전북공수도대회 및 전북본관 추계심사 결과와 11월 19일에 열린 강원본관 추계승단심사 기록이 전하고 있다. 전북공수도대회는 11월 13일에 지도관전북본관 주최, 전북체육관·전북일보사·삼각일보사 후원으로 전주시 중앙구장에서 열렸다. 이 기사에는 당시 매해 연중행사로 전북공수도 대회가 열렸음을 언급하고 있어, 연례적으로 개최되었음을 알 수 있다. 당시 대회임원과 대회전적은 다음과 같다.

대회임원
고문: 강재동·이용택·유배영·이양호·유제방·임익생·원성호·장주현·조인정·주강로·차영제, **명예대회장**: 유기철, **대회장**: 김대용, **부회장**: 이종린·백생광, **심판장**: 전일섭, **총무부장**: 박제섭, **지도부장**: 김판영, **재무부장**: 김용훈, **섭외부장**: 임명길, **선전부장**: 서준용, **심판**: 김혁래·유병용·양창순·장영순·인승완·장점동·임병덕·노용언·조용태

---

228) 『동아일보』 1956년 10월 12일자.
229) 『전북일보』 2000년 6월 27일자.

대회전적

고등학교부(13개교 참가): 우승 전주공고교 · 준우승 남원농고교 · 3위 전주고교

일반대학부(12개교 참가): 우승 전북대학교 · 준우승 전북체육관 · 3위 삼례지관

개인선발전(60명 참가): 우승 윤홍섭(전주공고) · 준우승 황영택(신흥고) · 3위 윤학기(전주공고)

총점부: 우승 전북본관 135점 · 준우승 군산지관 58점

또한 전북지역 추계심사 결과를 발표했는데, 초단후보에는 정선문 · 황덕만 · 부영제 · 허인식 · 김동한 · 정영득 · 김세철 · 이창기 · 신윤길 · 양인식 · 김덕진 · 윤학기 · 이효남 · 최영호 · 유학기 · 최동진 · 윤광석 · 황영택 · 임춘 · 유홍 · 김인곤 · 안인섭 · 최기술 · 강봉준 · 김용덕 · 최영봉 · 심병근 · 이중선(이상 28명)이고, 초단은 최종식 · 김기창 · 양성일 · 조태동 · 이영기 · 김원길 · 박용웅 · 김명덕 · 윤홍섭 · 김홍기 · 이화노 · 박청일 · 우원각 · 진홍근(이상 15명)이었다.

같은 달 지도관 강원본관에서는 11월 19일 열린 추계승단심사를 하였는데, 윤쾌병 지도관 관장이 참여하였다. 2단에 정영환, 초단에 이정웅 · 이근하 · 박신정(이상 3인), 초단후보 유화춘이었다.

지도관은 1961년 대한태수도협회 통합과정에서 같은 소속인 윤쾌병, 이종우 간의 상반된 입장 차이로 불화를 겪었다. 이종우가 이남석 · 엄운규 · 현종명 등과 협회통합을 주도적으로 추진한 반면, 관장인 윤쾌병이 황기와 함께 협회 통합에 반대했기 때문이다. 이로 인해 지도관은 1967년에 가서야 대한태권도협회에 가입을 할 수 있었

으며, 지도관전국대의원의 선출로 이종우가 관장에 취임했다.[230]

지도관은 특히 다른 관에 비해 대련을 중시해 태권도 경기화가 이뤄지던 1960년대 초부터 1970년대까지 각종 태권도 대회에서 두각을 나타냈다. 그 대표적인 사람이 이승완·조점선·황대진·최영렬 등이다. 지도관 관장은 1대 윤쾌병·2대와 4대는 이종우·3대 배영기·5대 이승완 등으로 이어져 오고 있다.

한편 윤쾌병을 지지하는 세력은 태권도통합 측에 반대하고 독자적으로 1973년 11월에 대한공수도 한수회(寒手會)를 결성하였으며, 현재도 소수이긴 하지만, '태극공수회(太極空手會)'라는 명칭으로 그 맥을 이어 가고 있다.

□ 한무관(韓武館)

이교윤이 설립한 한무관은 1956년 8월에 창설한 것으로 알려져 있지만,[231] 이교윤은 1954년 8월[232] 혹은 9월 7일에 한무관 중앙본관을 창설했다[233]고 하고 있어, 2년의 차이가 난다.

이교윤은 이종우와의 갈등으로 한국체육관을 휴관한 후, 서울 종로구 창신동 강문고등학교 뒤편 공터를 임대 임시로 천막을 치고 한무관 중앙본관을 창설하면서 독자적인 길을 걷기 시작했다. 당시에는 24인용 천막을 깔고 운동을 하는 열악한 환경이었지만, 주춤서기

---

230) 강신철, 『사진으로 보는 태권도』「지도관 약사」, 자연과 사람, 2002, 34쪽.
231) 강원식·이경명, 『태권도 현대사』, 1999, 16쪽.
232) 이교윤, 『표준 태권도교본』, 一信書籍出版社, 1991, 편저자 약력.
233) 『태권도피플』 6, 국기원, 26쪽 및 이교윤, 『글로벌 태권도』, 조은, 2007, 44쪽.

한 가지로 6개월 동안 반복할 정도로 수련을 했으며, 심사도 1년에 2번밖에 없었다.[234]

태수도 한무관 이천도장 서류

---

234) 『태권도피플』 6, 국기원, 26쪽 및 이교윤, 『글로벌 태권도』, 조은, 2007, 44쪽.

1960년 7월 21일에 시공관에서 연무대회를 개최했으며,[235] 1961년 9월
에는 서울 성동구 상왕십리 소재 광무(光武)극장 인근의 80평 대지 위에
5층 건물을 신축하여 중앙도장을 마련하였으며,[236] 1969년 10월 9일에
종로구 창신동에 중앙도장을 신축하여 개관식을 갖기도 했다.[237] 1971년
에는 한무관만의 독자적인 형을 제정하기도 하였다.[238]

관훈은 1. 자신을 위해 근면한다 · 2. 관을 위해 헌신한다 · 3. 사회
를 위해 봉사한다 · 4. 국가를 위해 충성한다[239]였으며, 한무관 출신
으로는 변동식 · 이면형 · 김철환 · 이강환 등이 있다.[240]

중앙기독교청년회(中央基督敎靑年會·YMCA)권법부(拳法部)

1) 중앙기독교청년회(YMCA)권법부의 창설

중앙기독교청년회(YMCA)권법부는 해방 후 조선연무관권법부에서
전상섭과 함께 무도를 가르치던 윤병인(尹炳仁)에 의해 1946년 9월
1일[241] 서울 종로에 위치한 중앙기독교청년회관(YMCA)에서 창설되

---

235) 『태권도한무관』(관앨범) 「시공관연무대회화보」(1975년).

236) 이교윤, 『글로벌 태권도』, 조은, 2007, 44쪽.

237) 『태권도한무관』, 「중앙도장신축」 사진(1975년).

238) 楊鎭芳, 「解放 以後 韓國 跆拳道의 發展過程과 그 歷史的意義」, 서
울大學校碩士學位論文, 1986, 21쪽.

239) 『태권도한무관』, 「관훈」(1975년).

240) 『태권도피플』 6, 국기원, 26쪽.

241) 강신철, 『사진으로 보는 태권도』「창무관 연혁」, 자연과 사람, 2002, 36쪽.

었다. YMCA 간사였던 백용기가 주선해서 YMCA에 권법부를 두게 된 것이다.242)

윤병인이 발행한 단증에는 '중앙기독교청년회권법부'로 기재되어 있어, 공식적인 명칭은 '중앙기독교청년회권법부'로 보이나 일반적으로는 'YMCA권법부'라는 명칭으로 불렸다. 윤병인은 개인이 외부에 낸 도장이 아니었으므로 관장이라고 하지 않고 사범이라는 호칭을 사용하였다.

윤병인은 한마디로 정통 무도인이었다. 무도로 단련된 몸은 혈기가 넘쳐났고, 언행은 과묵한 편이었다. 또 멋을 부릴 줄 몰라 신발도 큼지막한 미국 군화를 신고 다녔고, 왼손 손가락이 잘려 나가 더운 여름철에도 항시 흰 장갑을 끼고 다녔다. 당시 그는 자신이 만주에서 습득한 무술을 제자들의 특성과 체력조건에 맞게 지도했다. 따라서 동문수학한 수련생들도 신체조건과 특성에 맞는 무술을 터득할 수 있었다.243)

중앙기독교청년회(YMCA)권법부의 수련은 방과 후 오후 4시 30분부터 시작됐다. 초창기 수련생은 광고로 모집해 5백여 명이나 됐지만 윤병인이 워낙 엄하고 강도 높게 가르치다 보니 3개월이 지난 후에는 1백 80명으로 줄어들었다.244)

중앙기독교청년회권법부는 8급에서 5급까지는 하얀띠를, 4급부터 1급까지는 파란띠를, 유단자는 검은띠를 착용하였다. 유단자의 검은 띠 안에는 하얀 줄이 들어 있었으며, 윤병인 사범은 태극띠, 즉 띠의 윗부분

---

242) 박철희 구술·허인욱 정리, 『四雲堂의 태권도 이야기』, 미간행 소책자, 2005, 6쪽.
243) 강원식·이경명, 『태권도 現代史』, 보경문화사, 1999, 10쪽.
244) 강원식·이경명, 『태권도 現代史』, 보경문화사, 1999, 11쪽.

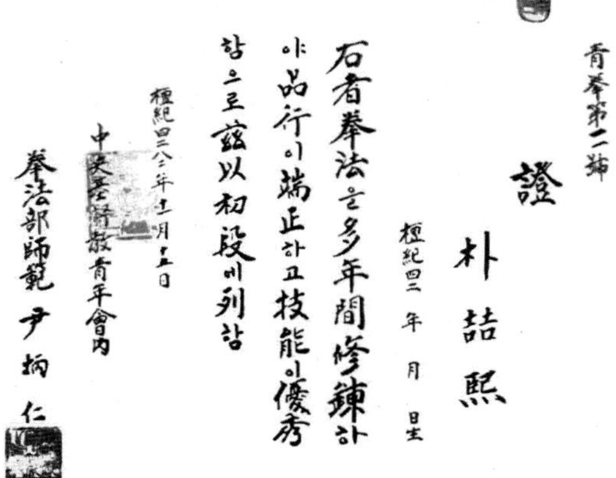

중앙기독교청년회권법부의 단증

중앙기독교청년회권법부 출신으로 강덕원 창설자 박철희가 스승
윤병인으로부터 받은 단증이다. 청권 제2호로 표기되어 있어,
'청권'이라는 용어는 이즈음에 사용한 것이 아닌가 생각된다. 이
때까지는 '권법'이라는 용어를 사용하였으며, 윤병인은 관장이
아닌 사범이라는 칭호를 사용하였음을 알 수 있다.(제공: 박철희)

은 붉은색, 가운데는 하얀색, 아래 부분은 파란색인 띠를 착용하였다.245)
단증 번호는 '청권(青拳) 제○호'라고 기재했는데, '청권'은 '청년회권법
부'를 줄인 말로 보인다.

중앙기독교청년회권법부의 기본 수련은 기본 1절부터 5절까지의 동
작을 익히는 것으로부터 시작되었는데, 기본 동작은 방어와 공격동작
을 연결시킨 것으로 공(工)자형으로 움직임이 구성되어 있다. 이 동작

---

245) 박철희 구술·허인욱 정리, 『四雲堂의 태권도 이야기』, 미간행 소책자,
    2005, 6쪽.

들은 윤병인이 교육을 위해 창안한 것으로 보이는데, 많은 사람들을 가르치기 위해서 간단한 기본 동작들을 중심으로 정리했다. 3급 이상부터는 형을 배울 수 있었는데, 당시 중앙기독교청년회권법부에서 행해진 특징적인 형으로는 토조산(공격·방어형)·단권(공격·방어형)·장권(공격·방어형)·팔기권(공격·방어형)·태조권·태극권 등을 배웠다. 그리고 봉술과 도술의 무기술도 있었다. 중앙기독교청년회권법부 출신들은 가라테 기술보다는 이 만주에서 윤병인이 배운 권법이 수련의 중심이었다고 한다. 이 중 장권(長拳)의 일부는 개정되기 전의 고려 품세에 그대로 차용되기도 했다.246)

1949년(단기 4282) 11월 15일에는 첫 승단심사가 행해졌으며, 1950년 1월 30일부터 2월 10일까지 매일 오후 4시부터 6시까지 모한수련을 하고 제6회 권법심사회를 2월 11일 오후 2시에 가진 것으로 보인다.247)

1950년 4월 24일 인천에서 정치대학(지금의 건국대학) 권법부 연무대회가 거행될 예정이라는 기록이 있으며,248) 한국전쟁이 발발하기 직전인 같은 해 6월 24일에는 '제3회 권법연무대회'249)를 개최하기도 했다. 이 당시 박철희는 '작두권'시범을, '박기태'는 '봉권'을 시범 보였다고 알려져 있는데,250) 이는 박철희가 '도(刀)'를, '박희태'가 '봉(棒)'을 이용해 대련 시범을 보인 시범이 잘못 알려진 것이다.251) 이때 청

---

246) 1969년에 발간된 이원국의 『태권도교범(跆拳道敎範)』에 옛 고려품세가 기록되어 있다(進修堂, 307~310쪽).
247) 『동아일보』 1950년 2월 2일자.
248) 『동아일보』 1950년 4월 23일자.
249) 『동아일보』 1950년 6월 23일자.
250) 강원식·이경명, 『태권도 現代史』, 보경문화사, 1999, 10쪽.
251) 박철희 구술·허인욱 정리, 『四雲堂의 태권도 이야기』, 미간행 소책자, 2005, 13~14쪽.

도관의 손덕성·엄운규·이용우 등이 찬조시범을 선보였다.

중앙기독교청년회권법부 출신으로는 이남석·김선구·홍정표·박철희·박희태·김주갑·송석주·이주호, 김순배 등이 있다. 이 외에 대한태권도협회 회장과 세계태권도연맹 총재 등을 지낸 김운용도 경동중학교 시절에 윤병인으로부터 권법을 배웠을 가능성이 있다고 하며,[252] 합기도를 미국에 전파한 한봉수(1933~2007)도 중앙기독교청년회권법부의 권법을 배웠다[253]고 한다.

6·25전쟁 이후 중앙기독교청연회(YMCA)권법부는, 이남석·김순배의 창무관과 홍정표·박철희의 강덕원 등으로 나뉘게 된다.

2) 중앙기독교청년회(YMCA)권법부의 파생관

중앙기독교청년회(YMCA)권법부의 사범이었던 윤병인은 6·25전쟁 중 거제도포로수용소에 수용되어 있었는데, 그는 남한에서 가족들과 살기를 원했으나, 북한군의 방해로 북송되었고, 1967년경에는 호위총국[254]에서 격술(擊術)지도원으로 재직하기도 했다. 하지만 격술 프로그램이 취소되면서 1969년 혹은 1970년에 함경남도의 시멘트 공장으로 보내진 이후 1983년 4월 3일에 폐암으로 사망하였다.[255]고 한다.

한편, 6·25 이후 이남석과 김순배는 중앙기독교청년회(YMCA)권

---

252) 『신동아』 2002년 4월호(통권 511호) 300·302쪽.

253) http://www.mookas.com/media_view.asp?news_no=5604

254) 김병수는 'the Moran-Bong physical specialists group'으로 표기하고 있는데(Kim Soo, 『GRANDMASTER YOON BYUNG-IN』, 미간행 글, 4쪽), 지승원은 2007년 6월 30일 인터뷰에서 이를 '호위총국'이라고 하였다.

255) Kim Soo, 『GRANDMASTER YOON BYUNG-IN』, 미간행 글, 3~4쪽.

법부 재건을 위해 관원들을 모으고 운동을 시작했으나, 윤병인의 실종으로 인해 권법부가 존폐위기에 맞게 되자, 후신으로 창무관을 창설하였다.[256] 하지만 이에 대해 중앙기독교청년회(YMCA)권법부를 다시 일으켜 세울 생각은 않고 창무관을 만들어 자기 세력화를 기도한다고 본 홍정표[257]는 이남석의 지도력에 불만을 가진 연세대 당수도부원들을 중심[258]으로 박철희와 함께 '무도원택권권법도장'을 개관하였다. 이후 무도원택권권법도장은 강덕원무도회로 이어졌다. 이 외에 대구를 중심으로 한 이동주의 강무관(講武館)이 있었다.[259]

□ 창무관(彰武館)

중앙기독교청년회(YMCA)권법부는 한국전쟁이 끝나자 이남석·김순배가 주축이 되어 체신부 유지와 간부의 도움으로 1953년 10월 5일 현재 종합청사 자리에 창무관 중앙도장을 개설했으며, 이남석이 관장을,[260] 김순배가 부관장을 맡았다.[261] 창무관은 영창고등학교의 '창'과 무도인의 '무' 자를 합해 명명(命名)한 것으로, 두 마리 용을 상징물로 삼았으며, 관훈은 '충효·성실·인내'였다.[262]

---

256) 『태권도피플』 7, 국기원, 2006, 23쪽.
257) 강기석, 『태권도 半世紀』, 서울올림픽기념체육진흥공단, 2001, 50쪽.
258) 강기석, 『태권도 半世紀』, 서울올림픽기념체육진흥공단, 2001, 47~48쪽.
259) 황기, 『수박도대감』(삼광출판사, 1970, 42쪽)에는 충무관과 강무관을 창무관의 분관으로 이해하고 있으나, 부산을 중심으로 한 충무관은 무덕관의 분관으로 여겨진다. 아울러 지승원은 윤병인의 제자인 이동주 관장이 창설한 관이므로 창무관의 분관으로 보기 어렵다는 견해를 제기하고 있다.
260) 강신철, 『사진으로 보는 태권도』「창무관 연혁」, 자연과 사람, 2002, 36쪽.
261) 『태권도피플』 7, 국기원, 24쪽.
262) 강신철, 『사진으로 보는 태권도』「창무관 연혁」, 자연과 사람, 2002, 36쪽.

하지만 명칭에 관해 다른 의견이 없는 것도 아니다. 이종우 증언에 따르면 창무관 관명(館名)은 6·25 전에 윤병인이 '애칭'으로 사용했다[263]고 하며, 박철희도 "윤 선생님은 '빛날 창(彰)' 자에 '호반 무(武)' 자를 쓰는 '창무관'이 좋다고 하였다고 하면서, 당시 창무관이라는 명칭으로 단증을 발급하시기도 했다."[264]는 증언을 하고 있기 때문이다. 창무관 명칭으로 단증이 발급된 점과 관련해서 지승원은 이남석이 6·25 전부터 중앙기독교청년회(YMCA)권법부에서 수련하면서 개인적인 도장을 운영하고 있었던 점과 관련지어 보고 있다.

창무관 연혁의 기록을 보면, 1947년에는 3월 3일에는 체신부에 권법부를 설치하고 경동 중·고등학교, 성균관대학 및 후에 건국대학으로 명칭이 바뀌는 정치대학 등등에 권법부를 설치하였다[265]고 하고 있는 것이다. 이 체신부권법부가 바로 이남석이 중앙기독교청년회권법부에서 수련을 하면서 별도로 설립했던 도장으로 여겨진다. 따라서 이남석이 운영하던 이 도장은 중앙기독교청년회권법부와는 별개의 도장이었다. 당시 이남석은 승단심사와 관련해 단증을 발급할 수 있는 위치에 있지 않았다. 이런 이유로 그는 스승인 윤병인에게 단증 발급을 부탁할 수밖에 없었던 것으로 보이고, 윤병인으로서도 중앙기독교청년회(YMCA)권법부와는 별개의 도장이었으므로, '청권'으로 시작되는 중앙기독교청년회(YMCA)권법부의 단증을 발급할 수 없었고,[266] 별도로 '창무관'이라는 명칭으로 단증을 발급하였던 것으로 보인다.

---

263) 강원식·이경명, 『태권도 현대사』, 1999, 11쪽.
264) 박철희 구술·허인욱 정리, 『四雲堂의 태권도 이야기』, 미간행 소책자, 2005, 6쪽.
265) 강신철, 『사진으로 보는 태권도』「창무관 연혁」, 자연과 사람, 2002, 36쪽.
266) 2007년 6월 30일 지승원 인터뷰.

1955년 6월 10일에는 제주무선전신국 송신소 통신사로 부임한 문봉준(文奉俊·본명은 대식(大植)) 이남석의 요청으로 창무관 제주지관을 개관하였으며,[267] 1955년 7월 10일에는 조선대학(朝鮮大學)의 초청에 의하여 이남석의 인솔하에 10여 명이 광주(光州)극장에서 연무대회를 개최한 것으로 보인다.[268] 1955년 8월 5일에는 창무관의 발전과 확장을 위한 간부들의 노력으로 창무관 무덕회가 발족하기도 하였다.[269]

1956년 1월 4일부터 26일까지 매일 오후 5시 반부터 6시 50분까지 동기모한수련 및 강습회를 개최하기도 했던 것으로 보인다.[270] 1956년 6월 9일에는 창무관 제주도지부 창설 제1주년 기념 및 제1회 공수도진급심사가 관덕정 광장에서 열렸다.[271]

1961년 대한태수도협회가 창립되면서 창무관도 더 이상 활동을 중지하고 협회의 관통합 조치에 협력하게 됐는데, 이때까지 창무관은 국내에 700여 개의 지관을 설치하고 해외에 450여 개의 도장을 개설할 정도로 활성화되어 있었다[272]고 한다.

1986년 6월 이남석이 미국으로 이민을 가게 되면서 김순배가 3대 창무관장으로 취임했는데, 창무관 출신으로는 이종관 국기원 연수원 교육부장·김충열 중고연맹 회장·김중영 서울스포츠대학원대학교 총장 등이 있다.[273]

---

267) http://www.jejusports.or.kr/menu02/dan_20/dan_20_01_01.asp
268) 『동아일보』 1955년 7월 8일자.
269) 강신철, 『사진으로 보는 태권도』「창무관 연혁」, 자연과 사람, 2002, 36쪽.
270) 『동아일보』 1956년 1월 3일자.
271) http://www.jejusports.or.kr/menu02/dan_20/dan_20_01_01.asp
272) 『태권도피플』 7, 국기원, 24쪽.
273) 『태권도피플』 7, 국기원, 2006, 24쪽.

미주에는 1995년 발기한 창무관 출신 사범들의 모임인 미주태권도 창우회가 명맥을 잇고 있으며, 서울대 태권도부 출신으로 창무관에서 수련을 한 이광희가 이끌고 있는 연무재(研武齋)는 창무관의 기법을 변형하여 독자적인 수련을 하고 있다.

☐ 강덕원(講德院)

강덕원은 6·25동란이 끝난 뒤 어수선하던 시기인 1956년 9월 중앙기독교청년회(YMCA)권법부에서 수련한 홍정표·박철희에 의해 서울 신설동에서 창설되었다. 강덕원의 시작은 홍정표가 개인적으로 도장을 열고자 하는 열망에서 비롯된 것이었다. 앞서 언급하였듯이 이남석과 김순배가 창무관을 개인세력화한다는 판단에서 별도의 도장을 설치하고자 했던 것으로 생각된다.

그로 인해 도장을 설립했는데, 처음 명칭은 '무도원택권권법도장'이었다. 하지만 얼마 지나지 않아 홍정표가 개인적인 사정으로 박철희에게 사범을 맡기면서 '강덕원무도회'라는 명칭을 사용하게 된 것이다.[274] 박철희는 한국전쟁이 끝난 후 조직이 흩어졌을 때 중앙기독교청년회(YMCA)권법부라는 줄기에서 창무관이 먼저 가지를 뻗고, 그 후 강덕원이 가지를 뻗은 것이기 때문에 강덕원을 창무관의 분관이라고 해서는 안 된다[275]고 하고 있다.

강덕원은 베풀 '강(講)'에 큰 '덕(德)' 자를 떠서 '덕을 가르치는 집'을 표방했는데, 기존의 관이라는 명칭을 사용하지 않고, 원을 사용하

---

274) 박철희 구술·허인욱 정리, 『四雲堂의 태권도 이야기』, 미간행 소책자, 2005, 21쪽.
275) 강원식·이경명, 『태권도 현대사』, 1999, 15쪽.

였는데, 이는 박철희가 『파사권법』(1958)이라는 교본을 저술한 해인사의 경학원의 원에서 차용한 것으로 일본식 관이라는 명칭에서 탈피하고자 한 의도에서 비롯되었다.276)

당시 관훈이라고 할 수 있는 서도훈(誓道訓)은 '一. 우리는 무도를 수련하여 국민체위향상을 도모하자.', '一. 우리는 무도를 수련하여 정도선행하자.', '一. 우리는 무도를 수련하여 민족사회의 모범이 되자' 등이었으며,277) 1958년경 강덕원의 지도위원 명단을 살펴보면, 사범에 박철희, 교범(教範)에 홍정표, 조교(助教)에 이은재(李垠載)·주진철(朱鎭喆)·김양일(金亮一)이었다.278)

1955년 7월에는 광주 조선대 약대 재학 중이던 이동희(李東熙)가 전철(全鐵) 사범에게 사사한 후 제주도 모슬포에서 보급하기 시작했다. 이때 이동호(李東鎬)·양근미(梁根微)·강정구(姜精九)·조남기(趙南基) 등이 배출되었다.279)

1956년에는 연세대와 외국어대 학생들을 중심으로 '대한학생택권권법회'라는 단체를 결성하여 간판까지 만들기도 했으며,280) 1959년 11월 3일에는 광주학생 반일의거 30주년을 기념해 '전국학생택권도 특별연무대회'를 오전 10시부터 주최를 했다. 당시 주관은 전국학생택권도연합회에서 했고, 후원은 중앙학생호국단 전남학우회·연합신

---

276) 박철희 구술·허인욱 정리, 『四雲堂의 태권도 이야기』, 미간행 소책자, 2005, 21쪽.
277) 朴喆熙, 『破邪拳法』, 一文社, 1956, 誓道訓.
278) 朴喆熙, 『破邪拳法』, 一文社, 1956, 153쪽.
279) http://www.jejusports.or.kr/menu02/dan_20/dan_20_01_01.asp
   여기에는 전철의 '철'이 '전(錢)'으로 되어 있으나, '鐵'이 옳다.
280) 박철희 구술·허인욱 정리, 『四雲堂의 태권도 이야기』, 미간행 소책자, 2005, 21쪽.

문사 조선일보사·광주신문사서울신문사 공보실에서 했다. 박철희는 기술고문을, 홍정표는 대회위원장을 맡았다. 약속대련과 격파 외에 평안·진정·공산군·발색(소)·기마초단과 삼단·발채·완슈·자은·노패·오십사보 등 가라테형 등 외에 중앙기독교청년회(YMCA)권법부만의 형인 기본형·장권형 및 대련·팔기권형 등도 연무되었다.[281]

1959년과 1960년 3월 26일 경무대 경찰서 주관으로 열린 '대통령각하 친람 전국무술개인선수권대회(大統領閣下親覽 全國武術個人選手權大會)'에서는 강덕원 소속 관원들 중심으로 연무가 이루어졌는데, 1960년 자유대련에는 강덕원팀＝나종남(羅鍾男, 3단)·이은재(3단)·김양일(3단)·주진철(2단)·홍화순(洪和淳, 2단)·최익진(崔益鎭, 3단)과 '강덕원' 중심의 지방연합팀＝김병수(3단)·조기정(曺基正, 3단)·정화(丁和, 3단)·김남길(金南吉, 2단)·조남기(초단)·서영익(徐永益, 2단)이 시합을 했다.[282]

강덕원은 50년대 중반에 창설된 신생관(新生館)이어서 규모는 그리 크지 않았다. 초창기 관원은 이금홍(현 세계태권도연맹 사무총장)과 후일 대한태권도협회 5대 회장을 맡아 태권도 도약의 발판을 마련한 김용채를 비롯하여, 정화·김정후·이강희·한정일·김병수·임복진 등이었다. 강덕원은 이후 창신동－청진동－서대문－서울운동장－서대문로터리 등으로 도장을 옮기다가 박철희가 1971년 도미한 후 이금홍이 강덕원무도회 회장으로 부임하면서 인사동으로 이전, 정착하였다. 현재도 '강덕원 무도회(강무회)'로 계승되어 오고 있다.

---

281) 1959년 11월 3일 '전국학생택권도특별연무대회' 문건.
282) 「大統領閣下 親覽 第七回 全國 武術個人選手權大會 須要」(1960년 3월 26일).

1장 관(館)의 형성

全國學生택견道特別演武大會

日　時　檀紀四二九二年十一月三日　（午前十時）

場　所　市　公　舘

主　催　講德院武道會總本部

主　管　全國學生택견道聯合會

後　援　中央學徒護國團　全南學友会
　　　　聯合新聞社　朝鮮日報社
　　　　光州新報社　서울新聞社　公報室

大會任員名單 （無順）

顧門　任鳳淳　玄正　桂天　朴方　柘一
　　　南宮錄　全聖　天文　曹　　寧
　　　朴忠　　稙東

大會長　李存華甲

副會長　金鎭哲熙

技術顧門　朴哲杓

大會委員長　洪正柱

副委員長　李東

指導部　宋石周

總務部　襄英勉　李鎭植　宋㥠

進行部　羅鎔男　石李根裁　沈

涉外部　金民石　李有植　金㴑

連絡部　金完植　崔鉉賢

整理部　金鎔采　金泰

演 武 順

1	基 本 型	21	擊 破 (기 와 10 枚)
2	平 安 型	22	騎 馬 初 段
3	約 束 對 鍊	23	騎 馬 三 段
4	約 束 對 鍊	24	短 刀 對 련
5	擊 破 (기 와 8 枚)	25	拔 塞 型 (大)
6	擊 破 (벽 돌 1 枚)	26	擊 破 (벽 돌 1 枚)
7	鎭 定 型	27	自 由 對 鍊
8	擊 破 (송 판 옆 차 기)	28	擊 破 (송 판 1 枚 貫 手)
9	擊 破 (송 판 앞 차 기)	29	八 騎 拳 型
10	自 由 對 鍊	30	長 刀 對 련
11	擊 破 (송 판 팔 꿈 치)	31	擊 破 (송 판 連 續 擊 破)
12	長 拳 型 및 對 鍊	32	완 슈 型
13	擊 破	33	慈 恩 型
14	護 身 法	34	擊 破 (連 續 擊 破)
15	公 相 君 型	35	座 對 鍊
16	拔 塞 型 (小)	36	擊 破 (手 刀)
17	擊 破 (기 와 10 枚)	37	擊 破 (높 이 차 기)
18	擊 破 (벽 돌 1 枚)	38	노 패 型
19	七 本 對 鍊	39	五 十 四 步
20	擊 破 (높 이 차 기)		

想起하라 日帝의 侵略을

티으자 光州學生 義擧精神

粉碎하자 僑胞北送 凶計를

'전국학생택권도특별연무대회' 문서

강덕원에서 단기 4292(1959)년 주최한 '전국학생택권도특별연무대회' 관련 서류로 가라테형과 함께 장권형 및 대련, 팔기권 등 중앙기독교청년 회권법부 윤병인이 전한 형도 시연되었음을 볼 수 있다.(제공: 박철희)

□ 흥무관(興武館)

무(武)를 일으킨다는 뜻의 흥무관은 홍정표가 무도원택견권법도장 이후에 1966년에 창설한 관이다.

홍정표(1924~)는 1955년부터 서울대 행정직으로 근무하면서 서울대생들을 상대로 권법을 가르쳤는데, 1962년 서울대 본부 학생과로 보직을 옮겼을 때 법대생들이 그를 지도사범으로 초빙하면서 시작되었다.

여기에는 박철희 도미 후, 이금홍이 '강덕원무도회' 회장에 취임하는 과정에서 홍정표에게 그러한 사실을 알리지 않은 것도 하나의 이유가 되었다. 이로 인해, 홍정표가 별도로 관을 창설하려는 생각을 가지게 되었던 것이다.

하지만 흥무관은 1975년 서울대가 관악구로 이전하면서 단대 태권도부가 중앙 동아리에 통합되었고 이로 인해, 흥무관도 폐관되었다.[283] 서울법대 출신의 수련생으로는 지승원이 있으며, 국회의원 신기남 등도 수련을 했었다.

---

283) 『태권도 半世紀』에는 흥무관의 폐관시기를 관악캠퍼스로 옮긴 시기를 근거로 1973년으로 기록하고 있다(강기석, 『태권도 半世紀』, 서울올림픽기념국민체육진흥공단, 2001, 51쪽). 하지만 서울대가 관악캠퍼스로 옮긴 것은 1975년이다.

이상으로 태권도 형성에 큰 영향을 미친 5대관의 창설과 그 변화 과정에 대해 살펴봤는데, 해방 직후를 전후한 시기에 창설된 관들은 '당수도'·'공수도'·'화수도'·'권법' 등 다양한 명칭을 관의 대표 명칭으로 사용하였다. 청도관은 '당수도', 송무관은 '공수도', 조선연무관 권법부와 중앙기독교청년회권법부는 '권법', 무덕관은 '화수도' 및 '당수도'를 사용하였다. 각 관들이 기본으로 하고 있는 무예 기법의 차이에서 선호한 명칭의 차이가 있었던 것이다.

모체관들은 공통적으로 가라테 기법을 수련하였음은 앞서 살펴본대로 부정할 수 없어 보인다. 하지만 그렇다고 해서 창설자들의 무예가 가라테만이 근간을 이룬 것이 아님도 알 수 있었다. 앞서 언급대로, 모체관의 설립자들 중 현재의 중국 영토에 포함되는 만주에서 무예를 익힌 윤병인과 황기가 있기 때문이다. 그리고 그들은 수련과정에서 가라테 기법과 함께 만주에서 배운 무예의 수련을 함께 중심으로 하여 수련하였던 것이다.

윤병인이 전한 형들은 대한태권도협회의 전신인 대한태수도협회의 3단지정형에 '단권형'이, 4단지정형에 '장권형'이, 5단지정형에 '팔기권형'이 지정되어 있으며, 대한태권도협회에 가입을 거부한 황기의 수박도협회의 2단 심사 지정형에 나이한찌형과 함께 '소림장권'이 포함되어 있어, 가라테 일변도만은 아님은 분명해 보인다. 전상섭의 경우에도 가라테를 습득했음은 분명해 보이지만, 윤병인과 친했던 탓에 윤병인의 무술에 영향을 받았을 것[284]으로 보는 추정도 있다.[285] 즉

---

284) 강기석, 『태권도 半世紀』, 서울올림픽기념국민체육진흥공단, 2001, 57쪽.
285) 물론 전상섭의 실종 후에 윤쾌병이 지도관 관장으로 취임하면서부터는 카라테 수련형태가 주도를 했을 것으로 보이긴 한다.

1장 관(館)의 형성

당시 사도계라 불리는 무예는 카라테의 수련을 공통적으로 했음은 부정할 수 없어 보인다. 하지만 카라테의 수련체계만으로 구성되어 있었던 것이 아님을 확인할 수 있고, 태권도를 가라테의 변형으로만 이해하기 어려움을 말해 준다.

해방 직후를 전후한 시기에 창설된 모체관은 창설자를 중심으로 6·25 이전까지 경쟁을 하며 발전하다가 6·25 이후 큰 변화를 겪게 된다. 관의 분열이 급속하게 일어난 것이다. 관의 운영에 절대적인 영향력을 행사하던 창설자의 실종 혹은 개인적인 이유로 인한 부재의 장기화는 모체관 유지에 큰 장애를 불러일으켰다. 특히, 창설자의 실종으로 인해 모체관이 실질적으로 해체된 관인 조선연무관권법부와 중앙기독교청년회(YMCA)권법부에서는 제자들 사이에 이해관계가 달랐기 때문에 불화가 일어날 수밖에 없었고 이로 인해 분열이 일어났던 것이다. 6·25 직후에는 분열을 일으키지 않았던 무덕관의 경우에도 1965년에 태권도 가입에 찬성하는 파와 수박도회를 유지하려는 파로 나뉘면서 분열을 일으켰다. 모체관 중 내부분열을 일으키지 않은 채 태권도 통합에 관여하는 모체관은 송무관이 유일하다고 할 수 있다. 이들 모체관에서 파생된 관들은 이후 태권도로 통합되는 데 근간을 이룬다.

2장 협회 창설과 관 통합

🔵 협회의 창설과 갈등

1946년 7월 청도관 이원국·조선연무관 권법부 전상섭·중앙기독교청년회(YMCA)권법부 윤병인·송무관 노병직 등이 주동이 돼 협회를 구성하려는 의욕을 가지고 2, 3차례 회합을 가졌으나,[286] 의견 차이와 서열문제로 성사되지 못했다[287]고 한다. 서술에 따라서는 최초 5개 도장 통합 시도는 1947년 3월 황기에 의해 시도[288]되었던 것으로 보기도 한다.

이렇게 관들이 서로 통합을 논의할 수 있었던 데는 관에 따라 차이가 있긴 하지만, 이 단체들이 가라테 기술을 공통적으로 수련하고 있다는 데서 그 배경을 찾을 수 있을 듯하다. 서로 간에 이질감보다는 동류의식이 그만큼 강했던 것이다.

1) 대한공수도협회와 대한당수도협회의 대립

구체적인 통합 시도는 6·25전쟁 중인 1953년 5월에 부산에서 '대한공수도협회'가 발족되면서 본격화되었다. 노병직·윤쾌병·황기·

---

286) 『태권도』 창간호, 대한태권도협회, 1971, 24쪽.
287) 강기석, 『태권도 半世紀』, 서울올림픽기념국민체육진흥공단, 2001, 65쪽.
288) 서상렬(백락언), 『무덕관은 통합되어야 한다』, 미간행소책자, 2002, 7쪽.

이종우·현종명·조영주·김인화 등에 의해 이루어진 것이다.[289] 회장에는 조영주, 중앙도장 사범에는 노병직과 윤쾌병이었다[290]고 알려져 있으나, 노병직에 의하면, 조영주의 추대실패로 인해 노병직 자신이 직무대행을 맡았다고 한다.[291]

이 당시 통합 논의가 본격적으로 이루어진 이유는 "육이오동란에 의하여 …… 청도관 이외에는 그리 보잘것없어 권법계는 일시 중단된 감이 있었"[292]다는 평가를 통해 살펴볼 수 있을 듯하다. 전쟁으로 인해 관의 기득권을 주장할 수조차 없는 상황이 되었던 것이다. 이들이 이후 재건하기 위해서는 개별 관의 힘으로는 힘들다는 공감대가 형성되었던 것으로 여겨지고 이로 인해 통합논의가 이루어졌던 것이 아닌가 여겨진다.

당시 협회 명칭을 두고 '공수도'를 사용할 것인지, '권법'을 사용할 것인지에 대해 논란이 오고 갔다. 중앙기독교청년회(YMCA)권법부 등에서는 권법을 공식적인 무예명칭으로 사용하고 있었기 때문이다. 하지만 대부분의 관들이 공통적으로 가라테 기술을 사용하고 있

---

289) 강기석, 『태권도 半世紀』, 서울올림픽기념국민체육진흥공단, 2001, 65쪽. 대한공수도협회 참여자에 대해 『태권도 現代史』에는 이 외에 손덕성과 이남석이 추가되어 있는데(강원식·이경명, 『태권도 現代史』, 보경문화사, 1999, 22쪽), 노병직은 손덕성은 참여하지 않았으며, 민운식이 빠져 있고 한다.(武藝新聞(http://www.mooye.net/) 무예역사기행-[태권도의 역사 15] 태권도 역사기술의 중요성(1)

290) 崔碩男, 『拳法敎本(空手道)』, 東西文化社, 1955, 24~25쪽. 최석남은 이 기록에서 '한국공수도협회'로 기재하고 있으나, 이후 정황을 볼 때 대한공수도협회가 정식 명칭으로 보인다.

291) 武藝新聞(http://www.mooye.net/) 무예역사기행-[태권도의 역사 15] 태권도 역사기술의 중요성(1)

292) 崔碩男, 『拳法敎本(空手道)』, 東西文化社, 1955, 24쪽.

2장 협회 창설과 관 통합

다는 점에서 공통분모는 역시 '공수도'였다. 물론 '공수도' 명칭이 가라테 냄새를 풍긴다는 반론이 없지 않았으나, 뚜렷한 대안의 부족으로 공수도로 합의를 본 것이다.[293]

하지만 창립한 지 1개월 정도 지나 황기가 중앙심사위원 자격 부여를 하지 않는다는 이유로 탈퇴하고, 또 1년[294] 후에는 손덕성이 같은 이유로 탈퇴[295]하면서 통합체의 의미가 많이 퇴색하였다. 1953년 9월[296] 서울로 돌아온 황기가 '대한당수도협회'를 조직[297]함으로써, '대한공수도협회'가 갖는 위상 및 구심점으로서의 역할은 더욱 약해질 수밖에 없었다.

1953년 10월 서울이 수복되자, '대한공수도협회'는 조선전업 사장이었던 이중재(李重宰)를 회장으로 추대하고, 부회장에는 민관식(閔寬植)이, 사무국장은 이종우가 맡았다.[298] '대한공수도협회'의 주된 업무는 각 도장을 관리 감독하고 유단자의 심사와 자격을 부여하는 것이었고, 역점사업은 공인단증을 발급하는 일이었다. 특히 도장마다 제각각인 단을 통일하기 위해 단을 최고 4단으로 승단하는 일을 추진하였다.[299] 각 관 간에 자존심과 이해관계가 얽혀 있기 때문에 상당히 민감한 사항이었다.

---

293) 강기석, 『태권도 半世紀 인물과 역사』, 서울올림픽기념국민체육진흥공단, 2001, 66쪽.
294) 강기석, 『태권도 半世紀』, 서울올림픽기념국민체육진흥공단, 2001, 65쪽.
295) 강원식·이경명, 『태권도 현대사』, 1999, 23쪽.
296) 황기, 『수박도대감』, 삼광출판사, 1970, 주요연혁.
297) 서상렬(백락언), 『무덕관은 통합되어야 한다』, 미간행소책자, 2002, 7쪽.
298) 강기석, 『태권도 半世紀 인물과 역사』, 서울올림픽기념국민체육진흥공단, 2001, 66쪽.
299) 강원식·이경명, 『태권도 현대사』, 1999, 23쪽.

'제1회 승단심사대회'는 1954년[300] 4월 25일 서울 중앙도장(中央道場)에서 열렸다.[301] 당시에는 청도관 시천교당(희망예식장)을 임시로 중앙도장으로 사용하고 있었는데,[302] 각 도장 40여 명의 유단자(有段者) 심사를 해, 손덕성·현종명·엄운규의 3인과 추천으로 이종우가 4단을 부여받았으며,[303] 박철희는 3단을, 석세조·김주갑·이사만·이교윤 외 5인은 2단을, 양희곤 외 6인이 초단을 부여받았다. 제2회 승단심사대회는 같은 해 7월 25일에 청도관 시천교당에서 시행하였고, 제3회 심사는 같은 해 10월 31일에, 4회 승단심사는 1955년 6월 19일, 5회는 같은 해 10월 25일에 행해졌다. 3·4회 심사는 이남석이 운영하던 체신부도장에서 행하였다[304]고 하는데, 노병직은 3회 심사는 시천교당에서 행했다고 하고 있어, 추후 좀 더 살펴볼 필요가 있을 듯하다. 5회는 4회와 마찬가지로 체신부도장에서 행해졌다.

2회에는 30명이 응심해서 초단 10명·3단 3명·4단 2명(이남석은 명예 4단) 등 총 15명이 합격했으며, 3회는 24명 응심에 18명 합격, 4회는 48명 응심에 초단 14명·3단 1명·4단 1명 등 총 18명이 합격했다. 5회심사에는 47명이 응심해 초단 4명과 2단 1명만이 합격을 했다.[305] 당시 공인승단심사의 심사위원은 노병직과 윤쾌병이 전담

---

300) 박철희도 심사연도를 1954년으로 기억하고 있다(박철희 구술, 허인욱 정리, 『사운당의 태권도 이야기』, 미간행소책자, 2005, 17쪽.
301) 류호평, 『한국태권도 심사제도 변천의 역사적 고찰』, 원광대박사학위논문, 2001, 77쪽.
  崔碩男, 『拳法敎本(空手道)』(東西文化社, 1955, 24~25쪽)에는 1955년으로 기재하고 있다.
302) 강원식·이경명, 『태권도 現代史』, 보경문화사, 1999, 23쪽.
303) 崔碩男, 『拳法敎本(空手道)』, 東西文化社, 1955, 24~25쪽.
304) 강원식·이경명, 『태권도 현대사』, 1999, 23쪽.

2장 협회 창설과 관 통합

을 했다.[306]

한편, 황기는 독자적으로 조직한 대한당수도협회를 1953년 11월 대한체육회에 가입하려고 하였는데,[307] 대한공수도협회의 윤쾌병·노병직 등이 대한체육회에 진정서를 제출하면서 가입시도는 무산되었다.[308] 당시는 같은 종목으로 두 개의 법인단체를 인준해 주지 않았을 뿐만 아니라, 후에 태권도로 통합되는 관들의 대표성을 대한당수도협회가 갖는 것을 용인할 수 없었기 때문으로 보인다.

2) 대한태권도협회의 창립

1959년 9월에는 최홍희에 의해 청도관과 오도관을 주축으로 해서 대한태권도협회가 창립되었다. 최홍희가 대한태권도협회를 창설한 이유에 대해서는 그의 자서전인 『태권도와 나』에서 언급을 하고 있다. 최홍희는 본래 체육회와 동등한 '무도회(武道會)'를 별도로 창설할 계획을 가지고 있었다. 하지만 '유도회'와 '검도회'가 각각 1957년과 1958년에 대한체육회에 가입을 하였는데, 이로 인해 현실적으로 '태권도'만으로 무도회를 창설하기가 어려워졌다. 오히려 태권도도 대한체육회에 가입할 수밖에 없는 상황이 되었던 것이다. 하지만, 그나마도

---

305) 류호평, 『한국태권도 심사제도 변천의 역사적 고찰』, 원광대박사학위논문, 2001, 79~80쪽.
306) 강기석, 『태권도 半世紀 인물과 역사』, 서울올림픽기념국민체육진흥공단, 2001, 66~67쪽.
307) 황기, 『수박도대감』, 삼광출판사, 1970, 주요연혁.
308) 『태권도』 창간호, 대한태권도협회, 1971, 24~25쪽; 강원식·이경명, 『태권도 현대사』, 1999, 22쪽.

대한체육회에 가입하기 위해서는 먼저 태권도협회의 구성이 필요했고,[309] 이로 인해, 협회 창설에 박차를 가하게 되었던 것이다.

이 당시 협회의 공식명칭과 관련된 문제가 대두되었다. 최홍희 자택에서 벌어진 약식 좌담회에서 노병직·윤쾌병·이남석은 '공수'를, 황기는 '당수'를 선호한 것이다. 명칭문제가 대두한 이유는 주도권 문제 때문이다. 이 점은 윤쾌병의 "…… 오도관과 청도관에서 오래전부터 쓰고 있는 까닭에 다른 관들이 굴복하는 느낌이 들어 곤란하다고 봅니다."[310]라는 언급을 통해서 알 수 있다. 태권도라는 명칭은 최홍희가 1955년 4월 11일에 당시 대통령이었던 이승만으로부터 휘호를 받아낸 이후, 청도관과 오도관에서 이미 사용하고 있었던 것이다.[311] 그렇지 않아도 최홍희의 일방적인 주도하에 협회 구성이 이루어진 상황에서 태권도라는 명칭까지 사용하는 것을 각 관의 대표자들이 달갑게 여기지 않았던 것이다.

하지만 결국에는 태권도로 합의를 볼 수밖에 없었다. 사실상 군이라는 배경을 지닌 최홍희의 의견을 무시할 수 없는 상황이었던 것이다. 이 점은 최홍희가 "이는 다행히도 내가 그들보다 가라테를 먼저 시작했고 육군소장이라는 권위에 눌려 그처럼 순순히 응했다고 본다."[312]라고 언급하고 있는 점을 통해서 알 수 있다.

체육회의 중재로 협회를 구성하게 되었지만, 다시 자리배분을 놓고 불화가 일어났다. 황기를 이사장으로 선출하는 데 논란이 벌어진

---

309) 최홍희, 『태권도와 나』 1, 사람다움, 1997, 394~396쪽.
310) 최홍희, 『태권도와 나』 1, 사람다움, 1997, 395쪽.
311) 최홍희, 『태권도와 나』 1, 사람다움, 1997, 343~348쪽.
312) 최홍희, 『태권도와 나』 1, 사람다움, 1997, 395쪽.

2장 협회 창설과 관 통합

것이다. 최홍희는 이 논란에 강경한 태도를 취하며 협회를 구성하였다.[313] 당시 협회 집행부를 살펴보면, 회장에는 최홍희, 부회장에는 윤쾌병·노병직, 이사장에는 황기,[314] 상임이사에는 이종우·현종명·고재천·이영섭, 이사에는 엄운규·배영기·정창영 등이었다. 그리고 대표심사위원은 노병직과 윤쾌병, 심사위원은 이남석·엄운규·현종명·정창영 등이었다.[315] 1959년 9월 3일 대한체육회 내에서 협회임원 전원이 기념 촬영을 하며 구성하였다. 그러나 대한체육회에 가입절차를 밟던 중, 1960년 4·19혁명으로 인해 대한체육회 가입은 결실을 보지 못했다.[316]

노병직에 의하면, 대한태권도협회장에 선임된 최홍희는 매사를 독선적으로 처리하려 하였고, 이를 못마땅해 하던 각 지관도장대표들이 1959년 12월 10일 오후 4시 경에 서울 서대문구 정동 소재 서울우유조합회의실에서 대한태권도협회 제1회 임시대의원총회를 개최하고 회장 불신임 결의를 하여, 5·16쿠테타 때까지 유명무실하게 되었다고 한다.[317]

3) 대한수박도회의 창립과 대한태권도협회와의 불화

황기는 4·19혁명으로 혼란한 시기에 대한태권도협회를 탈퇴하였

---

313) 최홍희, 『태권도와 나』 1, 사람다움, 1997, 395~396쪽.
314) 『태권도』 창간호, 대한태권도협회, 1971, 25쪽.
315) 서성원, 『태권도현대사와 길동무하다』, 상아기획, 2007, 32쪽.
316) 최홍희, 『태권도와 나』 1, 사람다움, 1997, 395~396쪽.
317) 武藝新聞(http://www.mooye.net) 무예역사기행-[태권도의 역사 15] 태권도 역사기술의 중요성(1)

는데, 그 시기는 불명확하다. 다만 황기가 1960년 5월 23일 문교부에 대한수박도협회의 사단법인을 신청하여 6월 30일에 '문화 제2570호'로 인가를 받았다[318]는 사실을 고려할 때, 1960년 5월 23일 이전에 탈퇴하였음은 확실해 보인다. 『수박도대감』에는 1960년 7월에는 대한수박도회에 지도관이 가입했다고 하고 있는데,[319] 수박도회에 가입한 지도관은 지도관 내에서 관장 윤쾌병을 중심으로 한 세력이었을 것으로 보인다. 이는 관들 사이의 갈등이 고조되어 가고 있음을 알려준다.

황기가 대한태권도협회를 탈퇴한 이유는 명확하지 않다. 이에 대해 개인적인 야망 때문으로 이해하기도 하는데,[320] 무덕관이 당시 가장 큰 세력을 형성하고 있었다는 점에서 개인적인 기득권을 포기하고 싶지 않았을 가능성도 충분히 생각해 볼 수 있다. 이런 가능성 외에 태권도협회 구성 시에 벌어졌던 자리배분 논란에서 볼 수 있듯, 가장 큰 세력을 형성하고 있는 한 관의 책임자에 대한 대우 문제에서 비롯된 불만도 어느 정도 작용했을 것으로 생각된다. 최홍희를 중심으로 한 세력에 대한 불신이 황기의 대한태권도협회 탈퇴에 상당 부분 작용했던 것으로 보이기 때문이다.

황기의 대한수박도회의 독자적인 사단법인 등록에 대해 『태권도지』에는 "1960년 4월 말경, 4·19혁명 후의 정치적 사회적 혼란을 틈타,

---

318) 『태권도』 창간호에는 4월 말경으로 되어 있지만(대한태권도협회, 1971, 25쪽), 무덕관 측이 보유하고 있는 사단법인 허가서에는 6월 30일로 기재되어 있다.
319) 황기, 『수박도대감』, 삼광출판사, 1970, 주요연혁.
320) 강기석, 『태권도 半世紀 인물과 역사』, 서울올림픽기념국민체육진흥공단, 2001, 78쪽.

황기 씨는 당시 정계의 권력자인 모 씨를 이용하여 전격적으로 문교부에 사단법인 등록을 하였다."321)고 기록되어 있는데, 대한태권도협회에는 상당한 혼란을 가져다주었던 것으로 보인다. 『태권도』지에 "이에 각 도장에서는 문교부에 엄중 항의를 하였다. 타 관에서도 법인체등록을 받아 줄 것을 요청하였더니 ······."322)라고 기록되어 있기 때문이다. 이에 대해서는 좀 더 살펴봐야 하지만, 각 관들 사이에 법인체 등록을 독자적으로 신청하려는 움직임이 있었던 것이 아닌가 하는 생각을 갖게 하기도 한다.

최홍희도 문교부와 대한체육회에 진정서를 제출하면서 대한태권도협회의 법인체 인가를 신청했다. 그러나 문교부에서는 헌법이 보장한 결사의 자유를 막을 수 없다며, 같은 종목에서 두 개의 단체를 인준할 수 없다는 규정에 따라 서류일체를 반려하고 대한수박도회와 통합회의를 거쳐 정식으로 등록서류를 제출해 줄 것을 요구하였다.323)

대한수박도회와 대한태권도협회 간의 불화는 1960년 11월에 발간된 『무예시보』 3호의 사설(社說)인 '무도계의 유파와 분열을 동일시 말라'를 통해 알 수 있다.

때때로 사도에는 왜 그리 분열이 심합니까 하고 필자는 질문을 받는 수가 많다. 그에 대해 필자는 사도에는 유파가 있어도 분열은 없다고 대답한다 ······. 사도는 독특한 사정이 있어 단일체 통합은 대단히 힘든 것이다. 과거는 물론, 현재에도 세계 어느 나라를 막론하고

---

321) 『태권도』 창간호, 1971, 대한태권도협회, 25쪽.
322) 『태권도』 창간호, 대한태권도협회, 1971, 25쪽.
323) 서상렬(백락언), 『무덕관은 통합되어야 한다』, 미간행소책자, 2002, 8쪽.

사도계가 단일한 통합을 달성한 나라는 하나도 없다 ……. 그럼에도 불구하고 우리나라 무도계가 단일체 통합을 성취 못 하는 이유가 나변에 있는가에 대하여는 이렇게 주장하고 싶다.

그 이유의 초점은 첫째로 사도계인들 중에서 아직까지 사도가 무엇인가를 심지하게 인식하지 못하고 있다는 것이요 둘째로는 사도계에서 말하는 유파라는 것을 정확하게 인식 못 하고 오인하고 유파와 분열을 혼동하고 행동하기 때문이라고 본다. 좀더 세분하여 말하자면 유파라는 것도 하나의 파벌을 말하는 것이기는 하나 이 파벌은 흐름에 따른다는 것, 즉 조류 자연의 이치에 입각한 파로서 어느 하나의 정당한 진리와 주관하에 행동을 통일하는 한 개 단위가 유파라 하겠다. 분열이라는 것은 이 점에서 정당한 진리하에서 체계화된 술법을 수립한 사도계의 일개 단위에서 정당한 이유 없이 자기 일개인의 사리사욕만을 위하여 모체에서 이탈한, 즉 사도계의 질서를 문란케 하는 자들의 소행이니 통일에 반하여 분열을 일삼으며 사도계에 일류를 창조하는 듯한 주제넘은 생각으로 사도는 망하든 흥하든 아랑곳없이 사도를 이용하여 나 하나만 행세하여 보자는 사술을 하는 자들이니 사도라는 것이 무어라는 것도 모를뿐더러 사도의 유파를 오인하여 유파가 있음을 기회로 자기 자신의 출세에 이용하고 혼동하려는 자들이 통합에 암이 되어 있다고 본다. 만일 사도의 유파를 정당하게 잘 인식하는 진정한 도인이라면 이 유파로 말미암아 통합이 아니 된다고는 말할 수 없는 것이다.

즉 유파라는 것은 자기네 유의 독특한 장점을 자랑하고 육성하여 남보다 정당한 의미에서 우수하여 보자는 것이니 마치 요사이 말하는 민주발전의 요소의 하나인 자유경쟁의 원칙을 말하자는 것이다. 이러한 정당성에 상대방과 분리하여 상극성을 초래할 리도 없으며 오히려 상호 접근하여 정정당당한 경쟁으로 각자의 장점과 실력을 과시하여야 할 것이다.

정도를 걷는 유파야 통합에 하등의 지장을 초래할 이유는 하나도 없는 것이니 사도계의 유파라는 것은 원칙적으로 사도를 여하히 하여 좀더 좋은 방향으로 발전을 시킬가 하는 데서 유파라는 것이 존립할 수 있는 것이지 파벌을 조성하기 위하여 있는 것은 아닌 것이다.

그럴진대 어찌 유파를 분열과 동일시할 수 있을 것인가 임의 정당 유파를 구성한 도장에서는 그 유파의 독특한 점을 더 한층 육성하는 데 힘을 쓸 것이요 일개인의 부당한 욕망을 위하여 분열을 일삼으며 유파를 가장하여 사도계 질서를 문란케 하는 자가 유한다면 이 기회에 양심적으로 반성하여 사도의 진정한 발전과 통합의 암에서 배제되어 주기 바라며 또 그러할 시기는 도래한 것으로 본다. 사도를 진정으로 사랑하는 순정과 현재 세간에서 염려하고 있는 사도계의 분열을 지양하여 여러 국민에 보답하는 견지에서 분열을 일삼는 사도계의 탈선자가 있다면 속히 정도를 걸어 주기를 호소한다.[324]

‘무덕관’의 대변지인 『무예시보』는 발행인이 황기였다. 이 점을 고려할 때, 사설도 황기가 직접 작성한 것으로 보이며, 만약 그렇지 않다 하더라도 발행인인 황기의 입장이 상당히 반영되었을 것임은 분명하다고 할 수 있다.

제목이 ‘무도계의 유파와 분열을 동일시말라’고 하는 이 사설에서는 ‘유파’와 ‘분열’이라는 용어를 사용하여 수박도회는 한 유파이며, 자유경쟁의 원칙에 따라 정정당당하게 경쟁을 할 것임을 토로하면서, 사도계를 분열시킨다는 논란에 대해 수박도회의 입장을 서술하고 있다.

아마도 이 점은 “현재 세간에서 염려하고 있는 사도계의 분열”이

---

324) 『무예시보』 4293, 11월 1일자(3호) 社說.

라는 표현을 통해 당시 사회적으로도 무덕관의 독자행동이 문제시되고 있었음을 알 수 있다. 즉 수박도회가 사도계의 분열을 일으킨다는 비난에 대해, 정당성을 획득하고, 무덕관 내의 결속을 다지기 위한 의도에서 서술된 것으로 보인다.

아울러 이 사설에는 "일개인의 부당한 욕망을 위하여 분열을 일삼으며 유파를 가장하여 사도계 질서를 문란케 하는 자가 유한다면" 또는 "분열을 일삼는 사도계의 탈선자가 있다면"이라는 표현이 있는데, 이는 특정 인물을 직접 지칭하지는 않았지만 불편한 관계에 있는 인물이 있었음을 알려준다. 당시 황기와 불편한 관계에 있었던 인물은 다음 기록을 통해 구체적으로 알 수 있다.

> 대한상공회의소 회의실에서 소집된 대한체육회 사이구사년도 정기총회에서는 …… 대한체육회 산하단체는 많으나 당수도단체는 가입되어 있지 않다. 금반총회에 부의되어야 할 당수도단체 가입신청이 집행부에 의해서 보류되었음은 심히 유감된 일로 본다. 왜냐하면 유도·검도는 가입되어 있는데, 유독이면 당수도계 단체 일개만이 남아 있을까? 이는 제일공화국 구정권 당시 대통령 이승만 씨의 명명을 받은 태권도라는 어명을 존속시키려는 반혁명분자들이 망동에 기만당한 자들이 끼어 있었나 본다. 관계당국은 이 기회에 가부를 가려서 당수도단체의 가입과 연후 전 체육계의 결속을 위하고 발전을 위해서 동격으로 조처함에 주저하지 말 것을 부탁하여 둔다.[325]

이 기록을 보면, 수박도회는 단기 4294(1961)년에 당수도의 체육

---

325) 『무예시보』 4294년 2월 1일자(6호).

회 가입을 시도했지만, 1961년 1월 28일 대한상공회의소에 소집된 정기총회에서 대한체육회 집행부에 의해 보류되었음을 알 수 있다.

그런데 이 글을 좀 더 살펴보면, "이는 제일공화국 구정권 당시 대통령 이승만 씨의 명명을 받은 태권도라는 어명을 존속시키려는 반혁명분자들이 망동에 기만당한 자들이 끼어 있었나 본다."라는 표현이 있는데, 당수도의 가입이 무산된 배경에 방해세력이 있었던 것으로 황기가 보고 있음을 알 수 있다. 그리고 그 방해세력은 "이승만에 의해 명명받은 태권도라는 어명을 존속시키려는 반혁명분자들"이라는 표현을 통해 최홍희로 이해하고 있음을 알 수 있다. 당시 태권도라는 용어를 사도무예의 대표명칭으로 주장하며 이승만 대통령에게 글씨를 받아낸 이는 최홍희였음은 주지의 사실이었기 때문이다.

이 점은 4개월 후인 1961년 3월에 발간된 『무예시보』 제7호의 사설을 통해서도 확인된다.

우선 사계에서만 하더라도 당수도 단체는 대한체육회에 가맹이 안 되여 있지 않은가. 이것은 당수도가 경기 종목이 아니라는 점에서 일반 체육계에서 분리되어 왔으며 및 대한체육회가입을 음으로, 양으로 방해하는 극열 악질분자들이 배후활동에 있었기 때문이다. 이 군상들은 예나 지금이나 자기의 입신출세만을 위해서는 자칭 육단, 칠단이라고 하여 대문짝 같은 명함을 들고 다니면서 중상모략을 일삼고 전 독재자 이승만 씨에 아첨하여 명명받은 태권도라는 어명을 존속시키려고 갖은 수단을 다하여 애국자를 가장하여 당수도를 파괴하려는 자가 있으니 빨리 개회해 주기 바란다. 따라서 가맹이 되지 않은 책임은 당수도인들이 져야 할 줄 안다.[326]

이 사설을 살펴보면, 특히 최홍희에 대한 불신이 상당함을 알 수 있는데, 이는 "전 독재자 이승만 씨에 아첨하여 명명받은 태권도라는 어명을 존속시키려고 가진 수단을 다하여 애국자를 가장하여 당수도로를 파괴하려는 자"라는 표현을 하고 있기 때문이다. 아울러 수박도회의 체육회 가입이 되지 못한 것은 표면적인 이유는 당수도가 경기 종목이 아니라는 점이긴 했지만, 누군가의 방해공작 때문이었던 것으로 이해하고 있음을 알 수 있다. 그리고 그 방해세력을 최홍희 일파로 간주하고 있는 것이다.

당시 대한태권도협회로서는 독자적인 대한수박도회의 존재를 인정해 줄 수 없는 상황이었다. 만약 이를 인정해 준다면 사도계의 대표성 상실과 아울러 별도의 법인인가를 받을 수 없기 때문이었다. 따라서 양자의 충돌은 당연한 것이었다.

양자의 대립은 1961년 5·16쿠데타로 정권을 장악한 박정희 정권이 국가재건최고회의 포고령 제6호로 사회단체 해산을 명령함으로써 문교부에서 유사단체의 통합을 요구하면서 다른 국면으로 접어들게 된다.

4) 대한태수도협회의 창설

5·16쿠데타가 일어난 지 6일 후인 5월 22일에 국가재건최고회의에서는 5월 23일 기해 정당 및 사회단체를 일체 해체시켰다. 단 정치성이 없는 구호단체·학술단체·종교단체 및 기타 국가재건최고회의에서 별도로 허가하는 단체는 소정의 절차를 거쳐 5월 31일까지

---

326)『무예시보』4294년 3월 1일자(7호).

2장 협회 창설과 관 통합

재등록을 실시하도록 하였다.[327]

같은 달 24일 대한체육회가 주무부처인 문교부로부터 법인단체로 인정되어 종래의 조직체와 정관으로 계속 사업을 하게 되었다.[328] 즉 문교부에 등록된 대한수박도회 또한 법인체로 유지될 가능성이 높았음을 알려주는데, 이 점은 『수박도대감』에 1961년 6월에 사회단체 재등록을 완료했다[329]고 하고 있어, 그러한 사정을 알려준다.

이에 대해 대한태권도협회에서는 주관부서인 문교부에 진정서를 제출하며 법인체 인가 해지를 건의하였다. 당시 대한태권도협회의 진정서 내용을 보자.

대한태권도협회에서는 국가재건최고위원회의 제반 시책을 존중하고 협조하는 동시에 사회질서를 혼란케 하는 깡패의 온상처인 유사단체 대한수박도회(당수도 무덕관)의 등록정지와 아울러 해산시켜 주실 것을 진정하는 바입니다. 수박도회의 기강은 심신연마란 훌륭한 것을 내세우고 실제는 그렇지 못한 비체육단체임을 열거하자면 수박도회의 비행으로 …… 이와 같은 행태를 전국 도처에서 하였으며 이외에도 말할 수 없는 불량행위를 했습니다. 또 단급증을 남발하여 고가로 매각하였으며 이를 획득한 무지한 자들은 아무 데서나 펼쳐들어 타에 무언중 위협을 가하였을 뿐만 아니라 무전취식 등도 하였습니다. …… 이와 같이 사회에 물의를 일으킨 수박도회가 지난날 문교부로부터 중지령까지 받았는데 법인체로서 인가를 받을 수가 있겠습니까. 이는 마땅히 인가 취소가 되어야 할 것이며 등록중지가 되어야 하고 해산

---

327) 『동아일보』 1961년 5월 23일자.
328) 『동아일보』 1961년 5월 25일자.
329) 황기, 『수박도대감』, 삼광출판사, 1970, 주요연혁.

되어야 하겠습니다.

1961년 6월 대한태권도협회[330]

　대한태권도협회에서는 대한수박도회를 비행을 저지르는 단체로 비체육단체임을 언급하며 법인체 인가를 취소해 줄 것을 요청한 것이다. 당시 국가재건위원회의에서는 사회 정화를 가장 중요한 명분으로 삼았던 만큼 수박도회의 비행을 열거하면서 인가 취소를 노렸던 것으로 보인다.

　하지만 문교부에서는 앞서 언급한 대로 같은 종목에 두 개의 단체를 인정할 수 없음과 헌법이 보장한 결사의 자유를 막을 수 없다며 통합회의를 거쳐 정식으로 등록서류를 제출해 달라고 하였다. 문교부에서도 스스로 인정해 준 법인체를 대한태권도협회의 진정서만으로 해지할 수는 없었을 것이다.

　문교부는 유사단체 통합을 서둘렀는데, 1961년 7월 12일자 공문으로 대한수박도회·대한태권도회·공수도 창무관·공수도 송무관·강덕원무도회·한무관 중앙공수도장 등의 대표 9명 지정, 이들을 소집시켜 통합회의를 수차례 주선했으나 각 관의 이해관계가 얽혀 결실을 이루지 못했다.[331]

　이처럼 통합을 위해 진행이 순조롭지 못하자, 당시 '옵서버'로 참석한 이종우의 건의로 자율적인 기한부 통합을 하기로 하고 그 결과

---

330) 1961년 6월 대한태권도협회의 진정서(강원식·이경명, 『태권도 現代史』, 보경문화사, 1999, 32쪽에서 재인용).
331) 강원식·이경명, 『태권도 現代史』, 보경문화사, 1999, 33쪽 및 박철희 구술·허인욱 정리, 『四雲堂의 태권도 이야기』, 미간행 소책자, 2005, 24쪽.

를 문교부에 보고하기로 했다.332) 이종우가 옵서버로 참석한 것은 당시 지도관의 관장은 윤쾌병이여서 이종우는 대표자의 자격이 없었기 때문이다. 이 때문에 각 관으로부터 양해를 구해 옵서버로 참석할 수밖에 없었던 것이다.333)

이에 따라 각 관의 대표들은 1961년 9월 10일334) 한국체육관에서 통합회의를 갖게 된다.335) 당시 참석자들은 지도관 관장 윤쾌병·청도관 관장 엄운규·창무관 관장 이남석·송무관 관장 노병직·오도관 대표 남태희·강덕원 사범 박철희·한무관 관장 이교윤 등이었고, 참관자로 한국체육관 이종우·오도관 고재천·송무관 이영섭 등이 참석했다.336) 당시 최홍희는 쿠데타를 일으킨 박정희 등의 세력에 밀려 말레이시아 대사로 내정되면서 통합 논의에 참여하기가 어렵게 되자, 엄운규와 남태희를 대신 내세운 것이다.337)

이 회의에서 창립위원 7인을 선출했는데, 박철희·남태희·엄운규·이남석·윤쾌병·노병직·황기였다. 그리고 기초위원으로 이종우·엄운규·이남석이 선출되었다.338) 하지만 6일 후인 같은 달 16일에

---

332) 강원식·이경명, 『태권도 現代史』, 보경문화사, 1999, 33~34쪽.
333) 손성도, 「李鍾佑의 태권도 사상」, 『체육·스포츠 인물사』, 21세기교육사, 2004, 247쪽.
334) 『태권도 現代史』에는 9월 14일로 기재되어 있기도 한데(강원식·이경명, 『태권도 現代史』, 보경문화사, 1999, 34쪽), 인용한 통합회의록에는 9월 10일로 기재되어 있어, 9월 10일로 보는 것이 옳아 보인다(같은 책, 37쪽).
335) 강원식·이경명, 『태권도 現代史』, 보경문화사, 1999, 33~34쪽.
336) 강원식·이경명, 『태권도 現代史』, 보경문화사, 1999, 33~34쪽.
337) 최홍희, 『태권도와 나』 2, 사람다움, 1998, 14~17쪽.
338) 『태권도』지에는 1961년 9월 14일에 7인의 창립위원으로 박철희 대신 이종우가 기록되어 있는데(『태권도』 창간호, 대한태권도협회, 1971, 25

열린 회의에서 창립위원이 윤쾌병·황기·노병직·남태희·이남석·엄운규 등 6인으로 재구성되었다. 1967년 5월에 작성된 대한태권도협회의 '현황' 문건에는 16일이 아닌 14일로 기재되어 있어, 정확한 날짜에 대한 추후 확인이 필요해 보인다.

'현황' 문건에 의하면, 9월 16일에 '(가칭)대한태권도협회' 정관의 심의가 통과되었으며, 창립위원이 이종우·엄운규·이남석 3명으로 재편되었다. 이 당시 태권도를 임시 명칭으로 사용한 것은 최홍희를 중심으로 한 청도관과 오도관의 입장이 크게 작용한 것으로 보인다.

하지만 통합 협회의 대표 명칭을 무엇으로 할 것인가에 대한 문제가 불거졌다. 남태희와 엄운규는 1959년 회합 때 만장일치로 태권도로 정한 적이 있다는 점을 들어 태권도를 지지했으며, 윤쾌병은 당시 태권도는 문교부에서 정한 것이며, 국제적인 명칭이라는 점에서 공수도를 지지한 것이다. 윤쾌병의 의견에 노병직·이남석이 동의를 했다. 윤쾌병이 절충해서 태권도와 '태'와 공수도의 '수'를 따서 '태수도'를 제의하고 표결에 붙인 결과 태수도로 결정된 것이다.[339) 이 결정에 대해 무덕관의 황기도 동의했다. 태수도의 '수' 자를 수박도의 '수' 자로 이해했기 때문이다.[340) 명칭에 대한 각 관의 입장 차이를 볼 수 있는 장면이다.

1961년 9월 19일에는 협회명칭을 '대한태수도협회'로 정하였는데, 회장은 공석이었고, 부회장에 엄운규·이종우, 상임이사에 남태희·

쪽), 당시 통합회의록의 기록이 더 신빙성이 있다고 생각되므로, 박철희가 창립위원으로 보이고 아울러 일자도 9월 14일이 아닌 9월 10일이 옳은 듯하다.

339) 강원식·이경명, 『태권도 現代史』, 보경문화사, 1999, 41~42쪽.
340) 서상렬(백락언), 『무덕관은 통합되어야 한다』, 미간행소책자, 2002, 8쪽.

2장 협회 창설과 관 통합

이용우·이영섭·오재준·이병로, 이사에 현종명·이교윤·박철희·고재천·송순학·김순배, 감사에 차수룡·이희진, 사무장에 김완섭이었다.[341]

대한체육회에 가입하기 직전인 1962년 12월 초까지 회장은 공석이었다가 당시 군사혁명위원회 감찰위원장이던 채명신을 회장에 영입했는데, 이는 '대한태수도협회' 창설을 주도한 이들이 아직 30대 중반으로 사회적인 영향력이 미비한 시점이라 협회에 힘을 실어 줄 수 있는 사람이 필요하다는 판단하에 이루어진 것이었다.[342]

이후 대한태수도협회의 연혁을 1967년 대한태권도협회의 '현황' 문건을 통해 살펴보면, 1962년 6월 25일에는 대한체육회에서 대한태수도협회의 가입을 가승인했으며, 7월 11일에는 도장설치 기준법 심의가 통과되었으며, 10월 5일에는 협회사무실을 대한체육회 내 302호실로 이전하였다. 또한 10월 20일에는 이사회 세칙과 상벌규정 심사위원회세칙의 심의가 이사회에서 통과되었으며, 10월 24일에는 제43회 전국체육대회에 참가했으며 11월 3일에는 이사회에서 경기규정에 대한 심의가 통과했다.

다음 해 1963년 2월 23일에는 대한체육회 정기대의원 총회에서 만장일치로 대한태수도협회의 가입이 승인되었는데, 대한체육회에 가입함으로써 대한태수도협회가 여러 관들의 대표성을 공식적으로 가지게 되었다.

---

341) 『태권도』 창간호, 대한태권도협회, 1971, 25쪽.
342) 강기석, 『태권도 半世紀』, 서울올림픽기념국민체육진흥공단, 2001, 90~92쪽.

西紀 1967 年 5 月 現在

現　　況

대한태권도 협회
KOREA TAE KWON DO ASSOCIATION

大韓 跆拳道 協會

大韓跆拳道協會 機構圖
代議員總會
會長團
理事會
技術審議委員會

審査分科委員會
分科委員長
分科委員
審判分科委員會
分科委員長
分科委員

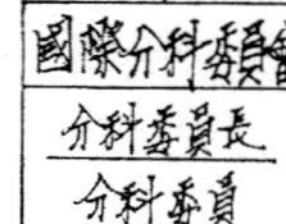

國際分科委員會
分科委員長
分科委員
型制定研究分科委員會
分科委員長
分科委員

加入團体名

知道館
青濤館
彰武館
武德館
松武館
吾道館
韓武道舘
講德館
正道武館
國武館
尚武館
講武館
錬武館
青陽武館
修武館
興武館
YMCA道場
在日支部

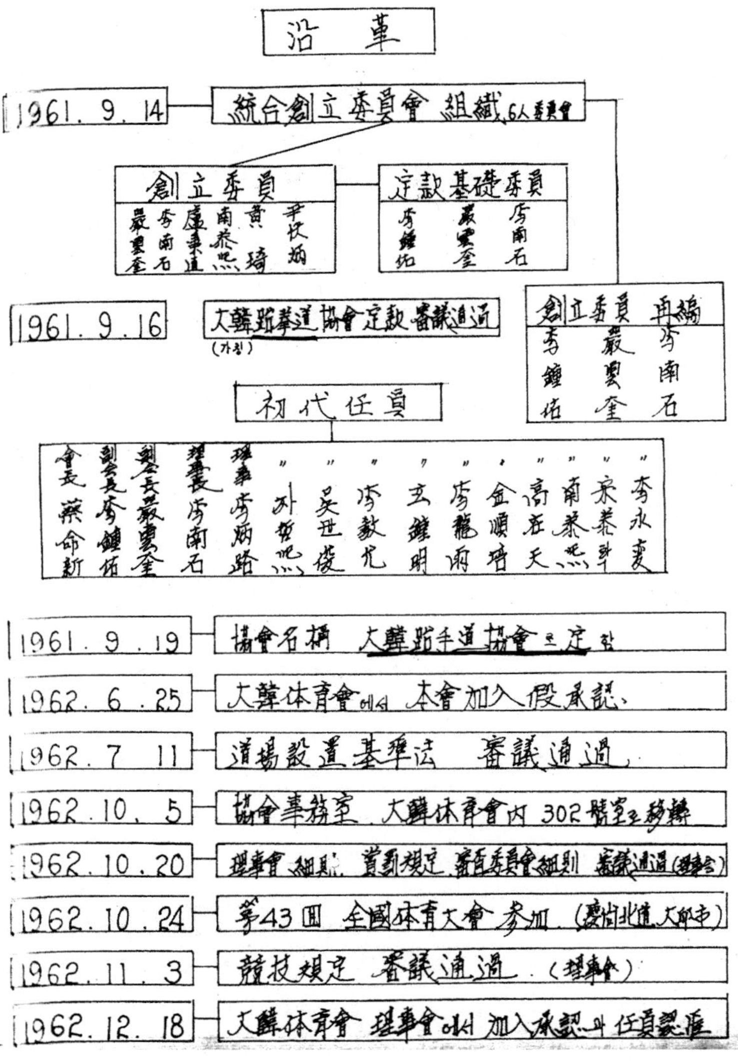

1961. 9. 19 ─ 協會名稱 大韓跆手道協會로 定함

1962. 6. 25 ─ 大韓体育會에서 本會加入 段承認

1962. 7. 11 ─ 道場設置基準法 審議通過

1962. 10. 5 ─ 協會事務室 大韓体育會內 302號室로 移轉

1962. 10. 20 ─ 理事會細則 賞罰規定 審査委員會細則 審議通過 (理事會)

1962. 10. 24 ─ 第43回 全國体育大會參加 (慶尙北道 大邱市)

1962. 11. 3 ─ 競技規定 審議通過 (理事會)

1962. 12. 18 ─ 大韓体育會 理事會에서 加入承認과 任員認准

2장 협회 창설과 관 통합

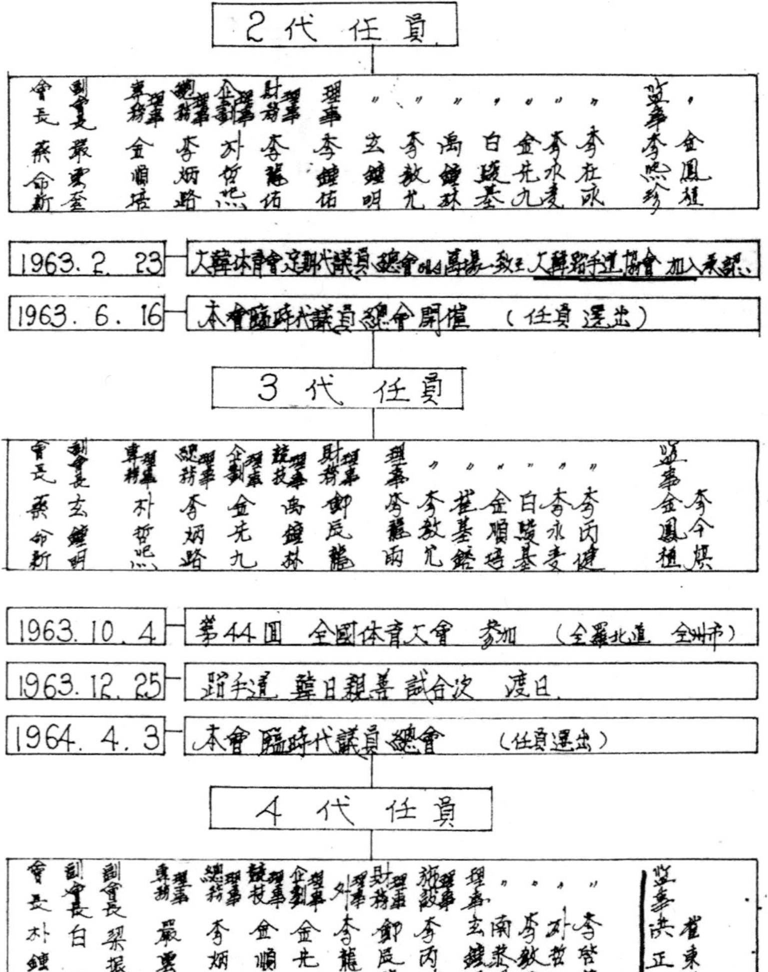
2 代 任員
監事 金鳳祚 李熙珍
理事 〃 〃 〃 〃 〃 〃
李在永 李永麦 金先九 白駿基 禹鐘林 李敖尤 立鍾明
理事 李鍾佑
財務 李鍾佑
企劃 朴哲熙
總務 李炳路
專務 金順培
副會長 嚴雲奎
會長 蔡命新

1963. 2. 23 — 大韓体育會定期代議員 總會에서 滿場一致로 大韓跆手道協會 加入承認
1963. 6. 16 — 本會臨時代議員總會 開催 (任員選出)

3 代 任員
監事 金鳳祚 李今煥
理事 〃 〃 〃 〃 〃
李鍾雨 李敖尤 崔基鎔 金順培 白駿基 李永麦 李丙健
財務 卸辰龍
競技 禹鐘林
企劃 金先九
總務 李炳路
專務 朴哲熙
副會長 玄鐘明
會長 蔡命新

1963. 10. 4 — 第44回 全國体育大會 參加 (全羅北道 全州市)
1963. 12. 25 — 跆手道 韓日親善 試合次 渡日
1964. 4. 3 — 本會 臨時代議員 總會 (任員選出)

4 代 任員
監事 洪正柱 崔東烈
理事 〃 〃 〃 〃
李啓薰 朴哲熙 李敖尤 李丙健 玄鐘明
施設 南漢鎔
財務 卸辰龍
外務 李龍雨
企劃 金先九
競技 金順培
理事 李炳路
專務 嚴雲奎
副會長 梁振永
副會長 白文
會長 朴鐘燕

| 1964. 9. 3 | 第45回 全國体育大會 參加 　(京畿道 仁川市) |

| 1965. 1. 11 | 本會定期代議員 總會 開催 　(任員選出) |

5 代 任員

會長　崔泓熙
副會長　李鍾佑
常務理事　河甲清
總務理事　崔豪奎
競技理事　金明埈
財務理事　金先九
理事　洪正杓
理事　朴哲熙
理事　李敏榮
理事　鄭啓燾
理事　白敬熙
監事　白　澈
幹事　玄鍾明
金炯杓

1965. 6. 6	本會臨時代議員 總會開催 (案件處理 第1條 改正)
1965. 8. 5	大韓体育會第15次 理事會決議 大韓跆拳道協會로 改稱
1965. 10. 5	第46回 全國体育大會 參加 (全羅南道 光州市)
1965. 10. 16	跆拳道 歐亞使節團 一行 五名 出發하여 巡迴歸國 (60日間)
1966. 1. 13	本會定期代議員 總會開催 　(任員選出)

6 代 任員

會長　盧東鎭
副會長　崔豪奎
常務理事　袁永基
總務理事　金南澤
競技理事　李炳路
財務理事　金順埈
理事　洪正杓
理事　李廈益
理事　郭龍尤
理事　白敬熙
理事　鄭龍基
理事　洪鍾壽
理事　吳世俊
理事　白海俊
理事　朴泓涵
監事　玄鍾明
金炯均

1966. 6. 20	大韓体育會 移轉으로 本会事務室 609 號室로 移轉
1966. 10. 10	第47回 全國体育大會 參加 　(서울特別市)
1966. 12. 25	跆拳道 親善試合次 渡日 (10日間)

| 1967. 1. 22 | 本會定期代議員 總會 開催 　(任員選出) |

7 代 任員

會長　金鎔水
副會長　嚴雲奎
副會長　李廈益
常務理事　李炳石
總務理事　金順路
競技理事　鄭民龍
財務理事　李鍾雨
協議理事　洪正杓
理事　洪德秀
理事　玄高明天
理事　吳世俊
理事　郭永延
理事　李敬尤
理事　李永雯
理事　宋恭斗
幹事　金海東
朴海滿

跆拳道 師範 海外 派遣 現況

美州 　　　　　　美國

金李趙金鍾辛姜羅甲申外李李金金池崔鄭白李李金裵김이방金
壽俊時正碩鐘秉鍾兼鉉奎康英容基正戎洛文秀圭南政영응준大
鎮九夢又鐘善斗南仁玉昌烈求榮恭主龍査碑錫吉奎　선　　稙

東南亞細亞

馬來國

李鐘瑒　崔昌根　李起夏

泰國

裵永基　朴東根　金明洙　李完周　朴炳薰　許文善　金鎮戎　丁裕澄

新嘉坡

禹在淋　李炳武

香港

金福萬　李有善

歐羅巴州

西獨

趙洪植　羅戴水　蘆武根　朴鍾水　金德基

伊太列

朴榮吉

全國跆拳道會員　現況

※범례
會員數　1.060.999
有段者數　298.634
總合計　1.359.633
100.000
90.000
80.000
70.000
60.000
50.000
40.000
30.000
20.000
10.000
會員別
道別
서울
京畿
江原
忠北
忠南
全北
全南
慶北
慶南
釜山
濟州
外國人

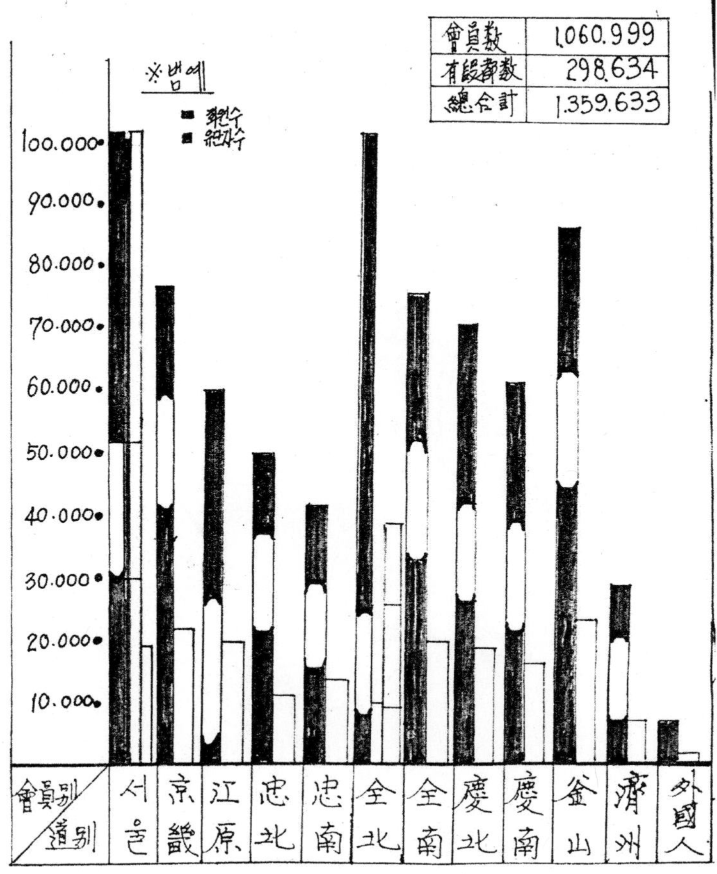

135

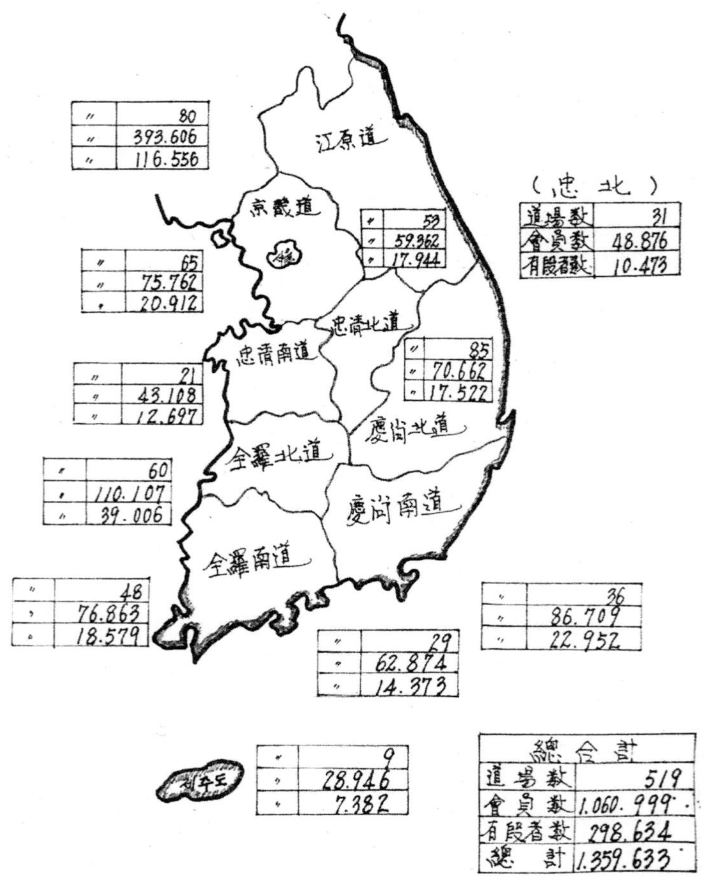

全國道場分布圖 및 會員現況
江原道
京畿道
忠淸北道
忠淸南道
慶尙北道
全羅北道
慶尙南道
全羅南道
제주도
"	80
"	393.606
"	116.556
"	59
"	59.362
"	17.944
"	65
"	75.762
"	20.912
"	21
"	43.108
"	12.697
"	85
"	70.662
"	17.522
"	60
"	110.107
"	39.006
"	48
"	76.863
"	18.579
"	29
"	62.874
"	14.373
"	36
"	86.709
"	22.952
"	9
"	28.946
"	7.382
(忠 北)
道場數	31
會員數	48.876
有段者數	10.473
總合計
道場數	519
會員數	1.060.999
有段者數	298.634
總計	1.359.633

5) 선생 세대와의 갈등과 재통합논의

대한태수도협회가 설립은 되었지만, 젊은 사람들이 주도가 되어 협회 일을 구성한 데 대해, 소외된 윤쾌병·황기·노병직 등 선생 세대들과 갈등을 불러일으켰다. 선생 세대들과의 갈등의 조짐은 1961년 9월 20일 통합회의에서 찾아볼 수 있다. 윤쾌병이 황기·노병직·최홍희 4인이 후진들에게 길을 열어 준다는 명분하에 임원자리에서 물러날 것을 표명한 것이다. 황기 또한 이에 대해 "우리들로서는 해 놓은 것이 없고 도리어 '암'이 되었다고 봅니다. 꽁무니 빼는 것이 아니며 사도를 위하여 모든 협력을 기울이겠습니다."[343]라는 언급을 하면서, 협회 통합에 선생 세대가 방해가 된다고 하고 있는 것이다.

물론 당시 태권도계에 야망을 지녔던 최홍희가 이에 동의했을 가능성은 매우 희박해 보이긴 하지만, 적어도 윤쾌병·황기·노병직 등은 협회 구성을 주도하는 이들과 의견이 맞지 않았던 것으로 보인다. 이 점은 강덕원 창설자 박철희의 언급을 통해서도 알 수 있다.

> 이종우, 엄운규 씨가 저에게 태권도계 통합을 반대하는 윤쾌병·황기·노병직 선생님을 찾아뵙고 협회구성에 참여토록 설득하라고 하더군요. 그래서 수차례 그분들을 뵙고 협회참여를 종용했지만 …… 여러 가지 이유를 대면서 협회참여를 한사코 반대했어요. 하지만 송무관 노병직 선생님은 참여했습니다.[344]

---

343) 강원식, 이경명, 『태권도 現代史』, 보경문화사, 1999, 39쪽.
344) 강기석, 『태권도 半世紀』, 서울올림픽기념국민체육진흥공단, 2001, 96쪽.

2장 협회 창설과 관 통합

윤쾌병·황기·노병직 등 선생세대와 갈등이 있었음을 알 수 있는 것이다. 이 중 노병직은 1962년 9월 5일 이후 협회 유지를 위해 대표심사위원을 승낙하며 결국 협회에 협조를 했지만, 윤쾌병과 황기는 협회참여에 상당히 부정적이었으며, 끝내 참여하지 않았던 것이다. 노병직이 '대한태수도협회'에 참여한 이유에 대해서는 그 스스로,

> 내가 이 자리를 수락한 중대한 이유는 …… 그동안 애써서 만든 협회를 계속 지지하겠다는 의지도 되며 또 혹시라도 있을지 모를 황기(무덕관장)의 그동안의 행위로 보나 그 뒤에도 황기, 윤쾌병 씨 두 사람이 협회를 탈퇴하고 곤욕스럽게 만들었어도 나(노병직)만은 태수도협회를 꼭 살려야 되겠다는 생각에서였다. 이러한 이유로 대표심사위원 추대를 승낙했던 것이다.[345]

라고 하고 있다.

윤쾌병과 황기가 협회 구성에 참여를 하지 않은 점에 대해서는 협회구성의 주도권을 제자들에게 뺏긴 일종의 소외감 때문[346]으로 보기도 한다. 또한 윤쾌병과 황기가 '종신제최고심사위원'을 요구했으나 거부당한 것도 갈등의 원인이었다.[347] 이종우는 원로들이 종신제최고심사위원을 요구하여 오면서 그에게 대한태수도협회 회장직을 제안하기도 했다고 하면서, 노병직·윤쾌병·황기·손덕성 등은 행정은 소장파가, 심사는 원로들이 갖겠다는 입장이었다고 한다.[348] 하

---

345) 류호평, 『한국태권도 심사제도 변천의 역사적 고찰』, 원광대박사학위논문, 2001, 94쪽.
346) 강원식·이경명, 『태권도 現代史』, 보경문화사, 1999, 55쪽.
347) 강원식·이경명, 『태권도 現代史』, 보경문화사, 1999, 52쪽.

지만 당시 최고심사위원 제안은 두 관장을 협회에 가입시키기 위해 박철희가 먼저 언급한 것[349]이었음은 그의 증언을 통해 확인된다.[350]

양측의 갈등에 대해, 당시 무덕관 사무총장을 맡고 있던 서상렬 (백락언)은 임원구성과 이해관계로 갑론을박을 하던 중에 엄운규·이종우 등 젊은 층을 대표하는 사람들의 불손한 언행에 격분한 황기가 탈퇴를 선언하고 퇴장[351]하였다고 서술하고 있어 젊은 세대와의 갈등이 황기의 불참 이유 중 한 원인임은 확실해 보인다.

윤쾌병과 황기는 1962년 5월 정도에 탈퇴를 이사장 이남석에게 2차례에 걸쳐 구두(口頭)로 언급하였으나, 이에 대한 명확한 대답이 오지 않자, 같은 해 7월 20일 황기가 이사장 이남석에게 편지를 보내 탈퇴에 대한 구체적인 진행상황을 통보해 줄 것을 요청한 것이다. 이 점은 그의 편지 내용을 통해 알 수 있다.

…… 5·16혁명과 더불어 뜻한 바가 있어 사도의 발전을 도모코자 최선의 협조를 아끼지 않았던 것입니다. 연이나 그 후 소자가 기대하였던 것과는 반대로 통합체의 움직임이 사도의 근본정신과는 상반되는 방향으로 움직이는 경향이 유함으로 사도의 올바른 전통과 발전은 물론 후세의 정도의 계승을 위하여 합심지사라 통탄한 나머지 2, 3개

---

348) 류호평, 『한국태권도 심사제도 변천의 역사적 고찰』, 원광대박사학위 논문, 2001, 100쪽.
349) 박철희 구술·허인욱 정리, 『四雲堂의 태권도 이야기』, 미간행 소책자, 2005, 24쪽.
350) 노병직도 종신제최고심사위원을 요구한 사실이 없었다고 한다(武藝新 聞(http://www.mooye.net) 무예역사기행-[태권도의 역사 15] 태권도 역 사기술의 중요성 (1)
351) 서상렬(백락언), 『무덕관은 통합되어야 한다』, 미간행소책자, 2002, 8쪽.

2장 협회 창설과 관 통합

월 전에 지도관장 윤쾌병과 동반하여 귀회 이사장을 상봉해 구두로
귀회에서 탈퇴할 것을 정식 요청하였음에도 불구하고 이사장은 부회
장에게 가서 이야기하라고 하기에 그 후 또 다시 동일 장소에서 탈퇴
를 통보하였는바 부회장 이종우로 하여금 모든 일을 잘 처리하겠다고
윤쾌병에게 약속하여 그 결과를 5, 6일 후에 알려주겠다고 언명하였
음에도 현재까지 연락이 없어 …… 1962년 8월 3일까지 알려주시옵기
를 촉망하나이다.352)

이 편지의 내용을 보면, 황기가 탈퇴의 명분으로 삼은 이유는 사
도의 근본정신과 상반되는 방향으로 통합체가 움직이는 경향이 있어
협회에서 탈퇴할 것을 요구하였다고 하는 것이다. 하지만 당시 황기
가 언급한 사도의 근본정신과 상반되는 방향이 어떠한 것인지는 명
확하지 않다. 다만 앞서 살펴봤듯이 『무예시보』 3호에서 볼 수 있듯
이 유파의 독자성을 부정하는 통합에 찬성할 수 없었기 때문이 아닌
가 생각된다.

이 서한에 대해 '대한태수도협회'에서 답장을 보내는데, 그 내용은
다음과 같다.

귀하로부터 본회에 발송된 서한은 검증한 결과 그 내용에 있어서
공문인지 사신인지 분별키 어렵습니다. 귀하의 서한은 협회의 공문으
로 받아들일 수 있는 공문이 아니며 또한 이사장이나 부회장에게 보
낸 사신도 아니라고 보나 본회로서는 일단 다음과 같이 답하겠습니다.
1. 귀하가 본회를 탈퇴한다고 구두로서 정식 요청하였다는 것은 확실
   합니다. 그러나 본회 이사장으로서는 서면으로 정식 탈퇴서를 제시

---

352) 강원식·이경명, 『태권도 現代史』, 보경문화사, 1999, 53쪽.

할 것을 요구하였으나 아직 귀하로부터 서면으로 탈퇴서를 받은 적은 없습니다.

2. 이종우 부회장과 귀하와 윤쾌병이 이루어진 약속은 이종우 부회장이 이사회에서 윤쾌병과 노병직과 귀하의 3인에 대한 문제도 장기간 토론한 것이 있는데 귀하가 원하는 것이 무엇인지 확실히 정해주는 서면으로서의 예의와 정도의 요구가 아니겠습니까.

3. 이종우 부회장에게 약속하였다는 것은 귀하와 윤쾌병과의 3자 회의에서 이종우 부회장이 집행부에서 부회장직을 그만두겠다고 하니까 귀하가 탈퇴를 보류하겠다고 자진하였다는 것은 확실하지 않습니까. 이러한 경로로 보아 오히려 본 협회로서 귀하의 탈퇴를 대기하고 있음에도 불구하고 귀하는 적반하장격으로 본회로부터 회신을 기다린다는 것은 있을 수 없는 일입니다.[353]

대한태수도협회에서는 구두 요청 대신 서면을 통해 탈퇴의사를 공식적으로 표명해 줄 것을 요청한 것이다. 이에 황기는 윤쾌병과 함께 1962년 8월 29일 탈퇴서를 공식적으로 제출하였다. 그 내용은 다음과 같다.

탈퇴서

하기의 이유로 지도관과 무덕관은 귀회를 탈퇴함.
1) 귀회의 기본 이념과 운영방법의 사도의 근본이념과 상반된 것으로 인정되었기 때문에 탈퇴함.

---

353) 강원식 · 이경명, 『태권도 現代史』, 보경문화사, 1999, 53~54쪽.

2장 협회 창설과 관 통합

1962년 8월 29일

무덕관장 황기

지도관장 윤쾌병[354]

　당시 탈퇴의 공식적인 이유는 대한태수도협회의 운영방법이 사도의 근본이념과 다르다는 것이었음을 내용을 통해 알 수 있다. 하지만 실제이유는 앞서 언급한 대로 통합을 주도한 측과의 불화 때문이었던 것으로 보인다.

　이후 오도관의 최홍희가 말레이시아 대사직에서 돌아오면서 통합이 다시 시도되었다. 당시 상황에 대해 최홍희는 다음과 같이 서술하고 있다.

　말레이시아에서 돌아와 보니 국내의 태권도계는 이종우, 이남석 그리고 엄운규를 주축으로 한 태수도협회가 체육회 산하에서 기능을 발휘하고 있었다. 또 황기와 윤쾌병이 중심이 된 수박도회는 직접 문교부에 사단법인체로 등록하고 점차 세력을 확장하고 있었으나 태권도는 이름조차 없는 실정이었다.[355]

　최홍희의 언급을 통해 당시에는 대한태수도협회와 대한수박도회가 비슷한 세력을 구성하고 있었음을 알 수 있다.

---

354) 강원식·이경명, 『태권도 現代史』, 보경문화사, 1999, 55쪽에서 재인용하였다. 다만, "근본이념과 사안된 것"이라는 표현 중 사안은 2008년 1월 4일 강원식과의 인터뷰에서 '상반'이 옳은 것으로 보인다고 하여 '상반'으로 바꿔 인용하였다.

355) 최홍희, 『태권도와 나』 2, 사람다움, 1998, 57쪽.

최홍희는 태권도 명칭에 대한 애착을 가지고 있었는데, '태권도'라는 명칭이 '태수도'를 대신하게 하기 위해서는 대한태수도협회를 거머쥐어야 한다는 생각에 설득과 압력을 가해 1965년 1월 협회장직에 취임을 했다. 취임한 후인 그해 2월에 외무부의 해외 순회시범에 대한 통보를 받게 되었는데, 그는 대외적인 명칭을 태권도로 제출하였다. 대한태수도협회장인 최홍희가 '태권도' 시범으로 가게 되는 모순이 발생하게 된 것이다. 이로 인해 협회 내에서도 적지 않은 논란이 벌어졌다.356) 태권도라는 명칭을 부각시키기 위한 최홍희의 의도가 짙게 엿보인다.

또한 최홍희는 대한수박도회에서도 해외순회시범에 포함되기 위해 요청을 여러 경로를 통해 시도했는데, 이를 거절하였다.357) 5·16 이후 황기는 『무예시보』 발간이 금지되고, 공군사관학교와 국립경찰학교의 교관직에서도 물러나야만 하는 등 주변 여건이 어려워진 시기였다. 이런 상황에서 대한수박도회의 존립에 상당한 위기감을 느끼고 있던 시기였고, 해외순회시범에 포함되어 협회의 건재를 외부적으로 선전하려고 했던 것으로 보인다.

최홍희는 이 기회를 타고 대한태수도협회와 대한수박도회와의 통합을 추진하였다. 무덕관을 제외한 협회 구성은 명분이 약하다는 것을 최홍희도 잘 알고 있었기 때문이다. 통합조건은 대한태수도협회의 이사 21명 중 3명을 대한수박도회에 할애한다는 조건이었다. 이사의 수만으로 볼 때 대한수박도회에 상당히 불리한 조건임을 알 수 있다. 이에 대해 당시 무덕관 사무총장인 서상렬은 명목상 통합이었지만

---

356) 최홍희, 『태권도와 나』 2, 사람다움, 1998, 57~59쪽.
357) 최홍희, 『태권도와 나』 2, 사람다움, 1998, 57쪽.

대한태수도협회가 대한수박도회를 흡수하려는 조건이었던 것[358]으로 인식하고 있어, 무덕관의 당시 입장을 알 수 있다. 하지만 만족할 만한 조건이 아니었음에도 불구하고 군사정부하에서는 황기도 통합이라는 대세를 따라갈 수밖에 없는 상황이었다.

통합 협회의 명칭이 태권도로 제정된 데에는 최홍희의 의중이 많이 반영된 것이긴 하지만, 대한태수도협회와 대한수박도회의 통합이므로 기존의 명칭을 쓸 수 없다는 무덕관 측의 주장에 대한태수도협회에서도 동의할 수밖에 없었기 때문[359]이라고 한다. 이에 대해 이종우는 "최홍희가 체육회에 압력을 넣고 해서 사태가 아주 복잡했어요. 그때는 군사혁명 직후니까 군인들이 요직에 많았거든요."[360]라고 해서, 군(軍)이라는 배경이 태권도로 명칭을 바꾸는데, 큰 영향을 끼쳤던 것으로 보고 있다.

1965년 3월 18일 대한체육회 대강당에서 통합선언식을 했는데, 황기는 통합선언이 있은 다음 날 선언을 무효라고 번복했다가 제자들의 설득으로 다시 조인식을 갖기로 했다. 하지만 법인체인 수박도회를 연구기관으로 존속시켜 줄 것을 황기가 요구하면서 결국 결렬되고 말았다. 황기의 요구에 대해 "꿩 먹고 알 먹으려는 잔꾀"라는 표현을 사용하고 있는데,[361] 황기가 통합을 통한 명분 획득과 함께 수박도회도 존속시키려고 한다고 생각했던 듯하다. 마음이 상한 최홍희가 황기를 향해 모욕적인 언행과 함께 다시 협의할 필요가 없음을

---

358) 서상렬(백락언),『무덕관은 통합되어야 한다』, 미간행소책자, 2002, 9쪽.
359) 최홍희,『태권도와 나』2, 사람다움, 1998, 57쪽.
360)『신동아』2002년 4월호 302쪽.
361) 최홍희,『태권도와 나』2, 사람다움, 1998, 61쪽.

선언하였다.

하지만 이때도 다시 한번 화합할 수 있는 기회가 있었던 것으로 최홍희는 『태권도와 나』에서 서술하고 있다. 무효 선언 다음 날 황기가 찾아와 사과한 것이다. 하지만 이 또한 황기가 서명을 거부하면서 결렬되고 말았는데, 이에 대해 최홍희는 회담이 결렬되기를 바라는 이종우 외 몇몇 사람들이 고의적으로 황기의 기분을 상하게 한 데도[362] 그 원인이 있었다고 한다. 최홍희의 주도로 대한수박도회와의 통합까지 성사가 된다면 대한태수도협회의 주도권 쟁탈에서 불리하다는 판단하에 그러했을 가능성도 생각해 볼 수 있다.

황기의 탈퇴에 대해 최홍희가 회장을 맡으면 태권도가 발전하지 못한다며 협회참여를 한사코 거부했다는 점을 들어 최홍희와의 관계가 좋지 않았던 데에 있는 것으로 보기도 하고, 승단심사 종신제 최고심사위원이 받아들여지지 않은 것[363]도 한 원인으로 보기도 한다.

여하튼, 이로 인해 무덕관 내부에서는 독자노선을 걸으려는 황기 측과 협회 참여가 대세라고 판단한 고단자들과 분열을 일으키게 되었다. 고단자들이 무덕관과 결별하고 대한태수도협회에 참여하게 된 것이다. 『수박도대감』에는 이 시기를 "1964년 6월 무덕관 일부 이탈, 대한체육회 산하에 가입함"[364]이라고 하여 1964년으로 기록되어 있으나, 1965년 6월의 사실로 보는 것이 옳아 보인다.

고단자들이 분열을 일으키게 된 원인은 도장운영에 지속적으로 영향을 받았기 때문이라고 한다. 국내 대회에 대한수박도회 소속의 도

---

362) 최홍희, 『태권도와 나』 2, 사람다움, 1998, 61~62쪽.
363) 서성원, 『태권도현대사와 길동무하다』, 상아기획, 2007, 41쪽.
364) 황기, 『수박도대감』, 삼광출판사, 1970, 678쪽 주요연혁.

2장 협회 창설과 관 통합

장은 참가하지 못했으며, 무덕관 관원은 대한체육회 산하단체가 아니라는 점에서 선수선발에서부터 제외시킨 것이다. 대한태권도협회 행사에도 공인단증 소지자에 한하게 함으로써 무덕관 단증을 무력화시키기도 했는데, 이로 인해 관원모집과 도장운영에 심대한 영향을 받은 것이었다.[365] 아울러 통합회의가 결렬된 후 1965년 5월에는 대한수박도회의 등록 주무부처인 문교부에서 일방적으로 사단법인 대한수박도협회의 법인체 허가를 임의로 취소[366]하기도 하는 등 대한수박도회에 대한 압박이 있자, 고단자들의 입장에서는 더 이상 버티기 힘들다고 판단했던 것이 아닌가 생각된다.

1965년 9월 5일에는 대한태권도협회 이사회에서 무덕관의 황기와 지도관의 윤쾌병이 제출한 탈퇴서를 수리되었다.[367] 태권도협회로서도 무덕관 측의 대부분 세력이 태권도협회에 참여한 이상 더 이상 황기와 윤쾌병에게 끌려 다닐 수 없다는 판단이 작용한 것으로 보인다.

우여곡절을 겪은 끝에 대한태수도협회는 대부분 관들의 구심체의 역할을 하게 된다. 1967년 5월 당시 태권도협회의 현황을 다룬 문건의 내용을 보면, 당시 대한태권도협회에 참여한 관들을 알 수 있는데, 지도관(知道館)·청도관·창무관·송무관·오도관·한무관·강덕관·정도관·국무관·상무관·강무관·연무관·청양관·수무관·흥무관·YMCA도장·재일지부 등이었다. 이 중 지도관(知道館)은 지도관(智道館)의, 강덕관은 강덕원의 오류로 보인다. 무덕관 또한 대한수박도회를 탈퇴한 홍종수를 중심으로 한 관이다. 물론 이 관들이 대한

---

365) 서상렬(백락언), 『무덕관은 통합되어야 한다』, 미간행소책자, 2002, 10쪽.
366) 황기, 『수박도대감』, 삼광출판사, 1970, 679쪽 주요연혁.
367) 『태권도』 창간호, 대한태권도협회, 1971, 25쪽.

태수도협회 시기가 아닌 대한태권도협회 시기의 관이라 조심스럽긴 하지만, 큰 차이는 없는 것으로 보인다.

한편 대한수박도회는 법인체 허가 취소에 대해 불복하고 고등법원에 행정소송을 제소하여, 1965년 6월에는 수박도회의 허가 취소에 대한 가처분을 받아내고, 1965년 12월에는 고등법원에 제소한 행정소송에서 승소하였으며, 1966년 6월에 대법원에 상고된 행정소송에서 승소를 하게 되었고, 이로 인해 수박도회의 존속은 유지할 수 있게 되었다.[368]

한편, 대한태수도협회는 1965년 8월 5일 대한체육회 제15차 이사회 결의에서 대한태권도협회로 개칭하게 된다. 여기에는 최홍희의 의중이 많이 반영된 것이다. 하지만 최홍희는 이듬해인 1966년 1월 대한태권도협회 이사들의 불신임으로 불명예 퇴진하게 되고, 그해 3월 22일 군 출신 정치인들을 내세워 '국제태권도연맹(國際跆拳道聯盟·International Taekwondo Federation)'을 창설하게 된다.

이로 인해 사도계라 칭해지는 무예계에는 대부분의 관을 대표하는 대한태권도협회, 황기의 무덕관과 윤쾌병의 영향 아래 있는 지도관의 일부 세력이 참여한 대한수박도회 그리고 최홍희를 중심으로 하는 국제태권도연맹의 3단체가 존재하게 된 것이다.

---

368) 서성원, 『태권도현대사와 길동무하다』, 상아기획, 2007, 247쪽.

6) 국제태권도연맹과 대한태권도협회의 주도권 싸움

앞서 언급했듯이 1966년 1월 대한태권도협회 이사들의 불신임으로 불명예 퇴진한 최홍희는 그해 3월 22일 군 출신 정치인들을 내세워 국제태권도연맹을 창설했다. 최홍희 스스로는 국제태권도연맹을 창설한 목적은 "태권도를 온 천하에 뻗치자"는 데 있었다[369]고 한다.

최홍희가 대한태권도협회직에서 물러나게 된 원인은 이종우을 중심으로 한 이사들과의 갈등 때문이었다. 이종우는 이에 대해,

최홍희는 협회를 사조직으로 여겨 독선적인 협회 운영을 일삼았다. 그래서 엄운규와 그의 경질을 시도했다. 협회 총회가 있던 날, 아침 일찍 최홍희의 한남동 자택으로 찾아가 사퇴를 종용했더니 6개월만 더 하게 해 달라고 했다. 그래서 명예와 돈, 권위 중에서 하나를 택하라고 하면서, 명예를 위해 국제태권도연맹을 만들어 줄 테니 회장직에서 물러나라고 했다.[370]

라고 언급하고 있다. 양자 간의 갈등을 알 수 있다. 이전부터 협회의 공식 명칭 문제 등으로 지속적으로 겪던 갈등이 표면화된 것이다. 갈등이 표면화될 수 있었던 배경에는 군대 후배였지만, 쿠데타를 통해 정권을 잡은 박정희와 최홍희와의 관계가 좋지 않았던 점이 크게 작용했을 것으로 보인다. 최홍희와의 관계에서 이종우 등이 더 이상 군부의 눈치를 살피지 않아도 되었기 때문이다.

---

369) 최홍희, 『태권도와 나』 2, 다움, 1998, 95쪽.
370) 강원식·이경명, 『태권도 現代史』, 보경문화사, 1999, 49~50쪽.

앞서 언급한 대로 1966년 3월 조선호텔에서 열린 국제태권도연맹 발기인 대회에서는 임원진을 선출하였는데, 명예총재에는 김종필, 총재에는 최홍희, 부총재에는 이상희·노병직·조하리, 사무총장에는 엄운규, 기술위원장은 이종우, 감사에는 이남석·홍종수·정근식, 총무는 이계훈, 기획은 한차교, 재무는 이성우였다. 최홍희가 대사로 있으면서 친분을 쌓은 말레이시아 상공부 장관인 조하리를 제외하고는 임원진이 한국인으로 구성되어 있음을 알 수 있는데, 이에 대해 국제단체조직의 공익성을 저버린 사설단체[371]라는 평가를 받고 있기도 하다. 하지만 첫 태권도 국제단체라는 점에서는 충분히 평가받을 만한 가치가 있다고 여겨진다.

국제태권도연맹의 임원진에 노병직·엄운규·이종우·이남석·홍종수 등 대한태권도협회의 핵심인물들이 포진하고 있어, 국제태권도연맹의 창설 당시에는 양 단체가 불편한 관계이긴 했지만, 대립이 표면화된 상태에 이르지는 않았음을 알려준다.

여하튼, 이런 관계 속에서 1966년 9월에는 엄운규와 이종우 등이 최홍희에게 다시 국제연맹과 대한태권도협회 그리고 대한수박도회를 통합할 것을 주장하기도 했다. 당시 형의 비율을 어떻게 조율할 것인가 하는 문제가 대두되었는데, 국제태권도연맹과 대한태권도협회가 각각 4, 대한수박도회는 2로 하자는 이종우의 제안에 최홍희는 대한수박도회를 제외하고 5 대 5로 하자고 한 것이다.

하지만 결국 이 통합논의는 무산되고 말았다. 무산된 원인에 대해, 최홍희는 이종우의 요구를 받아들였음에도 불구하고, 이종우가 다시

___

371) 강원식·이경명, 『태권도 現代史』, 보경문화사, 1999, 160쪽.

2장 협회 창설과 관 통합

대한수박도회는 대한태권도협회에서 책임을 지겠다면서 대한태권도
협회가 6의 비율을 갖는 조건을 요구해 무산되었다고 한다.[372] 양
단체 간에 주도권 다툼과 갈등이 본격적으로 시작되고 있음을 알 수
있다. 이 와중에 국제태권도연맹은 1967년 10월 27일에는 문교부 사
회단체등록(제27호)을, 이듬해인 1968년 11월 5일에는 외무부 민간
친선외교단체등록(제60호)을 마치기도 하였다.[373]

양 단체 간의 갈등이 직접적으로 표면화되는 것은 1968년이었다.
1968년 4월 25일 최홍희가 문교부 제6회 체육상 연구부문 수상자
대상으로 올랐는데, 대한태권도협회 측에서 수상을 저지하였던 것이
다. 최홍희의 저작이 일본 사람들이 발행한 가라테 서적을 표절했고,
이로 인해, 대외적으로 '태권 한국'의 체면과 위신을 떨어뜨리는 것
이 자명하다는 이유를 저지 명분으로 들었다. 이 충돌은 사회적 물
의를 일으키면 태권도의 정치성과 가치성이 손상되어서는 안 된다는
대한태권도협회 측의 생각과 문교부와 대한체육회의 만류로 실력행
사만은 중지되었다[374]고 한다. 물론 실제적인 이유는 대립하고 있는
최홍희가 문교부로부터 연구상을 수상한다면, 태권도의 정통성이 최
홍희에게 있음을 정부가 인정해 주는 것으로 일반인들에게 인식될
수 있었고, 이로 인해 태권도계의 주도권을 내줄 수도 있다는 위기
감에서 비롯되었던 것으로 여겨진다.

아울러 같은 해 8월 1일 벨기에 브뤼셀에서 열린 국제군인체육대
회(CISM) 집행위원회의에 태권도에 관한 자료제출 문제로 양측의

---

372) 최홍희, 『태권도와 나』 2, 사람다움, 1998, 105~108쪽.
373) 강원식·이경명, 『태권도 現代史』, 보경문화사, 1999, 160쪽.
374) 『태권도』 3, 1971년 3월호, 73쪽.

충돌이 발생하였다. 양측이 합의한 태권도의 단일 경기규정을 가지고 총회에 참석하러 간 대표단이 현지에 도착하기도 전에 국제태권도연맹 측에서 독자적으로 다른 경기규정을 각 회의대표에게 우송하였던 것이다. 경기규정이 두 가지나 배포되는 혼선을 빚게 되면서,375) 국제적인 망신을 자초해야만 했던 것이다.

이런 불화 때문인지, 최홍희는 1968년 7월에 태권도진흥회를 결성하여 독자적인 협회를 결성하고자 하였다. 하지만 문교부의 승인 거부와 대한태권도협회에서 태권도진흥회에 관련 임원 제명으로 결성이 좌절되었다. 『한국일보』에는 최홍희가 창헌관(蒼軒館) 등 7개 사설 도장을 합쳐서 한국태권도회를 조직하기도 했다376)고 하는데, 창헌관은 오도관을 말하는 것으로 여겨진다. 이는 최홍희가 국내에 별도의 태권도협회를 결성해 대한태권도협회의 세력을 분산시키려고 한 했던 것이 아닌가 생각되게 한다.

이런 국제태권도연맹의 움직임에 대한태권도협회는 국제태권도연맹이 유사단체 조직을 지원, 파벌을 조장하고 있다고 비난하면서 국제태권도연맹의 해체를 주장하였는데,377) 1968년 8월 28일 태권도의 국제관계와 국내 태권도계에 별도의 단체를 만들었다는 이유를 들어 대한태권도협회에서 국제태권도연맹을 제명시키는 사건에까지 이르게 되었다. 아울러 협회 내에 태권도 해외 보급 및 지도자 해외파견 등 대외관계를 전담할 상설 기구인 '국제위원회'를 신설하였다. 이에 대해, 당시 언론에서는 국제태권도연맹이 본래의 업무인 태권도의 국제

---

375) 『중앙일보』 1968년 8월 2일자.
376) 『한국일보』 1968년 8월 31일자.
377) 『한국일보』 1968년 8월 31일자.

2장 협회 창설과 관 통합

적인 업무를 떠나 대내적인 태권도계의 주도권까지 잡기 위해 태권도협회의 분열을 조장하는 등 도전적인 태도에 대한 보복조처[378]로 보고 있기도 하다.

국제태권도연맹 측에서도 이에 강경하게 대응하였다. 당시 최홍희의 성명서를 보자.

> 태권도가 세계적으로 붐을 일으키고 있는 이때 대한태권도협회 일부 간부들이 일본의 공수도(가라데)를 보급하고자 함으로 본인이 이를 저지코져 다년간 그들에게 충고를 했는데 이에 불만을 품고 지난 4월 25일 제6회 체육상수상식 때 본인이 불란서에서 개최된 국제군인체육대회(CISM)에 참가, 국내에 없는 것을 기회로 수상을 저지코져 지면을 통해 본인의 인신공격을 했고 지난 8월 1일 브루셀에서 열린 국제군인체육회 집행위원회에 본인이 사안(私案) 경기규정을 우송해 국제적인 망신을 시켰다는 것은 이 회의에 참석했던 대표단이 전적으로 이를 부인하고 있으며 …… 태권도협회는 작년 7월 15일 국제태권도연맹에 정식 가맹했고 협회장은 본 연맹 부총재직과 한국지부장직까지 겸임했음에도 불구하고 협회는 본인의 체육상 수상을 방해할 목적으로 지난 4월 17일 일방적으로 탈퇴한 것인데, 협회가 국제태권도연맹을 제거하였다 함은 실로 상식 외의 처사라 아니할 수 없다.[379]

국제태권도연맹의 가맹단체인 대한태권도협회를 제명하는 것은 말이 되지 않음을 주장하고 있는데, "대한태권도협회 일부 간부들이 일본의 공수도(가라데)를 보급하고자 함으로 본인이 이를 저지코져

---

378) 『동아일보』 1968년 9월 4일자.
379) 1968년 9월 4일 국제태권도연맹 총재 최홍희 명의의 성명서(강원식·이경명, 『태권도 現代史』, 보경문화사, 1999, 163~164쪽 재인용).

다년간 그들에게 충고를 했는데 이에 불만을 품고"라는 성명서의 내용을 통해, 대한태권도협회와 국제태권도연맹의 충돌이 태권도 보급과 관련해 양자의 입장이 달랐음을 알 수 있다. 아울러 대한태권도협회가 1967년 7월 15일에 국제태권도연맹에 정식 가맹했다가 1968년 4월 17일에 탈퇴하였음도 알려준다.

양 단체의 대립이 첨예화되자, 대한체육회에서는 1968년 9월 3일 소관 업무의 구분이 뚜렷하지 않아 분규가 일어난다고 판단하고 공문을 보내 양측의 업무관계를 규정했다. 국제태권도연맹에서는 산하 도장을 갖지 못하도록 하면서 국제간의 친선을 도모하는 업무와 건전한 국제경기를 관장할 것을, 대한태권도협회에서는 국내 도장설립과 감독·국내 대회 관장 및 선수 양성 등의 업무를 맡도록 하였다.380)

또 대한체육회는 이틀 후인 9월 5일에는 김종열(金鍾烈)·오광섭(吳光燮)·이치영(李致寧)·이성구(李性求) 등 4인으로 구성된 수습위원회를 구성해서 원만한 타협점을 찾기로 했다.381) 이는 사범 파견 문제로 인해 외국에서도 대립이 심각해지면서 국내외적으로 미치는 영향이 크다고 판단한 때문이었다.382)

1968년 9월 20일 문교부·국방부·중앙정보부 및 체육회 대표로 구성된 8인의 태권도 분규수습위원회를 신설했다. 앞서 언급한 체육회의 4인 외에, 국방부에서 이강두·김승규, 문교부에서는 신집호, 중앙정보부에서 김기훈 등으로 구성한 것이다. 분규수습위원회는 양

---

380) 『조선일보』 1968년 9월 4일자 및 『경향신문』 1968년 9월 5일자.
381) 『경향신문』 1968년 9월 7일자 및 강원식·이경명, 『태권도 現代史』, 보경문화사, 1999, 165쪽.
382) 『경향신문』 1968년 9월 7일자.

측 대표들을 만나 서약서를 받고 이에 불응하면 여하한 조처도 감수할 것을 엄숙히 다짐한다는 내용이었다.

1968년 9월 24일 수습위원회는 양 단체 간의 분규 수습을 위한 의견서를 제출받아 검토한 결과 국제태권도연맹은 다른 경기단체의 국제관련 관례에 따라 그 본연의 업무를 관장하며 국내 협회, 즉 대한태권도협회는 대한체육회 가맹 경기단체 규정 준칙에 의거 국내업무를 관장토록 그 업무한계를 명확히 하는 것을 분규수습의 지침으로 삼겠다고 하였으며, 이 점은 양측 대표도 이의 없음을 인정하였다.

1968년 12월 4일에 수습위원회는 양 단체 간에 수습하려는 움직임이 보이자, 12월 7일까지 시한부로 수습방안이 자체적으로 마련하는 것을 기다렸으나, 합의가 이루어지지 않자, 다시 합의서를 작성했다. 이 당시 합의가 불발된 것은 사범들의 해외파견문제로 인한 대립 때문이었다.[383]

1968년 12월 9일에 국제태권도연맹 사무총장 한헌정과 대한태권도협회 회장 김용채 간에 작성된 합의서의 내용을 보면, ① 사범의 해외파견업무는 대한태권도협회 소관사항이니 당분간 태권도의 국제적 보급을 위하여 대한태권도협회 회장과 국제태권도 연맹총재가 협의하여 파견키로 하였으며, ② 대한태권도협회는 국내의 기존 17개 중앙도장과 지관 간의 계열을 없애기 위하여 지체 없이 지역별 명칭으로 개칭하도록 했으며, ③ 국제태권도연맹은 여하한 단증도 발급할 수 없으며 가맹국으로부터 4단 이상자에 대한 인준 신청이 있을 경우에 이를 인준하고 인준서를 발급할 수 있다고 하였다. 단 대한

---

383) 『경향신문』 1968년 12월 9일자.

태권도협회에 대해서는 인준 권한을 위임하고 4급 이상자에 대하여 국제연맹에 등록만을 시키는 것으로 하였다. 이 중 ③ 항에 대해서는 1969년 9월 2일자까지 만 1년간 해외 사범 파견에 대한 권한을 대한태권도협회에서 완전 장악하기로 했다.

1969년 3월 7일에 수습위원회는 양 단체 대표가 참석한 가운데 형 문제에 대해 논의가 이루어졌는데, 7인 전문 위원회에서 유급자형을 논의 결정하는 동시에 유단자형에 관해서는 대한태권도협회가 9, 국제태권도연맹이 6의 비율로 하기로 했다. 그리고 이에 대해 불합리한 점이 발견된다면 재검토하기로 결정하였다. 하지만 대한태권도협회 측의 주장에 의하면, 문제가 조속하고 원만히 문제를 수습하고자 한 의도에서 협회가 양보하여 5 : 5의 비율로 결정하였다[384]고 한다.

3월 20일에는 태권도 해외 사범 파견에 있어서 대한태권도협회의 업무소관이나 당분간 대한태권도 협회장과 국제태권도 연맹 총재와 합의하여 시행하기로 각서를 썼다. 4월 4일에는 유단자형은 12개, 유급자형은 10개로 정하기로 하였다. 유단자 및 유급자형은 국제태권도연맹과 대한태권도협회가 같은 비율로 하며 구체적인 사항은 국제태권도연맹과 대한태권도협회가 각각 2명씩으로 구성된 국제태권도연맹 기술지도 위원회에 다루기로 하였다. 아울러 용어에 대해서도 기술지도위원회에서 논의 결정하기로 했다. 다만 합의점을 찾지 못한 사항에 대해서는 수습 위원회에 결정하도록 하였다.

4월 16일에는 경기 및 승단에 관련된 사항에 대해 합의를 도출해냈다. 체급은 10개로 구분할 것을 원칙으로 하고 최하급을 48kg 이

---

384) 『태권도』 3, 1971년 3월호, 75쪽.

2장 협회 창설과 관 통합

하 최중량급은 90kg을 초과하는 것으로 하였으며, 구체적인 사항은 기술지도위원회에서 다루기로 하였다. 다만 국내에서 소년부를 위하여 별도로 구분하여 시행하는 경우는 예외로 하기로 하였다. 호구문제는 국제연맹 내에 호구연구위원회를 상설하되 양측이 같은 수로 추천하는 인사로서 구성하며 대한체육회 회장이 추천하는 약간 명의 인사를 포함하기로 하였는데, 이 점도 완전히 합의되었다.

경기방법은 대련만으로 하되 채점내용에 있어 형을 기간으로 하여 공방하는 경우에 한하여서만 채점하기로 하였으며, 승단·승급 심사에 있어서는 형의 활용도를 최우선적으로 고려하여 채점한다. 채점(심판)규정은 기술지도 위원회에서 심의 결의하되 수습위원회에서 필요하다고 요청할 시는 대한체육회장이 추천하는 체육인사 약간 명을 참여시킬 수 있는 것으로 하였다. 대련에 있어서는 KO승을 인정하지 않기로 했으며, 여타의 사항에 대해서는 수습위원회에서 합의 결정한 것에 따르기로 하였다.

1969년 가을에는 수습위원회가 해체되고 민관식 감독하에 체육회, 연맹 그리고 협회를 대표한 9명의 위원으로 구성된 실행위원회가 생겼다. 체육회에서는 수습위원회 4인과 민관식이, 국제태권도연맹에서는 최홍희·박성화가, 대한태권도협회에서는 김용채·엄운규였다.

1969년 9월 2일에는 양 단체 합의하에 사범의 해외파견 조항에 대해 양 단체의 불필요한 사무를 간소화하기 위해 이날을 기점으로 무효로 하였다. 다만 한국 사범이 외국에서 초청을 받으면 가도록 추천하며, 대한태권도협회에서 사무를 처리하고 국제태권도연맹에 보고하는 것으로 합의를 봤다.

이에 대해 국제태권도연맹 측에서 대한태권도협회에서 국내 17개 중앙도장과 지간 관의 계열을 없애기 위하여 지체 없이 지역 명칭으로 개칭하기로 한 것을 물고 늘어져 이에 대해 대한태권도협회 측은 지역별 명칭을 나타낼 수 있는 간판까지 수백 장 만들어 놓았으나 국제태권도연맹이 사무적으로 처리될 수 있는 문제도 처리하지 않고 대한태권도협회로서는 이 문제들을 강력히 요구했으나 기피하고 발급해서는 안 되는 단증까지도 공공연히 발급하고, 국내도장을 차릴 수 없게 되어 있음에도 불구하고 국제사범양성소를 차려 막대한 수수료를 징수하는 것에 대해 대한태권도협회에서 합의된 내용을 이행할 것인가에 대한 의심을 하였다고 한다.

당시 실행위원회가 내린 결론은 『태권도와 나』에 정리되어 있다. 그 정리를 살펴보면, '1. 양 단체의 일원화를 위해 연맹 총재는 협회의 명예회장 그리고 협회장은 연맹의 부총재로 각각 추대한다. 2. 파벌의 근원이 되는 관 제도를 폐지하고 지역별 이름을 단 제도로 취한다. 3. 협회는 어떤 개인이나 단체를 막론하고 가입시켜야 한다. 4. 협회는 연맹에 다시 가입하고 그의 규약을 준수한다. 5. 연맹은 이사의 반을 한국사람으로 한다. 6. 틀은 5 대 5 비율로 하고 시합은 호구착용을 원칙으로 하되 과학적인 방법에 의한 호구가 연구될 때까지는 국군의 시합방법에 준한다. 단 KO승은 계산하지 않으며 득점은 태권도식 동작에 한한다. 7. 사범해외파견은 협회의 소관사항이지만 태권도 보급을 위해 당분간 연맹과 협의하에 결정한다. 8. 연맹 안에 기술위원회를 두고 경기규정과 그에 대한 술어를 연구한다. 9. 양 단체 공히 현재의 규약을 수정한다.' 등이었다. 이 중 2·3·8은 국제태권도연맹이 그리고 6·7은 대한태권도협회에서 제출한 건의이다. 하지만 김운용이 대한태권도협회장에 취임하면서 결렬되고 말았다[385]고 한다.

1970년 5월 15일에 대한체육회 태권도분규수습위원회는 태권도협회 부회장인 엄운규를 국제태권도연맹 사무총장으로 선출하고 국제태권도연맹 규약을 통과시켰다. 위원회는 이날 회의를 갖고 분규 수습의 핵심인 도장문제를 숙의, 현 협회 및 연맹 산하의 도장을 단일화하여 국제연맹과 협회의 인사들로 균등히 운영하자는 데 의견을 모으고 구체적인 문제는 최홍희 국제연맹 총재·엄운규 협회 부회장·김성집 체육회 사무총장 3인 소위원회에 맡겨 매듭짓도록 했다.[386]

하지만 1971년 8월에 전체회의에서 불만을 품은 최홍희가 성명을 발표하고 물러나자,[387] 9월 22일에는 태권도계의 분규를 수습했던 수습위원회를 대한태권도협회와 국제태권도연맹 측 대표들이 모인 자리에서 해체하기로 하면서,[388] 수습 노력은 결렬되고 말았다.[389] 이 점은 대한태권도협회 1972년 1월 16일 대의원 총회에서 기타 토의사항에 질의된 사항 중 대한태권도협회 국제부와 국제태권도연맹과의 기능에 대한 답변을 통해 알 수 있다. 그 내용의 골자를 당시 『태권도』 계간지가 기록하고 있다.

이 질의에 대해 김운용 회장에 의해 답변이 있었다. 즉 대한태권도협회는 대한 체육회에 가입되어 있는 유일한 가입단체이며 따라서 대한태권도협회가 가진 국제부의 기능은 대한태권도협회의 국제관계업

---

385) 최홍희, 『태권도와 나』 2, 사람다움, 1998, 174~180쪽.
386) 『경향신문』 1970년 5월 19일자.
387) 강원식·이경명, 『태권도 現代史』, 보경문화사, 1999, 165쪽.
388) 『태권도』 3, 1971년 3월호, 61쪽.
389) 최홍희, 『태권도와 나』 2, 사람다움, 1998, 174~180쪽.

무를 담당하는 기능이라는 점 그리고 국제연맹은 국제연맹대로 커가야 하며 국제경기를 주관하는 다른 기구처럼 발전되어 그 나름대로의 기능을 발휘하면 된다는 점, 따라서 대한태권도협회는 우리가 할 일만을 하면 되고 국제연맹이 어떻고 대한태권도협회가 어떻고에 관심을 두지 말고 우리가 태권도의 발전을 위해 기여할 바가 무엇인가를 밝혀 그 길을 가면 된다는 요지의 답변이었다.[390]

김운용은 대한체육회에 가입되어 있는 유일한 가입단체가 대한태권도협회며, 대한태권도협회의 국제부가 국제관계업무관계를 담당하는 점을 명백히 해 국제연맹과의 독자노선을 분명히 할 것을 천명한 것이다.

1972년 3월에 최홍희가 캐나다로 망명하면서 국제태권도연맹본부를 옮겼는데, 그 이유에 대해 최홍희는 중립국이라 태권도 이념에 합치한다는 점, 조국 통일 운동을 하기에 안성맞춤이라는 점, 라틴 아메리카와 유럽의 중심에 해당된다는 점, 애제자 중의 한 명인 박종수 사범이 있다는 점, 1976년에 캐나다 몬트리올에서 개최되므로 태권도를 보다 빠른 시일 내에 올림픽 종목으로 채택케 할 가능성이 있으리라고 생각한 점에 있다[391]고 한다. 물론 이 중 북한과 최홍희가 접촉한 것이 1980년대였다는 점에서 조국 통일 운동 운운은 캐나다 망명의 이유로 보기에 어려운 것으로 이해하기도 한다.[392]

1976년에는 1971년 대한태권도협회 제6대 회장으로 선임된 김운

---

390) 『태권도』 4, 대한태권도협회, 1972년 3월, 24쪽.
391) 최홍희, 『태권도와 나』 2, 사람다움, 1998, 192쪽.
392) 강기석, 『태권도 半世紀』, 서울올림픽기념국민체육진흥공단, 2001, 153～
    154쪽.

2장 협회 창설과 관 통합

용이 문교부에 로비를 해서 국제태권도연맹을 유명무실한 단체로 몰아 인가를 취소하면서, 국내에서 국제태권도연맹은 더 이상 유지되기 어려워지게 되었다. 이후 국제태권도연맹은 캐나다를 중심으로 세계태권도연맹과 대립구도를 이루면서 현재까지 이어져 오고 있다.

7) 대한수박도회의 독자행보로 인한 갈등

대한태권도협회와 대한수박도회가 독자적인 길을 가게 된 이후에도 갈등은 존재했다. 대한수박도회가 국내에서는 활동이 미약했지만 일본의 가라테협회와 관련을 가지면서 태권도의 독자성과 태권도협회라는 통합단체의 위상에 타격을 주었기 때문이다.

1970년 10월 10일에 동경에서 열린 제1회 '세계가라테선수권대회'에 대한수박도회가 참가한 것을 기회로 대한태권도협회 등에서 이에 대한 문제 제기를 한 것이다. 당시 사정을 기록하고 있는 『일간스포츠』의 "'가라데'에 종가(宗家) 넘긴 수박도(手搏道)"라는 제목의 기사를 보자.

한국태권도가 세계 각국에서 붐을 일으켜 일본 가라데와 세력을 다투고 있는 때 대한태권도협회와 국제태권도연맹과는 아무 관계를 맺고 있지 않고 있는 대한수박도회에서 일본인들이 조직한 제1회 세계가라데 선수권대회(10월 10일·동경)에 선수단을 파견함으로써 나라망신을 시키고 있다. 14일 대한태권도협회와 국제태권도연맹은 수박도회의 당수도 선수단이 이 대회에 참가한 사실을 중시, 수박도회가 일본 가라데도와 손을 잡은 것은 한국태권도의 단합에 역행하는 것일 뿐만 아니라 국제적으로 한국태권도의 이미지를 흐려 결과적으로 나라 망신을 시킨 것이라고 비난하고 선수단 파견을 승인한 문교당국에 항의키로 했다 ……. 수박도회의 당수도선수단은 앞서 마닐라에서 벌어진 아시아 당수도대회에서는 일본에 이어 3위를 차지, 한국태권도의 이미지에 먹칠을 한 적도 있다. 대한태권도협회는 수박도회세력이 협회를 탈퇴한 무덕관과 지도관 일부 인사들로 이루어져 국내 전 태권도인의 5% 정도에 지나지 않는다고 주장하고 한국이 주도하는 국제태권도연맹을 도외시하고 한국태권도의 대항세력인 일본 가라데와 영합한 것은 주체성을 잃은 행동이라고 통박했으며 문교당국이 이들의 일본 파견을 승인한 것도 체육행정일원화와 태권도 통합기본정신에 어긋나는 것이라고 비난했다.[393)]

이 당시 수박도회는 7명의 선수(단장 윤쾌병)를 파견하였는데, 이 기사에는 "있을 수 없는 분열상"을 보였다는 당시 체육회 사무총장인 김성집의 언급과 "주체성 잃은 망신"이라는 당시 대한태권도협회 부회장 겸 국제태권도연맹사무총장인 엄운규의 언급을 기사화하고 있는 것이다. 이 기사를 통해, 당시 대한태권도협회에서 수박도회를 어떻게 이해했는지 알 수 있는데, 그 구성에 대해서는 '무덕관과 지도관 일부 인사'들로 구성된 것으로 이해하고 있으며, 수련인구는 국내 태권도인의 5% 정도라고 인식하고 있음을 알 수 있다.

이에 대해, 당시 문교부 장관 이효석은 대한수박도회는 문교부등록단체이므로 대한태권도협회의 의견을 들을 필요가 없었다는 입장을 취하고 있다. 이와 관련해 다음 기록을 보자.

---

393)『일간스포츠』1970년 10월 15일자.

　　태권도관계자들은 문교부당국과 체육회가 2년 전 태권도 대동단합을 부르짖고 분규수습에 나섰을 때 수박도회를 별개의 문교부등록법인체라고 제외한 것이 큰 실수였다고 지적하면서 세계로 뻗고 있는 제외한 것이 큰 실수였다고 지적하면서 세계로 뻗고 있는 한국태권도의 이미지에 크게 먹칠한 이번 사건을 계기로 태권도 행정조직의 일원화를 위해 대한태권도협회를 떠난 수박도회를 포함한 새로운 분규수습대책을 강구해야 한다고 주장하고 있다.

　　이에 대해 체육회는 수박도회가 별개의 법인체이므로 체육회에 힘이 미치지 않고 있으므로 분규수습, 해결을 위해서는 먼저 문교부가 법인등록을 취소하거나 대한태권도협회 또는 국제태권도연맹에 가입하도록 종용하는 길밖에 없다고 밝히고 있다 ……. 태권도의 분파에 지나지 않는 수박도가 사회법인체로서 인정을 받아 대한체육회와 별도로 스포츠활동을 벌이고 있고 체육회와는 아무런 협의 없이 세계 가라테 선수권대회에 출전한 것은 아마추어·스포츠를 통할하는 유일한 법인체로서의 대한체육회 권능이 크게 손상된 것이라고 할 수 있다.

　　따라서 체육계에서는 이번 수박도 문제를 계기로 체육회는 문교부에 이러한 체육행정의 난맥상을 지적, 강력히 항의하고 수박도협회를 사단법인체로 인정한 행정조치를 취소하도록 하여야 한다고 보고 있으나 체육회는 문교부의 눈치만을 살피고 있을 뿐 항의조차 제기치 못하고 있다.[394]

　　대한태권도협회에서는 태권도의 이미지 실추에 초점을 두고 있다. 아울러 대한체육회의 체육행정의 일원화에 난맥을 지적하고 있는데, 여기에는 대한수박도회의 국제사회에서의 활동은 대외적으로 한 나라에 두 협회가 존재하는 것으로 인식될 수 있으며, 이로 인해, 국

---

394) 『일간스포츠』 1970년 10월 19일자.

내에서도 대한태권도협회의 대표성이 격하될 수 있는 여지가 있었기 때문이었을 것으로 보인다.

대한수박도회에 대한 비난의 화살은 사단법인 허가를 내준 문교부에 대한 비난으로까지 이어졌다. 태권도와 유사종목단체인 수박도회에 대한 사단법인 허가는 유사단체의 통합에 어긋나는 일관성 없는 행정이라고 한 것이다.[395]

대한태권도협회의 상위단체인 대한체육회에서는 10월 20일에 문교부에 공문을 보내 이에 항의를 하였으며,[396] 21일에는 태권도 통할체제를 일원화해 줄 것을 건의했다. 그 건의서의 내용을 보면, ① 태권도는 현재 대한태권도협회가 한국을 대표, 사범 및 선수의 해외 파견 등 모든 행정을 관장하고 있으며 ② 모든 국제문제는 국제태권도연맹 소관이라고 밝히고 수박도회가 문교부에 의해 인정되고 있음은 정부의 유사단체 통합의도에 어긋나는 일이라고 지적했다.[397] 그리고 26일에는 대한수박도회의 사단법인 인가 취소를 강력하게 요청하기로 결정하였다.[398] 대한태권도협회에서는 11월 1일 정부기관 및 체육회에 수박도의 해체를 건의했다.

대한태권도협회는 1일 "대한수박도회가 일본 '가라테'와 야합한 것은 반국민적인 처사"이며 "수박도회의 계속 존립은 태권도 일원화 정책에 위배되므로 해체해 줄 것" 등 6개 조항의 건의문을 작성하고 이를 정부관계 기관 및 체육회에 제출했다. 대한태권도협회 이사회의

---

395) 『한국일보』 1970년 10월 16일자.
396) 『일간스포츠』 1970년 10월 21일자.
397) 『서울신문』 1970년 10월 22일자.
398) 『일간스포츠』 1970년 10월 28일자.

2장 협회 창설과 관 통합

결의로 된 수박도회 해체건의문은 다음과 같다.

① 1960년 6월 30일 설립한 사단법인 대한수박도회의 설립목적과 사업 등 기타 모든 것이 대한태권도협회사업과 동일하다.
② 69년 일본 가라데연맹이 주최한 필리핀 대회에 선수단을 원정시켜 참패, 국가의 권위를 땅에 떨어뜨렸으며 한국태권도가 국제무대에서 일본 가라데에 종속된 인상을 초래하게 하여 크게 국위를 손상시켰다.
③ 70년 10월 10일 대한수박도회가 일본이 주최한 국제 가라데 선수권대회에 선수단을 파견시켜 예선전에서 탈락, 국가위신을 또 한 번 크게 손상시켰다.
④ 대한수박도회는 우리나라 태권도의 대항세력인 일본 가라데와 야합한 것은 주체성을 망각한 반국민적인 처사이다.
⑤ 대한수박도회의 계속 존립은 태권도 일원화 정책에 위배됨은 물론 태권도계의 분파작용을 계속 조정하며 이미 통합된 한국체육전반의 일원화 정책에도 크게 차질을 초래할 것이다.
⑥ 백해무익의 대한수박도회의 해체를 강력히 요구한다.[399]

대한태권도협회 이사회에서 결의된 6가지 사항을 살펴보면, 가장 먼저 수박도회의 설립목적과 사업 등 모든 부분이 대한태권도협회의 것과 동일함을 들고 있는데, 이는 동일한 목적을 가진 두 단체를 존속시킬 필요가 없음을 언급하고 있는 것이다. 또한 가라테에 태권도가 종속된 인상을 초래할 수 있다는 두 번째 언급은 수박도회가 가라테와 연결되어 활동하며 국제사회에서 대표성을 지닌 것으로 인식

---

[399] 『일간스포츠』 1970년 11월 4일자.

될 것과 그리고 이로 인해 태권도로 통합은 되었지만, 아직도 통합에 불만을 가진 세력들에 영향을 미칠 것을 우려한 것으로 보인다.

하지만 대한수박도회 문제는 법적으로 해결할 수 있는 문제가 아니었다. 1965년 문교부가 일방적으로 대한수박도회의 법인체 허가를 임의로 취소하기도 하였지만, 1966년 대법원에서 대한수박도회가 승소한 사례에서 볼 수 있듯이 독자적인 국제 행사 참석 등이 법적으로는 문제가 되지 않은 것이었기 때문이다. 1971년 대한태권도협회 제7대 회장으로 취임한 김운용은 이에 대해 "태권도 이외의 유사 무도에 대해서는 법적 규제를 가할 수 없는 게 현실"이라고 우려[400]를 나타내고 있는 점에서 알 수 있다.

이에 대해, 최홍희는 다음과 같은 서술을 하고 있다.

…… 가라데의 여러 파를 규합시켜 제1회 가라데선수권대회를 1970년 동경에서 개최했다. 일본 황태자까지 임석한 이 대회에 그는 윤래명(윤쾌병의 오기인 듯-필자 주)과 황기를 이용하여 한국팀을 참가케 했다. 형식상으로는 한국팀이지만 내용은 가라데 기술을 흉내 낸 것이므로 가라데 본고장에 가서 어찌 명함이나 들일 수 있겠는가. 그런데 문제는 태권도가 등외가 된 것처럼 선전해 놓은 것이다. 이는 태권도의 위신은 물론 국가적인 수치였다. 그 후 국내 신문들이 떠들자 문교부 당국은 인솔자 2명에게 책임추궁을 하는 체했으나 그냥 유야무야돼 버리고 말았다.[401]

대한수박도회의 독자 행동으로 인한 갈등은 뚜렷한 해결책을 찾지

---

400) 강원식·이경명, 『태권도 現代史』, 보경문화사, 1999, 61쪽.
401) 최홍희, 『태권도와 나』 2, 다움, 1998, 136쪽.

2장 협회 창설과 관 통합

못한 채 유야무야되었음을 알 수 있다. 이러한 독자 행동을 막을 수 없음은 당시 김운용이 "유사 무도단체로 인해 태권도가 그 빛을 잃어 간다고는 생각하지 않는다."402)는 언급을 통해서도 알 수 있다. 이후 대한태권도협회에서는 대한수박도회 등과의 일체 협상을 단절해 버렸는데, 이는 앞서 언급대로 법적인 해결책이 없다는 현실적인 이유와 국내에서 대한수박도회의 조직이 미약했으므로 대세에 어떤 영향을 미치지 못한다는 판단에서 비롯된 것으로 보인다.

한편으로는 수박도 사범 자격으로 해외진출을 한 황기의 아들 황진문(황현철)은 해외에서 태권도로 바꿀 것을 강요당하기도 했다403)고 한다.

무덕관은 이후 대한수박도회라는 별도의 협회로 존재하면서 독자적인 노선을 걷게 되었고 지금까지 그 명맥을 이어오고 있긴 하지만, 그 규모가 축소되어 아직 큰 영향을 미치고 있지는 못하고 있다.

---

402) 강원식·이경명, 『태권도 現代史』, 보경문화사, 1999, 67~68쪽.
403) 2007년 4월 29일 황현철(황진문)과의 인터뷰.

 관의 통합과 단일화

　대한수박도회는 '수박도'라는 독자적인 무예명칭으로 독자적인 길을 걷게 되었지만, 태권도협회 측에 참여한 세력의 이탈로 세력이 크게 축소되어 명맥을 이어 가는 수준이었다. 국제연맹 또한 캐나다로 옮겨 가면서, 국내에는 대한태권도협회와 1973년에 설립된 세계태권도연맹이 태권도계를 주도하게 되었다. 하지만 관 의식은 여전히 존재했다. 이는 대한태권도협회에서 발행한 1971년 『태권도지』에 "태권도계는 관 의식이 깊이 뿌리박고 있"[404]다는 기록을 통해 알 수 있다.

　당시 태권도계를 주도하던 관은 송무관·한무관·창무관·무덕관·오도관·강덕원·정도관·지도관·청도관 등 9개 관이었다. 하지만 이외에도 많은 관들이 존재했는데, 기록에 나타나는 관 명칭을 살펴보면, 국무관·상무관·강무관·연무관·청양관·수무관·흥무관[405]·진도관(眞道館)[406]·수무관·창헌관·문무관[407]·충무관(忠武館)·강무관(講武館)[408] 등이 있었다. 물론 이 관들이 이후 태권도로 다 통

<hr>

404) 『태권도』 1971년 가을호(통권 3호), 18쪽.
405) 대한태권도협회 현황 문건, 1967년 5월.
406) 『동아일보』 1959년 11월 4일자.
407) 강원식·이경명, 『태권도 現代史』, 보경문화사, 1999, 20쪽.

합되는 것은 아니다. 문무관의 경우에는 '문무타력도'라는 명칭으로 독자노선을 걸었으며,[409] 충무관의 경우에도 여러 번의 변천을 거쳐 현재는 '고무도'를 표방하고 있기도 하다.

당시 총 도장은 519개, 총 회원 수는 1백35만 633명이었으며, 이 중 유단자는 29만 8634명이었다.[410] 이후 1974년 40여 개의 관이 9개 관으로 정비되었는데, 이 9개 관 산하에 3천여 개의 도장이 있었고, 유단자는 10만 명을 넘어섰다고 한다.

관 간의 충돌은 6·25 이전에 청도관과 무덕관의 분쟁에서부터 찾아볼 수 있다. 무덕관의 세력확장에 청도관이 기득권을 내세우며 분쟁을 일으킨 것이다. 무덕관이 세력 확대를 위해 단을 빨리 준다고 인식한 것이다. 이로 인해 양 관 사이에는 무력 충돌까지 벌어졌던 것으로 보이는데, 청도관 사진첩에는 해방 직후 청도관 사람들과 찍은 황기의 사진에 'X' 표시가 선명하게 그어져 있을 정도였던 것이다.[411]

물론 그렇다고 관들끼리 불화만 있었던 것은 아니다. 심사나 시연 대회에는 각 관의 관장들이나 관원들이 참여하면서 우호도 쌓았다. 송무관과 청도관에는 교류 시범을 했으며, 노병직은 청도관 관원들에게 당수도를 가르치기도 했다고 언급하고 있다.[412] 이는 노병직과 이원국이 송도관 출신이어서 기술이 상이하지 않아 이질감이 없었던 데서 비롯된 것으로 보인다.

---

408) 황기, 『수박도대감』, 삼광출판사, 1970, 42쪽.
409) 2007년 8월 1일 강원식과의 인터뷰.
410) 대한태권도협회 현황 문건, 1967년 5월.
411) 이호성, 『한국무술 미대륙 정복하다』, 스포츠조선, 1995, 67~68쪽 ; 강
　　　기석, 『태권도 半世紀』, 서울올림픽기념체육진흥공단, 2001, 57~58쪽.
412) 서성원, 『태권도 현대사와 길동무하다』, 상아기획, 2007, 24쪽.

檀紀四二九二年 三月二十六日

大統領閣下 觀覽第七回

全國武術個人選手權大會須要

主催　大韓武術協會

後援　內務部治安局
　　　大韓柔道會
　　　大韓劍道會
　　　大韓弓道會

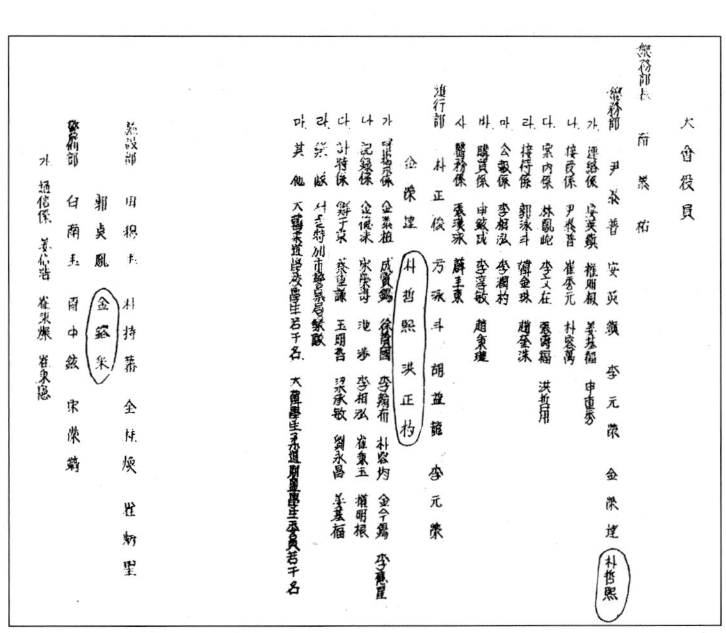

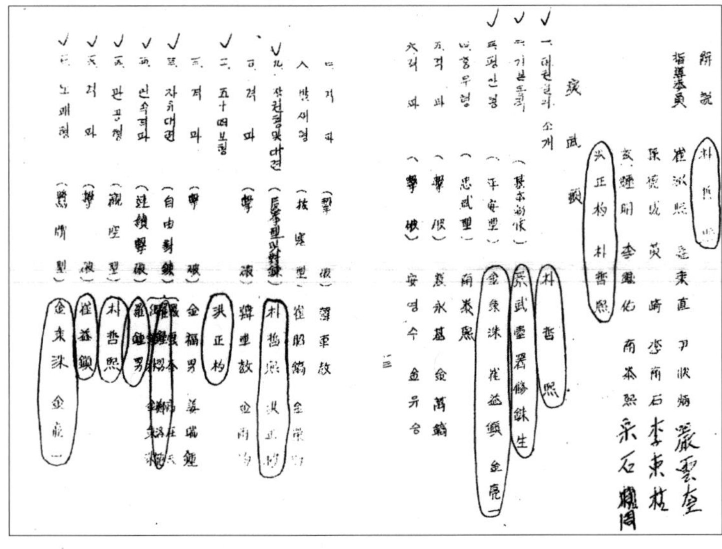

大統領閣下
親覽第八回

全國武術個人選手權大會須要

主催　武藝警察署
後援　內務部治安局
　　　大韓柔道會
　　　不瞭則道府

式順

一、選手入場　　奏樂
一、開會宣言
一、國旗拜禮
一、愛國歌奉唱
一、大會辭　　大會長
一、來賓祝辭
一、優勝旗返還
一、選手代表宣誓
一、演武
一、施賞　　大會長
一、講評
一、萬歲三唱
一、開會

大會委員

大會長　　内務部長官　　洪□□
副會長　　治安局長　　李□眼
副會長　　서울特別市警察局長　　柳忠烈
總指揮官　　警務官　　鄭永□
進行委員　　□□警察署長　　南□□

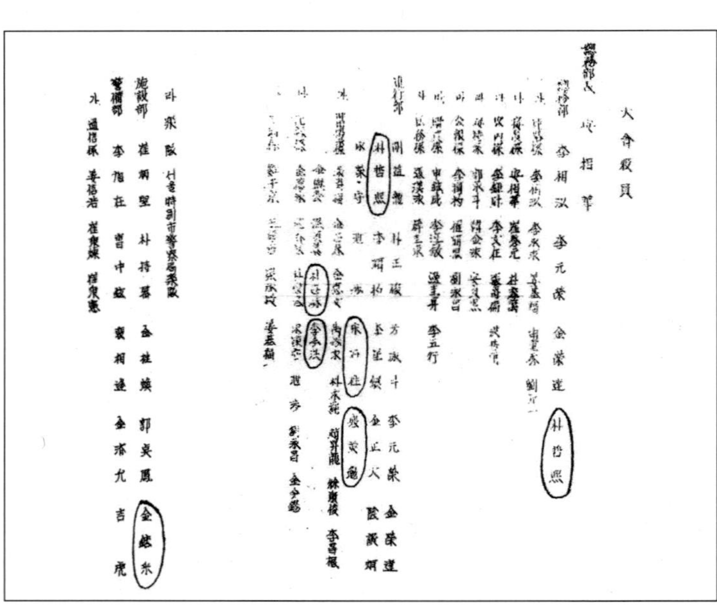

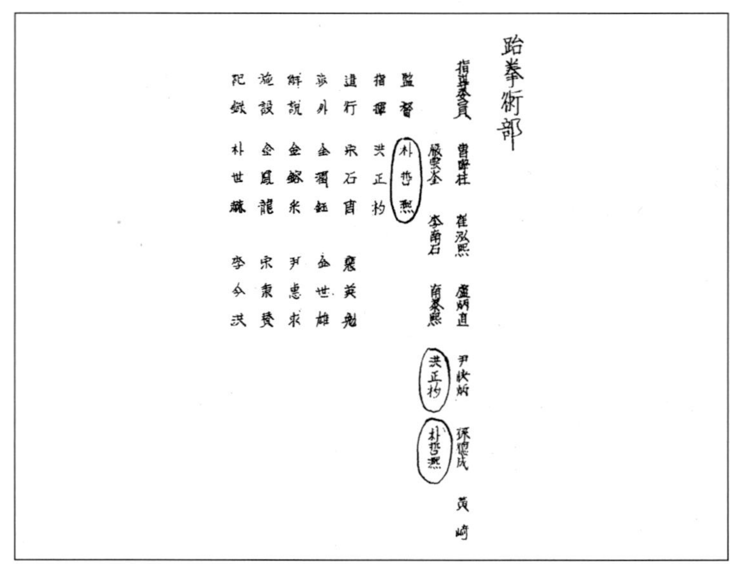

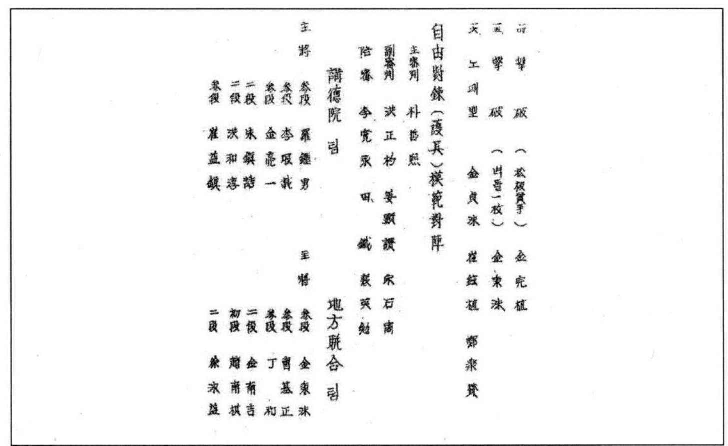

7회, 8회 '전국무술개인선수권대회수요'

이 수요(須要)는 강덕원 창설자 박철희가 경무대 무도사범으로 있으면서, 당시 대통령 이승만의 생일 때 열린 무술 시범에 관한 자료이다. 공식 명칭은 "대통령각하친람제○회 전국무술개인선수권대회"였음을 알 수 있다. 박철희에 의하면, 그는 1958년·59년·60년의 무도대회를 주관하였는데, 이 문서들은 7회(1959년)와 8회(1960년)의 내용을 담고 있다. 본 글 내용과 직접 관련이 없는 내용들도 있지만, 추후 관련 연구를 하고자 하는 연구자들에게 자료로 가치가 있을 듯하여, 수록해 둔다.

2장 협회 창설과 관 통합

1959년 3월 26일 경무대 경찰서 주관으로 열린 '대통령각하 친람 제7회 전국무술개인선수권대회 수요(大統領閣下 親覽 第七回 全國 武術個人選手權大會 須要)'를 보면, 지도위원에 최홍희(오도관)·노병직(송무관)·윤쾌병(지도관)·손덕성(청도관)·황기(무덕관)·이남석(창무관)·현종명(청도관)·이종우(지도관)·남태희(오도관)·홍정표(강덕원)·박철희(강덕원) 등이 포함되어 있어 그러한 모습을 알 수 있다. 이러한 점은 앞서 언급한 대로 국무관이 주최해 1959년 11월 9일 열린 주최한 연무대회에 무덕관과 한국체육관·진도관·강덕원 등이 찬조 출연을 한다[413]는 기록에서도 찾아볼 수 있다.

하지만 대한태권도협회와 세계태권도협회가 국내 태권도계를 주도하면서 관 통합이 본격적으로 논의되기 시작했다. 협회로서는 국내뿐만 아니라, 해외에서 영향력을 발휘하기 위해서는 통합을 통한 단일 교육체계와 실무행정이 뒷받침되어야 하는데, 관의 존재는 걸림돌이었기 때문이다. 반면에 개별 관의 관장들로서는 자신의 기득권이 보장되지 않는 손해가 확실한 통합을 적어도 반기지는 않았을 것이며, 이로 인해 양측 간의 마찰은 분명한 것이었다.

하지만 경기화와 공인 품세의 제정, 단심사의 일원화로 인해 각 관이 갖는 우위가 점차 약해졌고, 세계화라는 명분에서, 이미 대세는 통합으로 기울어져 갔다.

이런 통합이 추진된 배경에는 경제적인 면도 무시할 순 없다. 일선 도장에서는 대한태권도협회에뿐만 아니라 관에도 심사비를 내야 하는 입장에서는 이중으로 지출을 하는 등 경제적으로 어려움이 따

---

413) 『동아일보』 1959년 11월 4일자.

랐을 것이기 때문이다. 1973년 발간된 『태권도』지에 "73년도는 협회 이외의 어떤 관이나 도장에서 승단 여부를 운운하여 위반행위를 범하거나 협회가 정해 놓은 금액 이상의 금품을 요구하는 행위는 용납되지 않을 것이다. 과거 우리는 승단여부를 놓고 금품을 요구하는 신성해야 할 사제의 도마저 그르치고 사회의 규탄을 받는 많은 사례를 보아 왔다."414)라고 하여 승단심사와 관련되어 각 도장뿐만 아니라, 관에서도 요구하는 것을 볼 수가 있는 것이다.

이런 문제를 해결하기 위해서 1973년부터는 각 관에서 단증을 발급하지 못하도록 하고 승단심사를 단일화시켰다. 김순배는 "각 관에서 단증을 발급하는 행위는 일체 금할 뿐 아니라 그러한 사실이 발견될 경우 가차 없이 응분의 조치를 취할 방침임을 강조하는 바다."415)라고 하고 있는 것이다. 각 관에서 단증을 발급한다는 것은 대한태권도협회의 입장에서는 그만큼 영향력이 줄어드는 것이었으므로 각 관에서 단증을 발급하는 것을 금지시킬 필요가 있었던 것이다.

단증의 발급 금지로 인해 관의 영향력이 줄어들긴 했지만, 완전히 사라진 것은 아니었다. 1974년 대한태권도협회 사무처에서는 심사신청서에 소속관, 중앙 본 관장의 추천서를 받을 것을 기재하고 있으며,416) 이해 2월 5일 개정된 도장설치규정을 보면, 각 관의 중앙도장은 서울특별시에 둔다고 하며, 단체가입서신청서 양식에는 출신도장 계통 및 사사 사범의 평을 기입하도록 하고 있는데,417) 이는 일정부

---

414) 『태권도』 7・8, 대한태권도협회, 1973, 39쪽.
415) 『태권도』 7・8, 대한태권도협회, 1973, 38~39쪽.
416) 『태권도』 11, 대한태권도협회, 1974, 20쪽.
417) 『태권도』 11, 대한태권도협회, 1974, 50~51쪽.

분 대한태권도협회의 영향력이 미치긴 하지만, 관의 영향력 또한 공존하고 있음을 알려준다. 심사신청서나 단체가입신청서에 중앙 본 관장의 추천을 받거나, 사사 사범의 평을 기입하도록 하는 것은 일선도장에서 소속 관의 의향을 무시할 수 없도록 하는 요인이었기 때문이다.

1976년 5월 20일에는 대한태권도협회 가맹단체인 각 관장단회에서는 자율적으로 관 의식을 배제하고 태권도 종주국으로서 면모를 더욱 확고히 하기 위해 기존 관명을 완전폐지하고 직할로서 행정상의 편의를 위해 아라비아 숫자로 호칭하기로 결의했다. 변경된 호칭을 살펴보면, 1관: 송무관 · 2관: 한무관 · 3관: 창무관 · 4관: 무덕관 · 5관: 오도관 · 6관: 강덕원 · 7관: 정도관 · 8관: 지도관 · 9관: 청도관이었는데, 이외에 무덕관의 분열로 이탈한 이들을 임시로 3관 관리 아래 두도록 해 관리관으로 호칭했다.

승단심사 부정 등 관의 폐해에 대해 문제를 느낀 강원식의 주도로 황춘성(무덕관) · 김호재(창무관) · 김재기(정도관) · 원천희(지도관) · 곽병오(오도관) 등이 관 폐지에 뜻을 같이하고 전국 시도를 순회하면서 연판장을 받고자 하였는데, 사전에 정보가 누출된 탓에 중앙관장들에게 회수되어 그 뜻을 이루지 못했다. 당시 관통합과 관련해서 이종우와 강원식을 제외하고는 대부분 반대하는 입장이었다.[418]

---

418) 류호평은 통합에 반대하는 이들로는 김운용 · 엄운규 · 홍종수 · 노병직 · 이교윤 · 이용우 등을, 지지하는 이들로는 이종우 · 이남석 · 현종명 · 이금홍 · 김인석 · 강원식 등(류호평, 『한국태권도 심사제도 변천의 역사적 고찰』, 원광대박사학위논문, 2001, 68쪽)을 거론하고 있지만, 통합에 가장 큰 노력을 한 강원식은 통합에 찬성하는 이는 자신과 이종우뿐이었다(2008년 1월 4일 강원식과의 인터뷰)고 한다.

관통합이 공식적인 문제로 대두되고 논의가 이루어진 것은 1977년이었다. 1977년 1월 8일 대한체육회 대강당에서 개최된 1976년도 대의원총회에서였다. 기타 토의 안건에서 노상석 중고연맹대의원이 관적을 자유로이 이적할 수 있어야 된다고 하자, 손석진 부산대의원과 정중성 중앙대의원은 기본질서는 지켜야 된다고 말하며 좀 더 면밀히 검토하기 위해, 기술심의회의에 연구과제로 위임하는 것이 좋겠다고 말하면서 관 문제가 불거진 것이다. 이때 기술심의회에서 관리하는 관리관은 어떠한 배경으로 운영되고 있으며 관리관에서 증명서 발급 등이 되고 있다고 하였다. 이에 김운용은 어느 관이든지 이상한 증명은 발급될 수 없다고 전제하고 대의원 총회 후 해결할 수 있는 방안을 모색하자고 제의하였다.

이 총회에서 관통합과 관련하여 김철회 중앙대의원이 1977년 내에 관을 통합할 것을 건의하자, 일부 대의원들은 관통합의 원칙은 찬성하나 시기상조가 아닌가 하는 의견이 나오기도 했으나, 관통합을 위한 특별위원회를 구성할 것을 만장일치로 찬성하고 위원회 구성을 회장에게 일임하기로 하였다.[419] 1977년에 관통합이 화두였음은 같은 해 2월에 간행된『태권도지』신년사에서 김운용이 승단심사와 교육 그리고 도장허가 문제와 함께 통합관 문제를 들고 있어,[420] 관 통합이 가장 시급한 문제였음을 알 수 있다.

이에 따라 같은 해 2월 23일 원로 태권도인과 중앙도장 관장 등 15명으로 구성된 관통합추진위원회를 결성했다. 추진위원들은 노병직·이교윤·이남석·최남도·곽병오·이금홍·이용우·이종우·엄

---

419)『태권도』21, 대한태권도협회, 1977, 17쪽.
420)『태권도』21, 1977, 대한태권도협회, 12~13쪽.

운규·홍종수·이병로·김인석·노희덕이었다.[421] 이때 관통합추진 위원회는 1년의 유예기간을 갖고 그동안 중앙본관장들이 자기 계열을 모두 포기한다는 의견의 일치를 보았다.

그리고 같은 해 8월 1일에는 관통합 제8차 회의가 국기원 원장실에서 열렸는데, 10개 관을 통합하여 1개 관으로 정했다. 명칭을 '태권도 총본관'이라 칭하기로 결정한 것이다. 고질적인 파벌의식과 행정·기술체계의 난맥을 바로잡기 위해서였다.[422] 총본관 임원진에는 총본관장 김운용, 부관장 이종우·엄운규, 사무총장 이남석, 감사 이병로·강원식,[423] 세칙심의위원 이종우·엄운규·이남석·강원식·곽병오 등이었다. 그리고 을지로 6가에 있는 창무관 사무실을 임시 사무실로 정했다.

이 상황에 대해 이종우는 다음과 같이 언급하고 있다.

> 우선 협회 기준으로 9개 관으로 정리했는데 관 파벌 때문에 힘들었어요. 그래서 내가 통합관을 주장했습니다. 그런데 한 사람이 '그렇게 하면 이종우한테 다 먹힌다'고 해서, 그냥 을지로 6가에 9개 관이 함께 쓰는 총본관 사무실을 얻었죠. 그때 9개 관이 모두 책상을 가지고 들어와서 복닥거렸던 기억이 나요.[424]

통합관의 틀이 마련되기는 했지만, 관에서는 달갑게 생각하지 않았음을 알 수 있다. 이런 입장 차이로 인해, 통합을 위한 어떤 움직

---

421) 『태권도』 22, 대한태권도협회, 1977, 38쪽.
422) 『일간스포츠』 1978년 2월 9일자.
423) 『태권도』 23·24합, 1977년, 대한태권도협회, 80쪽.
424) 『신동아』 2002년 4월호, 305쪽.

임도 보여 주지 못했다. 1978년 2월에는 총본관이 발족한 지 6개월이 되도록 제 기능을 수행하지 못하고 있다는 지적을 받을 정도였던 것이다. 심지어 총본관이 10개 관 통·폐합이라는 목적을 위해서라기보다는 당시의 난립상태를 유지시키는 데 이용되고 있다[425]는 비판까지도 받을 정도였다.

총본관을 주축으로 한 관통합은 찬성한다는 명분만 앞세운 채 7월 말 기한이 임박했음에도 불구하고 진전을 보지는 못했다. 당초 목표로 잡은 서울 중앙 10개 관의 통합은 제쳐두더라도 통합방식에 대한 의견일치를 보지 못해 갈팡질팡한 것이다.

관통합에 결정적 역할을 한 강원식은 이와 관련하여 다음과 같이 언급을 하고 있다.

…… 우리가 관통합을 도모하는 과정에서 대안으로 제시된 것이 대한태권도협회의 심사규정이었다. 심사규정을 보면 '응심자는 소속장의 추천을 받아야 된다'라는 조항이 있는데, 소속장이 누구인가에 대한 유권해석이 없이 그냥 관례적으로 9개 관의 중앙관장의 추천을 받아야만 승단심사에 응심할 수 있도록 해 왔다. 그래서 나는 …… '대한태권도협회 심사 규정에 나오는 소속장이라 하면 대통령령으로 시행 중인 사설 강습소 령에 의해서 대한태권도협회에 단체등록을 필한 체육국 안의 장을 뜻한다'라고 서류를 만들어 …… 김 회장의 결재까지 받아냈다. 그 후 새로 만들어진 대한태권도협회 심사규정의 '소속장'에 대한 유권해석을 전국 시도협회에 공문으로 시달했다. 그것이 관을 없애게 된 직접적인 배경이었다. 전국 시도협회에 소속장에 대한 새 유권해석을 보낸 후 한 달 동안 …… 전무이사인 내가 직접 접수를

---

425) 『일간스포츠』 1978년 2월 9일자.

받았다. 내가 직접 심사원서 접수를 하면서 각 관의 중앙관장들에게
사정도 하고 설득도 하고 해서 한 달 만에 그것이 유효화되었다.[426]

심사 응시에 있어, 9개 중앙 관장이 아닌, 일선도장의 관장에게
그 권한을 넘김으로 인해 그만큼 각 관의 중앙관장의 영향력을 삭감
시켰고, 이는 관의 독립성 유지를 어렵게 만들어 놓은 것이다.[427]

이후 같은 해 8월 5일 태권도 총본관 이사회의 결의에 따라 10개
관을 폐쇄하기로 합의했다. 서명대표는 1관 전정웅(송무관)·2관 이
교윤(한무관)·3관 이남석(창무관)·4관 최남도(무덕관)·5관 곽병오
(오도관)·6관 이금홍(강덕원)·7관 이용우(정도관)·8관 이종우(지도
관)·9관 엄운규(청도관)·10관 김인석(관리관) 그리고 입회인으로 이
병로·강원식이 서명했다.

10개 관의 관장들은 관 통합이 태권도의 고질적인 분파의식을 버
리고 좀 더 알찬 태권도 세계화의 원동력이 된다는 데 의견을 모아
결의문을 채택했다. 결의문의 내용은 다음과 같다.

1. 태권도계가 30년간을 유지하여 온 관계열을 폐지하고 사도계의 총

---

426) 강기석,『태권도 半世紀』, 서울올림픽기념국민체육진흥공단, 2001, 221~
    222쪽.
427) 『태권도 현대사』에는 대한태권도협회에서 "1978년 7월 초 이사회를
    열고 서울의 10개 관의 통합은 어렵지 않다는 전제 아래 지방 조직의
    통합 문제를 먼저 해결하기로 결의하였는데, 선통합－후조직이 아닌
    선조직－후통합으로 방향전환을 하였다."고 하는데(강원식, 『태권도
    現代史』, 보경문화사, 1999, 99쪽), 이에 대해 강원식은 일각에서 이러
    한 이야기가 나오긴 했지만, 구체적인 결의안으로 채택된 적은 없다
    고 한다(2008년 1월 4일 인터뷰).

화단결을 위해 총 매진한다.

2. 1972년부터 품세와 용어를 통일하여 기술적 단일화 작업을 진행하여 왔고, 관 명칭을 폐지하여 숫자표시로 계열을 축소, 정비하여 오늘에 이른 것이다.

3. 승단심사를 계열별로 사정 추천하던 업무를 폐지하고 일선 도장에서 사범이 직접 총본관에 추천키로 한다.

4. 우리들은 명실상부한 일선도장 사범과 수련자들의 권익보호를 위해 행정상의 봉사자로 참신한 업무를 집행한다.

5. 우리들은 태권도가 지닌 국가적 사명을 절감하여 태권도 지도자의 본연의 자세를 확고히 지켜 총화단결에 앞장서서 위계질서 확립의 총력을 경주한다.

6. 우리들은 태권도종주국의 지도자로서 세계정상의 위치를 계속 굳히기 위해 기술개발에 전념할 것을 다짐한다.

7. 종래의 계열별 유지를 위해 존속된 관사무실 유지를 오늘부로 폐쇄하고 모든 행정상의 근거를 무효로 한다.

8. 총본관은 국기원과 긴밀한 유대를 공고히 하여 행정상의 유지를 위해 최선을 다한다.

9. 우리들은 총본관의 일원으로서 태권도 발전을 위해 사심 없는 기여를 서명날인으로 결의한다.[428]

결의문의 내용 중 승단심사를 일선 도장에서 계열별 관장의 승인을 거치지 않고, 사범이 직접 총본관에 추천키로 한다거나 관사무실 유지를 폐쇄하고 관에서 발행된 모든 행정상의 근거를 무효로 한다는 것은 관의 독립성을 완전히 없애는 것임을 알 수 있다. 이를 통

---

428) 『태권도』 27·28합집, 대한태권도협회, 1978, 82쪽.

2장 협회 창설과 관 통합

해, 파벌문제를 청산되고 행정 단일화를 꾀할 수 있는 구심점을 구축했다[429]는 평가를 받고 있다.

하지만 관통합을 이룬 지 얼마 가지 못해 후유증을 겪어야만 했다. 승품 및 승단심사권을 잃은 중앙도장 관장들이 명분과 실리 사이에서 입장 정리가 이루어지지 않았기 때문이다.

당시 승품 및 승단심사의 비율은 일선사범 30%·9개 관의 중앙본관 25%·도협회 10%·도 본관 10%·중앙협회 25%로 분배되었으나, 대한태권도 협회가 관통합의 의지에 따라 심사규정에 '승품 및 승단심사는 소속장의 추천을 받아야 한다'고 명시되어 있는 항목에서 '소속장'을 종래의 중앙본관장 대신에 '협회등록 도장 관장'이라고 새로운 유권해석을 내리면서 전국적으로 심사비 배분을 국기원 40%(복지기금 5%)·시도협회 45%·중앙협회 15%로 집행하였던 것이다.[430]

이 총회에서는 관이 해체된 이상 관에 소속되어 있던 유능한 인물들을 유급으로 채용하는 것과 관 해체 후 관장들의 처우개선에 대해서도 논의도 있었다.[431]

이처럼 승품 및 승단심사를 본관을 거치지 않고 일선 도장에서 직접 추천하도록 한다는 결정이 1978년 12월 대의원총회를 통해 시행되자 관통합에 찬성하거나 반대했던 사람들이 반발하고 나선 것이다. 관 계열의 심사비 수수료로 중앙본관 및 지방본관을 운영하던 관의 일부에서는 경제적인 손실이 컸기 때문이다.[432]

---

429) 강원식·이경명, 『태권도 現代史』, 보경문화사, 1999, 101쪽.
430) 2008년 1월 4일 강원식과의 인터뷰.
431) 『태권도』 29, 대한태권도협회, 1979, 17~18쪽.
432) 강원식·이경명, 『태권도 現代史』, 보경문화사, 1999, 101쪽.

이에 대해 다음과 같은 비판도 볼 수 있다.

> 태권도 과거체제를 꿈꾸며 현실에 없는 족보를 과시하며 수련기의 역사를 따지는 일부 몇 사람이 있는가 하면 비생산적이고 고질적인 생각을 앞세우는 지도자가 있으니 과연 국기태권도가 그 자랑스러움을 손상치 않고 계속 발전할 수 있을까 의문이다. …… 지금 이 순간에도 일부 몰지각한 인사들은 자기의 경력을 앞세워 눈앞에 이익만을 생각하고 참된 태권도인의 인품을 깨뜨리는 그릇된 꿈을 꾸고 있는가 하면 이권을 목적으로 지난날의 대수롭지도 않은 업적을 자화자찬해 가면서 사탕발림의 얄팍한 수법으로 땅 짚고 헤엄치던 과거의 허황된 생각을 하루속히 일깨워 주기를 바라는 간절한 마음이다. …… 지도자들이여! 오직 태권도 족보가 있다면 조상의 얼이 담긴 한민족 우리들의 족보요. 색깔이 있다면 순수한 한민정신을 상징하는 우리들이 입고 뛰는 하얀 도복을 맑은 눈으로 상기하여 …… 80년대 올림픽 대회 금메달을 향하는 지름길의 원동력이 되어 보자고 간곡히 바라는 마음이다.433)

이 글은 오광웅 당시 경북 태권도협회 경기위원장이 ‘태권도의 빛과 그림자 ― 태권도의 족보는 누구의 것인가 ―」라는 제목으로 『태권도지』에 게재한 글로 직접적으로 구체적 인물을 지목하지 않았지만, ‘태권도의 족보’라는 글을 통해 통합에 반발하는 각 계파 관장들을 지목하고 있음은 분명해 보인다. 그만큼 당시 관장들의 반발이 상당히 심했음을 말해 주는 것으로 보인다.

하지만 대한태권도협회에서 공인하는 단증이 갖는 사회적인 인식

---

433) 『태권도』 30, 대한태권도협회, 1979, 53~54쪽.

과 새로운 품세의 제정과 폭넓은 확산 그리고 경기화로 인한 시합 중심의 수련 등으로 이미 개별 관의 영향력은 상실되었으므로, 통합의 대세를 거스를 수는 없었다.

－관통합에 대해 행정력의 협회 단일화를 통한 태권도 경기, 심사의 발전적 체계성의 확립이라는 긍정적 의미와 경기적 측면만의 강조로 인해 승단 심사 시 실시되던 품세가 승단을 위한 '동작의 순서 암기'라는 무의미한 존재로 약화되는 등의 부작용이 있음[434]을 지적하기도 한다.

물론 현재도 각 관들은 친목회 형식으로 사무실을 운영하거나, '○○회' 등으로 명맥을 유지하고 있는데, 이에 대해 관통합이 이루어지기는 했지만, 공식석상에서만 ○○관을 표현하지 못할 뿐 실질적으로는 주로 서울에 각 중앙 본관이 존재하고 있어 심사 때나 각종 강습회 등의 신청 시에는 각 지관으로부터 중앙본관이 접수하여 협회로 보내는 일부 관도 많이 있다고 하면서 이에 대해 형식적인 관통합으로 그칠 가능성을 배제할 수 없다고 하기도 한다.[435] 하지만 현존하고 있는 관은 독자적인 수련체계와 행정력을 보유하고 있지 않고 있고, 친목단체 정도의 성격을 지니고 있기 때문에 현재의 체제에 큰 문제를 일으키기는 어려울 것으로 보인다.

현재에 와서는 관의 존재보다도 대학 동문 중심의 도장이 갖는 폐쇄성이 좀 더 문제가 되고 있는 실정이다. 이 점은 현 대한태권도

---

434) 류호평, 『한국태권도 심사제도 변천의 역사적 고찰』, 원광대박사학위 논문, 2001, 75쪽.
435) 류호평, 『한국태권도 심사제도 변천의 역사적 고찰』, 원광대박사학위 논문, 2001, 75쪽.

협회와 국기원을 중심으로 한 제도권에서 도장운영 및 기술과 수련
체계에 대한 불만족 등에서 비롯된 것으로 이 점에 대해서는 제도권
내의 자각이 절실해 보인다.

형성과정으로 본
태권도의 정체성 문제

태권도와 가라테의 관계

　현재 태권도의 역사에 대해서는 크게 두 가지 논쟁이 있다. 하나는 삼국시대 화랑이 하던 전통무예가 이어져 내려와서 현재의 태권도가 형성되었다는 것이고, 다른 하나는 일제강점기에 일본 유학 중에 가라테를 수련하던 이들이 해방 이후 국내에 보급하였다는 것이 바로 그것이다. 이 두 가지 관점은 그 자체가 논쟁을 할 수밖에 없는 것임을 알 수 있고 실제로 크게 대립하고 있는 실정이다. 특히, 인터넷을 중심으로 한 젊은 세대들에게서는 후자의 측면에서 태권도가 가라테로부터 파생되었다는 논의를 받아들이며, 기존의 태권도 역사에 대한 비판적인 서술이 점점 증가하고 있는 실정이다. 반면, 현재 태권도의 행정을 책임지고 있는 태권도 관계자들과 기관에서는 이러한 입장에 대해, 침묵하고 있는 실정이다.

　앞서 모체관의 역사에서 살펴봤듯이 현재의 태권도가 형성된 데에는 일제강점기 일본에 유학을 한 이들이 '오키나와(琉球)의 가라테(唐手)'를 수련했고, 해방 이후 국내에 그것을 보급했으므로 그렇다는 것이다. 또한 당시에 카라테의 한자식 표기인 '공수' 혹은 '당수'라는 용어를 그대로 사용하였으므로 이 점은 부인할 수 없다. 이 점은 초기 태권도교본이라고 할 수 있는 황기의 『화수도교본(花手道敎本)』(1949)과 『당수도교본(唐手道敎本)』(1958)·최석남의 『권법교본(拳法敎本)』

(1955)·박철희의 『파사권법(破邪拳法)』(1958)·최홍희의 『태권도교본(跆拳道教本)』(1959)과 『태권도지침』(1966)·이원국의 『태권도교범(跆拳道教範)』(1966) 등에 평안(平安)·철기(鐵騎) 등의 가라테형들이 기재되어 있는 것을 통해서 알 수 있는 것이다.

또한 이 점은 태권도협회의 전신이라고 할 수 있는 1962년 대한태수도협회의 심사 지정형의 내용을 통해서도 확인된다. 태수도협회의 심사에 가라테형들이 많이 포함되어 있음을 볼 수 있고, 이는 가라테의 영향이 있었음은 충분히 인정되는 것이다. 따라서 태권도 형성에 카라테의 영향이 없음을 말하는 것은 결코 올바른 태도는 아닌 것으로 보인다.

이 때문에 인터넷을 중심으로 일각에서는 태권도를 가라테의 한 파 혹은 가라테의 변형, 심하게는 짝퉁 가라테라는 이야기들이 심심찮게 제기되곤 한다. 물론 이는 그동안 비판이 일절 허용되지 않았던 '태권도는 화랑으로부터 내려오던 무술'이라는 '태권도 전통무예 계승론'에 대한 반발에서 비롯된 것이다. 이 점은 역으로 태권도에 애정이 있었던 이들이 그만큼 이에 대한 실망을 했다는 이야기도 된다. 그렇다면, 태권도의 '가라테파생론', 심지어는 '가라테짝퉁론'까지 이야기될 정도로 태권도는 가라테의 영향만을 받았을까?

하지만 앞선 연구와 심사 내용을 통해 태권도 형성에 가라테 기법의 영향만이 전적으로 있었던 것은 아니었음을 볼 수 있다. 대한태수도협회 심사 지정형을 보면, 가라테형이 아닌 것이 포함되어 있기 때문이다. 화랑형·충무형·계백형·삼일형 등 오도관 형들이 보이기도 한다. 물론 이 형들은 가라테의 영향을 받은 것임은 분명하다. 반면 단권형(短拳型)·장권형(長拳型)·팔기권형(八騎拳型) 등은 중앙기독

보론(補論)

교청년회(YMCA)권법부의 2인 대련형으로 5개 모체관이 창설되기 이전부터 윤병인이 습득하고 있던 무예의 하나로 가라테와는 아무런 관련을 맺고 있지 않는 형들이다. 앞서 언급하였듯이, 윤병인 또한 가라테 기법을 알고 있었으며, 실제로 제자들에게 지도하기도 하였다.

그러나 윤병인의 기술의 근본은 만주에서 익힌 무예였다. 윤병인이 관 창설 후부터 6·25 전까지 제자들에게 가르친 권법의 형은 단권(短拳: 攻擊型·防禦型)·장권(長拳: 攻擊型·防禦型)·토조산(攻擊型·防禦型)·태조권(太祖拳)·팔기권(八騎拳: 攻擊型·防禦型) 형 등이다.

윤병인이 전한 형 가운데 팔기권은 그 기법상 중국 장춘(長春)에서 전수되고 있는 팔극권(八極拳)의 형 중에 '팔극대타(八極對打·八極對接)'와 유사한 면이 보인다. 이 때문에 윤병인이 팔극권을 배운 것이 아닌가 보기도 한다. 윤병인이 만주에서 무예를 배우던 시기는 1930년대 정도인데, 이때는 신창(神槍) 이서문(李書文)의 개문 제자인 곽전각(霍殿閣)이 만주국(滿洲國)의 황제(皇帝) 푸이[溥儀]에게 팔극권을 전수하는 등 장춘 지역에서 큰 세력을 형성하고 있었다. 이러한 배경으로 인해, 윤병인의 무예를 팔극권(八極拳)으로 보기도 한다.436) 하지만 그의 무예가 팔극권으로 한정할 수 있는가 하는 점에서는 조심스러울 필요가 있다. 확인가능한 일부로 전체를 재단하는 우를 범할 수도 있기 때문이다.437)

---

436) 『문화일보』 2003년 7월 5일자. 이에 대해서는 이창후도 언급하고 있다 (이창후, 『태권도 현대사와 새로운 논쟁들』, 상아기획, 2003, 39~40쪽).
437) 중앙기독교청년회(YMCA)권법부의 무예를 잇고 있는 지승원도 팔기권의 시작 부분이 팔극대타와 비슷한 부분이 있음을 언급하면서도, 이후의 움직임은 팔극대타와 별도의 움직임으로 이루어져 있음을 인식하고 있었다(2007년 6월 30일 지승원과의 인터뷰).

표 1. 대한태수도협회 제1회 심사 지정형

초단 지정형	평안(平安) 오단형(五段型)·철기(鐵騎) 초단형(初段型)·내보진(內報進) 초단형(初段型)·자원형(慈院型)·화랑형(花郞型)
2단 지정형	발한형(拔翰型) 대(大)·철기(鐵騎) 이단형(二段型)·내보진(內報進) 이단형(二段型)·기마(騎馬) 이단형(二段型)·충무형(忠武型)
3단 지정형	십수형(十手型)·발세형(拔歲型)·연비형(燕飛型)·단권형(短拳型)·노패형(鷺牌型)·계백형(階伯型)·을지형(乙支型)
4단 지정형	철기(鐵騎) 삼단형(三段型)·내보진(內報進) 삼단형(三段型)·기마(騎馬) 삼단형(三段型)·자은형(慈恩型)·진수형(鎭手型)·암학형(岩鶴型)·진동형(鎭東型)·삼일형(三一型)·장권형(長拳型)
5단 지정형	공상군형(公相君型)·관공형(觀空型)·오십사보형(五十四步型)·심삼형(十三型)·반월형(半月型)·팔기권형(八騎拳型)

* 이 표는 강원식·이경명의 『태권도 現代史』(보경문화사, 1999, 45~46쪽)에서 인용
이 형들은 중앙기독교청년회권법부의 파생관인 창무관이나 강덕원 출신 사범들
을 통해 현재도 전수되고 있다. 이 중 장권이나 태조권 등 무술명은 현재 중국
에 전수가 되고 있는 무술의 명칭이기 때문에 좀 더 살펴볼 필요는 있어 보이
고, 단정을 내리기는 어렵다.

장춘(長春) 지역에서 행해지는 팔극권의 형에는 금강팔식(金剛八式)
·팔극소가(八極小架)·팔극장권(八極長拳)·팔극대타(八極對打)·벽
괘장(劈掛掌)·팔극연가(八極軟架)·육합대창(六合大槍)·벽괘단도
(劈掛單刀)·벽괘쌍도(劈掛雙刀)·팔극검(八極劍)·행자곤(行者棍)·
육대개(六大開)(혹은 육타개(六打開))·팔극응수권(八極應手拳)·팔대
초식(八大招式)·육주두(六肘頭) 등이 존재한다고 한다.438) 기법상

---

438) 장세충(張世忠)은 1911년 중국 천진시 태생으로 15세 때부터 무술을
배우기 시작하였고 20세 때부터는 천진의 하북성 국술관에서 관장 허
란주(許蘭洲)의 장남인 허가복(許家福)으로부터 이서문(李書文) 직계의
팔극권을 배웠다(張世忠, 『內功 八極拳』, 서림문화사, 1997)고 한다.

일부 비슷한 팔기권 외에 명칭상으로 유사성을 엿볼 수 있는 것은 장권이 있으나 기법상으로는 거리가 있는 듯하다. 이 외에는 명칭상으로도 동일한 것을 찾아보기가 힘들다. 이는 윤병인이 당시 만주에서 행해지던 다양한 무예를 익혔지 않았나 하는 생각을 갖게 한다. 당시 심양에는 일본군과 중국군이 전쟁을 벌이는 등 혼란 상황이어서 누가 가르친 것도 아닌데 작대기 쓰는 법이나 맨손 격투법을 터득하고 있었다[439]고 한다. 이는 당시 만주에서 생활하던 윤병인의 무예가 한 문파의 것만 수련했을 가능성보다는 만주 지역의 다양한 무예를 습득했을 가능성에 좀 더 비중이 실리게 한다. 이에 대해서는 차후에 좀 더 연구가 필요해 보인다.

또한 무덕관을 세운 황기도 1930년대 후반에 만주에서 무술을 배웠다. 황기는 남만주 철도국에 재직하던 때에 중국 무예인 양국진(楊鞠振)을 만나 국술(國術)을 배웠는데, 이때 배운 무술은 약간의 논란이 있을 수 있지만, '소림장권'·'담퇴'·'태극권' 등이 아니었나 여겨진다. '소림장권'의 경우에는 1949년 발간한 『화수도교본』에 형의 순서가 사진 일부와 함께 기재되어 있는데, 이 형은 중화민국, 즉 타이완에서 국술로서 이용하고 있는 형[440]이라고 해서 추후 연구에 도움을 준다.

여하튼, 해방 즈음의 시기에 나중에 태권도로 통합되는 '관(館)'을 세운 이들의 무예는 오키나와로부터 유래된 가라테 외에 만주 지역의 무예 또한 포함되어 있음을 알 수 있다. 따라서 태권도 형성에 가라테만이 영향을 준 것으로 주장하는 것은 적절한 견해가 아님을

---

439) 이호성, 『한국무술 미대륙 정복하다』, 스포츠조선, 1995, 152~153쪽.
440) 황기, 『화수도교본』, 조선문화교육출판사, 1949, 144~154쪽.

알 수 있다.

아울러 모든 문화의 전파가 그렇듯이, 오키나와 가라테 수련에도 변화가 이루어졌던 것으로 보인다. 특히 중앙기독교청년회(YMCA)권법부의 경우에는 가라테에 비해 동작이 훨씬 부드러워졌으며, 힘을 짜는 방법도 달랐다고 한다. 특히 모든 가라테형들의 발차기는 앞차기로 바꿔서 수련이 이루어졌는데, 이는 창설자 윤병인의 독자적인 수련 스타일에서 비롯되었다고 한다.441) 청도관의 경우에도 옆차기 등에서 가라테의 형에서 보이는 옆차기와는 상당히 거리가 있는 기법으로 변화하였는데, 이는 일본식에서 탈피하여 한국인들의 체질에 맞게 변형되었음을 말해 주는 것으로 볼 수 있다.

태권도는 앞서 언급했듯이, 삼국시대부터 내려오던 전통적인 무예라는 점만을 강조하였던 탓에 가라테(空手)로부터 유래되었다는 견해가 제기되고, 그 점이 어느 정도 사실로 밝혀지면서 정체성에 대한 큰 혼란이 일어나게 되었다. 특히, 우리나라와 일본 간의 특수한 역사적 배경으로 인해 혼란이 더욱 가중되고 있는 것이 현재의 실정이다.

이런 가라테에 대한 복잡한 감정과 관련하여 우리나라에 가장 먼저 가라테를 보급한 청도관의 이원국의 말을 음미해 볼 필요가 있다. 이원국은 저서 『태권도교범』에서 그가 우리나라에 가라테를 보급한 이유에 대해,

---

441) 2007년 6월 30일 지승원과의 인터뷰. 가라테형의 옆차기가 모두 앞차기로 바뀌었음은 윤병인의 직제자인 박철희의 『파사권법(破邪拳法)』(一文社, 1956)에 수록되어 있는 가라테형의 연무 사진을 통해서도 확인할 수 있다.

보론(補論)

카라테를 배우던 당시 오끼나와의 실정과 비교하여 무기가 없는 우리 한국이야말로 적수공권의 이 무도가 극히 긴요함을 절실히 느끼고 깨달은 바 있어 보급하였다.442)

고 한다. 이는 이원국이 가라테를 일본 무술로 인식했다기보다는 일본에 강제 편입된 오키나와의 무술로 이해했으며, 같은 상황에 처해 있던 우리나라에 보급하려고 하여 힘을 키우고자 하였음을 말해 준다.

이와 관련해서 강덕원 창설자인 박철희는 다음과 같이 이야기하고 있어 참고가 된다.

우리나라에 권법이나 카라테를 보급한 이들은 열렬한 민족주의자였다는 것이다. 윤병인 선생이나 연무관의 전상섭 선생은 민족적인 자긍심에서 태극띠를 착용했으며, 유단자의 띠도 6·25사변 전에 연무관에서는 유단자의 띠가 지금의 검은띠와는 달리 띠의 위와 아래는 파란 줄이고 가운데에 흰줄이 들어가 있는 띠를 착용했었다. 또한 무덕관은 고구려의 복장을 도복으로 채택하는 등 젊은이들에게 민족의식을 고취시키고자 했었다. 더군다나 이들은 카라테를 일본 무술로 이해하지도 않았다. 카라테는 일본 무술이 아니라 식민지라는 점에서 우리와 비슷한 처지에 놓여 있던 오키나와의 무술로 이해한 것이다. 일설에는 일본카라테의 아버지로 불리는 '후나고시 기친(船越義珍)'이 카라테를 일본에 보급한 것은 오키나와가 일본에 점령을 당하고 점점 독립의 희망은 사라졌지만, 그가 카라테를 가르친 사람들에 의해 오키나와의 정신이 기억되고 카라테가 전승되는 한 언제까지고 남겨지게 하기 위한 것이었다. 즉 카라테를 배우는 사람들은 결국 이 무술

---

442) 李元國, 『跆拳道敎範』, 進修堂, 1969, 34쪽.

이 오키나와로부터 왔다는 걸 알게 되고, 이로 인해 오키나와라는 독립국가에 대한 인식이 백 년이고 천 년이고 이어진다고 생각했기 때문이라는 것이다. 아마 당시 우리나라에 '오키나와 카라테'를 보급한 이들도 같은 생각이었을 것이다.[443]

박철희의 언급이 모든 문제를 해결해 주는 것은 아니지만, 적어도 국내에 가라테를 보급한 이들이 가졌던 처음의 생각은 현재 벌어지고 있는 왜색논쟁과는 상당히 거리감이 있었음을 말해 준다.

가라테를 '일본의 무도'로 인식하는 현재의 입장에서 이를 일본에 유학하던 조선인들이 오키나와 인들에게 배우던 무예를 일본 무예로 간주하고, 이를 통해 태권도가 일본 무도를 모방했다고 하는 인식의 함정에 빠져 있는 것이 아닌가 하는 생각을 갖게 하기도 한다. 하지만 당시대인들의 인식은 현재와는 달랐던 것으로 보인다.

앞서 언급하였듯이 태권도는 형성에 있어, 가라테의 영향을 받았음은 부인할 수 없는 엄연한 사실이다. 하지만 이외에도 만주지역 권법의 영향이 있었으며, 발차기의 경우에는 우리 민족의 체질에 맞게 변형되어 수련됐음도 부인할 수 없어 보인다. 따라서 이에 대한 정확한 정보의 제공과 연구가 이루어진다면, 추후 태권도의 정체성에 대한 정확한 평가가 이루어질 수 있을 것으로 생각된다.

---

443) 박철희 구술·허인욱 정리, 『사운당의 태권도이야기』, 미간행소책자, 2005, 35~36쪽.

보론(補論)

🌐2. 태권도와 택견

　태권도의 전통무예계승론에서 가장 많은 예를 드는 것 중에 하나가 택견과의 연관성이다. 더군다나 태권도라는 명칭을 작명한 최홍희가 태권도의 명칭을 택견에서 가져왔기 때문에 택견과의 관계가 자연스레 거론될 수밖에 없었다. 이에 대해 태권도와 택견의 하등 상관이 없음을 지적하는 의견도 많이 제시되고 있는 실정이다.

　이 점을 살펴보기 위해서는 먼저 관 창설자 혹은 태권도 원로들 중 택견에 대해 언급을 한 이들의 입장을 알아보자. 먼저 청도관 창설자 이원국의 인터뷰 내용을 보자.

　도장을 열기 전 한 달쯤 전인 8월 어느 날 이 옹은 장충단 공원에서 김씨 성을 가진 노인이 땅바닥에 2m쯤 간격으로 작은 구멍 세 개를 삼각형으로 파놓고 이를 차례로 짚고 뛰면서 발차기 연습 중인 것을 목격했다.

　김 노인에게 물으니 그것이 '태껸'이라 했다. 이 옹은 그 뒤에도 몇 차례 그를 만나면서 우리 고유무술에 태껸이란 것이 있음을 알았으나 김 노인이 얼마 뒤 모습을 나타내지 않아 만남은 지속되지 못했다. 그는 "그것이 '태껸'과의 처음이자 마지막 만남이었다."고 말했다.[444]

---

444) 『月刊中央』 1994년 12월호, 中央日報社, 316쪽.

이원국은 도장을 열기 전인 1944년 8월에 장충단 공원에서 김씨 노인의 택견 수련 장면을 목격했음을 볼 수 있다. 김 노인은 구멍 세 개를 삼각형으로 파놓고 이를 차례로 짚고 뛰면서 발차기 연습 중이라고 하는 것을 통해 품밟기를 하면서 발차기를 수련했던 것으로 보인다. 그런데 이는 이원국 스스로 밝혔듯이 택견의 동작을 잠시 보기만 했을 뿐, 스스로는 몸에 익히지 않았던 것이다. 즉 이원국은 택견과 아무런 관련이 없음을 알 수 있다. 청도관 2대 관장을 지낸 손덕성도 택견을 배웠다고 하는데,[445] 그가 수련 시에 택견 기술을 지도하였는지는 알려지지 않았다.

택견과의 관계에 대해 가장 적극적으로 설명하는 이는 오도관을 창설하고 국제태권도연맹 총재를 지낸 최홍희이다. 그는 그의 자서전에서

> (한일동) 선생은 또한 주로 발만 쓰는 택견 무술에 조예가 깊으신 분으로 아버님 못지않게 나의 약질을 염려해 틈이 날 때마다 무용담을 들려주며 담력을 키워 주고, 원시적이긴 했지만 택견의 초보적인 기술도 몸소 가르쳐 주었다.[446]

라고 하면서 택견 기술을 습득하고 있었던 것처럼 기록하고 있으며, 이 점은 이에 앞서 발간된 『태권도교본』에서도 동일하게 나타나고 있다.

> 나는 선천적으로 약체로 태어났기 때문에 택한 무술은 6세기 때 신

---

445) 강기석, 『태권도 半世紀』, 서울올림픽기념국민체육진흥공단, 2001, 60쪽.
446) 최홍희, 『태권도와 나』 1, 사람다움, 1997, 36쪽.

라에서 기원한 택견과 1922년 5월 일본에 소개된 당수였다. …… 그
후 근 10년간 발만 쓰던 택견과 주로 손의 기술에만 의존하던 가라데
를 종합 연구하여 오늘과 같이 체중에 구애됨이 없이 남녀노소 누구
나 다 할 수 있는 현대적이며 과학적인 무도로 발전시킨 다음 …… 이
름을 태권도로 단일화하게 되었다.[447]

최홍희는 그가 어려서부터 익힌 택견이 태권도 발기술 형성에 지
대한 영향을 미친 것처럼 서술하고 있는 것이다. 물론 이 언급이 사
실인지의 여부는 불분명하다. 최홍희 자신이 택견의 발기술을 배운
적이 없다고도 증언한 적이 있기 때문이다.[448] 따라서 이에 대해서
는 좀 더 자료의 발굴이 필요해 보인다.

택견과 관련해서 언급을 하고 있는 이로는 황기가 있다. 그는 그
의 저서 『당수도교본』에서,

저자는 해방 전부터 우리나라 독특한 무술인 '태껸법'에 대하여 많
은 관심을 가지고 있었으나 …… 모든 점이 부족함에도 불구하고 이에
투신한 이유는, 첫째로, 우리나라 '태껸법'과 중국의 '십팔기법'(국술)
오끼나와(충승)의 '가라테' 등에 대한 다소나마 지식과 기술법을 알고
있었다는 점.

이라고 언급을 하여 택견 기술에 대해 지식을 가지고 있었음을 말하
고 있는 것이다. 또한 그는 『수박도대감』에서 사도(斯道)로 지칭되는
무술계가 발차기에 있어서 택견의 영향을 받았음을 서술하고 있다.

---

447) 崔泓熙, 『태권도 교서』, 1972, 서문.
448) 한병철, 『고수를 찾아서』, 영언문화사, 2003, 192~193쪽.

이조 말엽에는 순족기(純足技)만으로 되어 있는 '태껸'이라는 것이
실존하여 현재 생존한 고령자 중에는 실제로 습득한 사람도 있고, 실
기를 본 사람도 적지 않다. 그러나 이 '태껸'은 의의 있는 도(道)나
무예로 취급받은 일이 없고 받을 수도 없는 것이다 ……. 현재 우리들
의 사도의 기술 면에 있어서 특히, 족기(足技)에 있어서 다대한 교훈
을 받았고 또 모체가 된 것은 틀림없는 사실이다.449)

무덕관에서 발기법이 수련되었음은 해방 직후인 1945년 11월 무
덕관에 입문한 김인석이 '당시 관장이었던 황기는 족기(足技)를 많
이 가르쳤다.'450)는 증언을 통해서도 무덕관에서 발기술을 중심으로
수련하였음을 알려준다.

『화수도교본』을 보면, 6·25 이전에 다양한 발기술이 수련되고 있
었음을 알 수 있다. 발기술과 관련된 명칭을 보면, '뛰어 두발 앞차
기'를 '두발쌍당'이라고 표기하고 있는데, 이는 택견에서 쓰는 '두발
낭상' 혹은 '두발당상'이라는 표기를 가져왔던 것으로 보인다. 또한
『당수도교본』에는 '빗차기법'이 기록되어 있는데, 이는 택견의 '째차
기'와 동일한 기법으로 보여, 택견과의 관련성을 살펴볼 수 있다. 물
론 이 점만으로 '택견'의 기법이 사용되었다고 단언하기는 어렵다.

하지만 적어도 무덕관에서는 '앞으로 발올여나가기'·'옆으로발올
여나가기'·'뒤로발들여나가기'·'옆뼈더나가기'·'옆차나가기'·'발
로막아나가기' 등의 우리말로 풀이가 되어 있는 발기술들이 존재하
고 있다는 데서 우리의 전통적인 발차기 기법이 사용되었을 가능성

---

449) 황기, 『수박도 교본』, 계량문화사, 1970, 40쪽.
450) 강기석, 『태권도 半世紀 인물과 역사』, 서울올림픽기념국민체육진흥공
단, 2001, 28~29쪽.

보론(補論)

을 높게 한다. 『화수도교본』에는 발기법과 관련해서 우리말 풀이 명
칭이 기록된 반면, 손기술 명칭과 관련해서는 한자어를 대부분 그대
로 사용하고 있어 대조를 이루고 있기 때문이다. 이는 아마도 한글
풀이 명칭의 사용은 가라테 혹은 만주에서 배운 무예와는 별개의 수
련법이었던 탓에, 한자가 존재하지 않았고, 이로 인해 우리말로 표기
한 것이 아닌가 생각된다.

중앙기독교청년회(YMCA)권법부 출신이자, 강덕원을 창설한 박철
희도 그의 저서 『파사권법』에서

> 일제 36년간에는 다만 '택견'이라는 이름으로 국내 수개 처에서만
> 수련하다가 해외로 유학했던 청년들이 귀국함에 따라 일본의 공수권
> 법과 중국의 국술권법을 도입하여 '택견'과 아울러 정신수양과 청년들
> 의 체력향상의 방법으로 서울 수개 처에서 개설 교수한 것이 오늘에
> 이른 것이다.[451)

라고 하면서, 태권도와 택견이 관련이 있음을 언급하고 있다. 물론
택견의 기술이 흡수되었는지에 대해서는 좀 더 연구가 필요할 듯하
다. 하지만 짧은 시간 동안 많은 발기술이 태권도에 가미된 데에는
우리나라에서 전래되어 오던 전통적인 발기술의 영향이 있었음은 충
분히 생각해 볼 여지는 있어 보인다.

김용옥은 『태권도 철학의 구성원리』에서 60년대 초반에 자신이
수련하던 청도관에서 이미 발차기 중심의 수련이 이루어지고 있음을
언급하였는데, 특히 그는 횡으로 양발 벌린 상태에서 그냥 발을 휙

---

451) 朴哲熙, 『破邪拳法』, 一文社, 1958, 16쪽.

돌려 발바닥으로 상대방의 따귀를 때리는 '안다리차기'와 발을 S 자
(字)로 안으로 돌려 발등으로 반대편 턱주걱을 걸어 올려 차 버리는
연습을 많이 했다452)고 한다. 그는 '안다리차기'를 택견의 '발따귀'와
동일한 것으로 인식하였다.453) 또한 발을 S 자로 안으로 돌려 발등
으로 반대편 턱주걱을 차는 기법은 현재 택견의 '째차기'와 유사한
동작으로 보인다. 가라테에서는 보기 힘든 발차기가 청도관에서 행
해졌음은, 이원국의 『태권도교범』에 보이는 '틀어차기'를 통해서 알
수 있다. 이는 국내에 가라테 기법을 보급한 대표적인 관인 청도관
에서조차 발차기 기법에서만큼은 가라테 기술에서 상당한 변화가 이
루어졌음을 알려준다. 물론 이러한 모습이 택견의 영향인지 혹은 발
을 사용하는 다른 전통무예의 흔적인지에 대해서는 명확히 결론을
내릴 수는 없다.454)

　하지만 적어도 태권도에 우리나라 전통무예의 발질이 유입되었음은
충분히 고려해 볼 수 있다. 따라서 이런 점을 고려하지 않고, 태권도
에 우리나라 무예의 영향은 존재하지 않았다고 하면서 전통무예와의

---

452) 김용옥, 『태권도 철학의 구성원리』, 통나무, 1990, 84 · 90쪽.
453) 김용옥, 『태권도 철학의 구성원리』, 통나무, 1990, 90쪽.
454) 이 점 때문에 양진방은 최홍희나 황기가 택견의 영향을 언급하긴 했
　　지만, 태권도 기술체계 속에는 택견의 기술이나 기술용어들(품밟기나
　　활개짓)이 보이지 않으며, 구체적으로 택견의 기술을 수용했던 과정이
　　나 방법에 대한 설명도 나타나지 않고 있어 택견과의 관계는 살펴보
　　기 어렵다고 보고 있다. 그는 오히려 일본의 공수와 당수의 지도서들
　　과 큰 차이가 없음을 들어 기술체계에 일본의 당수를 수용하였음을
　　언급하였다(楊鎭芳, 『解放 以後 跆拳道의 發展過程과 그 歷史的意義
　　—競技 跆拳을 中心으로』, 서울대학교 석사학위논문, 1986). 그러나
　　이 견해는 오키나와나 일본의 카라테에 없는 다양한 발차기가 태권도
　　기술에 포함되었는지에 대해서는 언급을 하지 않아, 아쉬움을 남긴다.

보론(補論)

관련을 배제하는 논의 또한 문제점을 안고 있음을 알 수 있다.[455]

현재 태권도의 유단자 품세인 '고려'에는 택견으로부터 영향을 받은 '오른(또는 왼) 아귀손 칼재비'가 있다. '칼재비'는 아귀손으로 상대의 목을 쳐서 조아리는 방법도 있지만 낙턱이라 하여 아귀손으로 칠 때 손목작용을 하여 턱을 위에서 밑으로 내려치는 방법이다. 쳐서 아래턱이 빠지도록 하는 방법도 있다고 되어 있는데,[456] 이는 택견의 '칼잽이'와 용법이 동일하다.[457] 택견의 손동작인 칼잽이가 태권도 품세에 삽입되어 있다는 점에서 분명 현재의 태권도는 택견 혹은 전통무예의 기법의 영향이 작은 부분이나마 존재하고 있음은 분명하다. 즉 적어도 현재 태권도 형성에 있어 오키나와 카라테와 만주에서 행해지던 무예 외에 한국의 전통적인 무예의 영향 또한 일부나마 존재하고 있음은 인정해야만 할 듯하다.

---

455) 이에 대해 최영렬·전정우는 태권도의 특유한 기법인 받아차기나 나래차기가 태권도 경기에서 발전한 것이 아니라 60년대부터 전승되던 것임을 자신의 경험을 통해 서술하면서 선대의 기술이 이어진 것임을(최영렬·전정우, 「태권도사관 정립 방향에 관한 고찰」, 『체육과학논총』 10, 1997, 9~10쪽), 이창후도 스텝이나 돌개차기가 이미 50년대에 존재했다는 이준구나 이규석의 증언을 예로 들면서 우리 고유의 몸짓과 연결됨을 언급하였다(이창후, 『태권도 현대사와 새로운 논쟁들』, 상아기획, 2003, 27~28쪽).

456) 국기원 공식 홈페이지(http://www.kukkiwon.or.kr) 중 태권도기술-품세 설명.

457) 坂上隆祥의 『공수도백과』에 기록된 39종의 型에 나타나는 손동작에는 이 칼재비 기법은 나타나지 않는다(坂上隆祥 著(姜泰鼎 譯), 『공수도백과』, 서림문화사, 2002).

태권도는 앞서 살펴봤듯이, 카라테와 한국전통무예, 만주의 권법이 영향을 주어 현재에 이르게 되었다. 그런데 기존에는 삼국시대부터 내려오던 전통적인 무예임을 강조하였던 탓에 가라테(空手)로부터 유래되었다는 견해가 제기되면서 그 전통성과 정체성에 큰 상처를 받게 되었다. 이로 인해 현재 태권도의 해방 즈음 역사를 알게 된 이들은 전혀 별개의 무술로 이해하던 가라테에 대한 복잡한 감정이 생겨났다. 그리고 이는 우리나라와 일본 간의 특수한 역사적 배경으로 인해 혼란이 더욱 가중되고 있는 것이 현재의 실정이다.

하지만 앞서 언급을 했듯이 태권도는 카라테만의 영향을 받은 게 아니라 해방 이후 다양한 무예(카라테와 만주 지역의 무예 그리고 우리나라의 발을 주로 사용하는 전통무예)가 서로 영향을 주면서 발전하여, 이제는 카라테와는 다른 특징을 지닌 무예로 발전해 가고 있다. 따라서 이러한 사정을 충분히 고려한다면 현재의 태권도는 카라테와는 별도의 무예라는 데에 혼란을 갖지 않아도 되리라 여겨진다. 추후 전통적인 동작을 연구하고, 이를 좀 더 보완하면 우리 무예로서 더욱 발전할 수 있을 것으로 생각된다.

보론(補論)

四雲堂의 태권도 이야기

- 태권도, 나의길 -

구슬: 박철희

정리: 허인욱

  * 이 글은 중앙기독교청년회(YMCA)권법부 출신이자 강덕원을 창설한 사운당 박철희 선생의 구술을 2005년 정리한 내용으로, 기억에 의한 것이라 현재 알려진 내용들과 상충된 부분들이 존재할 수 있다. 연도 등에 있어서 약간의 착오가 있긴 하다. 하지만 박철희 선생이 구체적인 사실들을 명확히 기억하고 있어, 자료의 제공이라는 점에서 구술을 고치지 않고 가능한 한 그대로 수록하였다. 다만, 뚜렷하게 연도 등에 있어 착오가 있는 부분에 대해서는 필자의 각주를 달아 보완하였다. 아울러 현대 맞춤법이나 문장에 오류가 있는 것은 내용의 전개에 오해가 없는 한도 내에서 약간의 수정을 가하였다.

  1장은 개인적인 무예수련에 대한 구술을, 2장은 현재 태권도에 대해 느끼는 개인의 감정을 서술하였으며, 수련과 관련된 부분은 『파사권법』에 있던 내용 중 필요한 부분을 발췌하여, '권법'을 '태권도'로 바꾸어 서술하였다.

태권도(跆拳道)에 대해서 많은 말들이 오가고 있다. 일본무술인 가라테에서부터 비롯되었다고 말을 하거나, 우리전통 무예인 택견과 수박에서 왔다는 등의 말들이 존재하고 있다.

현재 태권도의 뿌리가 되는 초대 선생들 가운데 대부분이 '오키나와(沖繩) 카라테(唐手)'를 연마했기 때문에 태권도의 뿌리는 카라테인 양 말해지는 것이 현실이다. 그 말은 곧 대한민국의 국기인 태권도가 결국은 일본무술에서 비롯되었다는 뜻이 되는데 태권도를 수련하는 사람들이 그와 같은 이야기를 들었을 때 느끼게 되는 허탈감은 이루 말할 수 없을 것이다. 거기에 대한 반응은 크게 두 가지로 나누어 볼 수 있는데, 하나는 태권도를 무시하면서 아예 멀어지는 것이고, 다른 하나는 태권도를 전통무예로부터 비롯되었다고 하는 기존의 이야기들을 지나치게 강조하거나 아예 거론조차 하지 않는 것이다.

현재, 태권도는 내가 처음 수련할 때 본래 가지고 있던 무예로서의 기능을 상당 부분 잃어버린 채 어린이 위주의 스포츠로 변색되어 가고 있는 듯하다. 그러나 현재의 모습이 태권도의 전부가 아니라는 사실을 말해 주는 것이 지난 60여 년 가까이 태권도를 수련해 온

나의 임무라고 생각된다.

태권도의 초기 스승들 중에서는 '오키나와 카라테'뿐만 아니라 다른 무예를 접한 분들도 계셨는데, 그런 분 중의 한 분이 바로 나의 스승 윤병인 선생님이다. 다른 분들에 대해서는 내가 깊이 안다고 할 수 없기 때문에 쉽게 언급할 수는 없고, 우선 나를 가르쳐 주신 윤병인 선생님에 대한 이야기를 시작으로 하여 내가 수련한 조금은 '다른' 태권도에 대해서 말하고자 한다.

2005년 2월

사운당 박철희

 1장 태권도와 함께한 나의 무예 인생

스승 윤병인 선생

내가 처음 태권도(跆拳道)에 접한 것은 10대 초반의 어린 시절이었다. 당시 내게 태권도(당시에는 내가 배운 YMCA권법부에서는 권법(拳法)이라고 했다)를 가르쳐 주신 분은 윤병인(尹炳仁) 선생님이었다. 그분은 함경북도 북청에서 태어났다. 내가 너무 어려서 선생님에게 연세를 직접 여쭙지 못한 탓에 정확히 언제 태어나셨는지는 알 수 없지만, 여러 정황들을 종합하여 1914년이나 1915년생으로 보고 있다. 광복 후에 28세 혹은 29세 정도의 젊은 나이셨고 고향 후배인 국제태권도연맹을 이끌었던 최홍희(崔泓熙) 씨보다 3~4년 위였으므로 그렇게 추정하는 것이다.[458]

선생은 천상 무인이셨다. 내가 볼 때 그분은 한마디로 무예밖에 모르는 정통 무도인이셨다. 키는 보통 사람의 키였지만, 무예로 몸이 단

---

458) 이 부분은 박철희의 기억과 기록과는 차이가 있다. 최홍희는 1918년생이고, 윤병인은 1920년생이기 때문이다. 또한 윤병인은 태어난 곳이 만주 장춘이어서 최홍희가 고향후배라는 것도 맞지 않는다. 다만, 이들의 서열문제는 아마도 일본 유학 중에 이루어진 것으로 보이며, 당시 무예수련 과정에서 더 나은 실력을 가지고 있던 윤병인이 어른 대접을 받은 것이 아닌가 생각된다.

련되어 혈기가 넘쳐났다. 윤 선생님은 제자들에게 무예 수련을 할 때 어떤 명칭이나 동작에 대해 자세한 설명을 별로 하지 않으셨다. 글이나 말보다는 몸을 움직여 직접 수련하는 것을 선호하셨기 때문이다. 또 멋을 부릴 줄 몰라 신발도 미국 군화를 신고 다녔다. 가방은 갈색 가방, 일명 '채권장수 가방'을 가지고 다니셨던 것으로 기억된다.

선생은 10대 시절, 그러니까 1930년대에 만주(滿洲)에서 무예를 익혔다. 당시 만주에서는 무예를 배우기가 요즘처럼 그렇게 쉽지는 않았다. 처음엔 가르쳐 주지 않으려고 하자, 마당을 매일 쓸어 주는 등 성의를 보였으며, 교습비도 다른 사람의 2배를 내며 무예를 배웠다. 그러나 선생은 당시 어떻게 무예를 배웠는지 또 누구에게 무예를 배웠는지에 대해서는 제자들에게도 잘 말씀을 해 주지 않아 정확한 상황은 알 수가 없다. 다만 현재 윤 선생님이 전수한 형(型·품세)들을 보면 지금 중국의 동북 삼성(만주일대)에서 전해지고 있는 무술과는 별개의 무예를 다양하게 익혔을 것임을 추정해 볼 수 있다.

그 후 만주에서 일본에 건너간 선생은 니혼(日本)대학에 다니면서 공부를 했는데, 그때 우연히 '수도관(修道館) 카라테'의 개조로 불리는 '도야마 간켄(遠山寬賢)' 선생과 만나게 되었고, 윤 선생의 무예 실력을 인정해 서로의 무예를 바꿔 배웠다고 한다. 물론 이는 스승과 제자로서가 관계가 아니라 무인과 무인 사이에 이루어진 대등한 교류 차원이었다. 도야마 선생의 나이가 더 많음에도 불구하고 이런 교류가 이루어졌던 데에는 도야마 선생의 인격이 훌륭한 점도 작용을 했겠지만 윤 선생님의 탁월한 무술 실력이 있었기에 가능했던 것이다.

윤 선생님이 도야마 선생과 만나게 된 데에는 약간의 불미스러운 일이 있었던 듯하다. 제자들의 추측에는 일본인 학생들이 윤 선생에게 시비를 걸었다가 혼쭐났던 듯하다. 이 이야기를 들은 도야마 선생이 윤 선생을 찾아와 대면하게 되었고, 윤 선생의 무예 실력을 인정하고 교류를 하게 된 것인데, 도야마 선생은 그 자리에서 윤 선생에게 4단을 인정해 주었다고 한다. 그 후 윤 선생님은 일본대학 카라테부의 사범을 지내기도 하였다. 시중의 태권도 역사를 서술한 책들을 보면 일본인을 제치고 카라테부 주장을 맡았다고 하고 있는데, 이는 뭔가 잘못 알려진 것이다. 윤 선생은 주장이 아닌 학생들을 지도하는 사범이었기 때문이다. 부원들을 관리하는 주장과 지도하는 사범과는 분명 다른 것이었으므로 이에 바로잡고자 한다. 당시 카라테부 주장은 '긴조 히로시(金城 裕)'였다.

해방 후 선생은 경성농업학교에서 체육교사로 재직하면서 당신이 배운 무예를 학생들에게 가르쳤다. 이후 직장을 경동중학교로 옮기셨는데, 이 당시 세계태권도연맹 회장을 맡아 태권도를 세계화시키고 올림픽 종목으로 채택되게 만드는 데 혁혁한 공을 세운 김운용(金雲龍) 씨도 이 학교에서 권법을 배우기도 했다. 선생님은 경동중학교에서 건국대학교(당시 낙원동 소재) 학생과장으로, 다시 성균관대학교 학생부 처장으로 교직원 생활을 하기도 하셨다.

그러던 중 1946년 서울 종로에 있던 YMCA에 권법부(拳法部)를 설치하면서 본격적으로 무예를 가르치기 시작했다. 원래 윤 선생님은 조선연무관(朝鮮硏武館) 권법부에서 전상섭(田祥燮) 선생과 같이 사범으로 계셨다. 그러다가 내 친구인 백상기의 형님이신 백용기 씨가 주선해서 YMCA에 권법부를 두게 된 것이다.

YMCA권법부는 창무관(彰武館)이라고도 하는데, 윤병인 선생이 개인적으로 사용하던 데서 비롯된 것이다. 윤 선생님은 '빛날 창(彰)'

자에 '호반 무(武)' 자를 쓰는 창무관이 좋다고 하셨다. 당시 창무관이라는 명칭으로 단증을 발급하시기도 했다.

권법부 수련 시절

내가 YMCA에서 태권도, 당시에는 권법(YMCA에서 가르치는 무예를 윤 선생님은 권법이라고 불렀다)을 시작하게 된 것도 이 시기였다. 사내들이 보통 그러하듯이 나도 어릴 때부터 무술에 대한 막연한 호기심을 가지고 있었다. 어릴 때부터 두발당상으로 초가지붕에 얼린 고드름을 깨는 등 기본적인 발차기는 배우지 않고도 구사할 줄 알았다. 하지만 본격적인 무예 수련을 한 것은 아니었다.

어느 날 친구들이 '경농 18'기가 무술을 가르친다는 소식을 듣게 되었다. 친구들이 모집광고를 보고 온 것이었다. 그 당시 선생님의 별명은 '경농 18기'였는데, 선생이 경성농업학교에 재직하면서 권법을 가르쳤기 때문에 생긴 별명이었다.

물론 나는 그전에 우연히 선생을 뵌 적이 있었다. 물론 그때는 누구인지도 몰랐다. 경복중학교 1학년 때였던 걸로 기억나는데, 그해 연희전문학교(延禧專門學校)와 보성전문학교(普成專門學校)의 연·보전(지금의 고·연전)이 서울운동장(지금의 동대문운동장)에서 열렸는데, 축구시합을 보러 갔었다. 축구시합이 끝나고 장내 아나운서가 정구장에서 '18기 연무'가 있다고 안내방송을 한 것이다. 호기심이 발동한 나는 곧바로 안내방송에서 일러준 장소로 뛰어갔다.

막 역도 경기가 끝나고 연무가 시작되는 순간이었다. 체격이 좋은 어떤 사람이 태극띠(붉은색(위)·하얀색(가운데)·파란색(아래))를 두르고 품세 등을 선보였는데, 나중에 알고 보니 그분이 바로 윤병인 선생님이었다. 그때 장권과 팔기권 등을 선보였던 것으로 기억하고 있다.

그 후 동네 레슬링 선수를 하던 선배들로부터 '경농 18기'라는 이름을 자주 들을 수 있었는데, 그때 수련생 모집 광고가 난 것이다. 호기심 반 기대 반으로 등록을 했다. 나 외에 500여 명 정도가 등록을 했던 걸로 기억된다. 그러다 보니 체육관에 모든 관원들이 들어갈 수가 없었다. 그래서 반을 3개로 나누어서 지도해야 할 정도였다. 그때 수련하면서 기억에 남는 것이 있는데, 수련생들은 한 동작을 하고 난 다음에는 얼마간을 그대로 멈춰 있어야 했다. 선생께서 2층에 있던 강당과 농구장에서 1층에 있는 역도장까지 자리를 옮겨 가며 지도를 해야 했기에 한 바퀴 다 돌 때까지 기다려야만 했던 것이다. 그러다 보니 운동하는 시간보다 대기하는 시간이 많았던 기억이 난다. 수련은 방과 후 오후 4시 반부터 시작했는데, 선생님의 본업은 학교 교사였기 때문에 학교 수업이 끝난 후 청량리에서 종로까지 오려면 시간이 걸려 종종 지각을 하시곤 했다.

선생님은 원래 말이 없으셨다. 앞에서 설명 없이 동작을 하면 눈치껏 따라 해야 했다. 품세, 당시에는 형의 이름이나 동작에 대한 설명을 아예 안 하셨다. 그러다 보니 지금도 배워서 알고 있긴 하지만 동작들의 구체적 명칭을 모르는 경우가 대부분이다.

자유겨루기를 하게 되면 성인부와 학생부가 2열로 나눠 섰다가 한 명씩 돌아가면서 겨루었다. 윤 선생님하고도 겨루기를 했는데, 겨

부록(附錄)

루기를 할 때 선생은 결코 물러서는 법이 없으셨다. 그러다 보니 상대방은 자신도 모르게 권법부 한쪽 구석 모퉁이에 몰려 있는 경우가 많았다.

　나는 처음 권법을 시작할 때 14살 정도였으므로 어린애 측에 들었지만, 하루도 빠지지 않고 누구보다 수련에 열심히 참가했다. 덕분에 개관 이래 2년 반 동안 유일하게 개근했다고 표창을 받기도 했다. 이 부분은 아직도 자랑스럽게 생각하는 것이다. 이런 노력 때문인지 본의 아니게 윤 선생님으로부터 가장 많은 기법이나 형을 배우게 되었다.

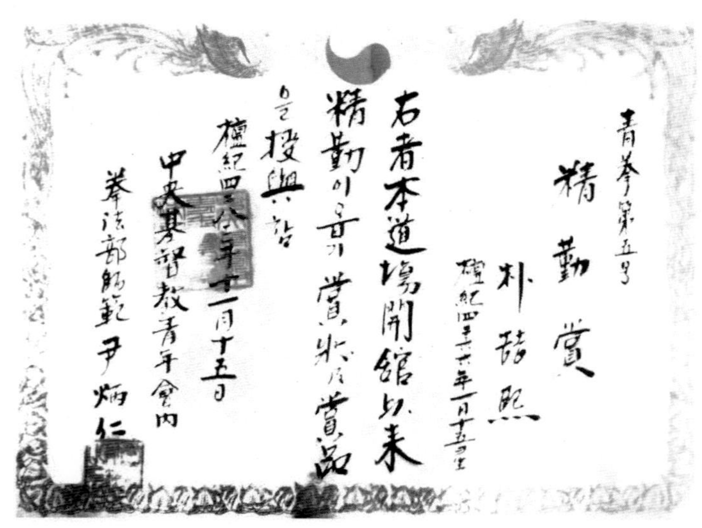

박철희가 받은 '정근상' (제공: 박철희)

박철희가 중앙기독교청년회권법부 개관 이래 한 번도 빠지지 않고 다니자, 스승인 윤병인이 준 정근상이다.

2달 후에 8급 심사를 봤다. 심사 내용은 기본형 1절부터 5절까지였는데, 8급에 합격한 사람은 180명밖에 안 되었다. 성인부에 있던 이동주·이남석·이창용·김주갑·김동주 씨 등은 학생부와 달리 4급 혹은 5급 심사를 봤던 것으로 기억된다. 당시 YMCA 권법부는 8급에서 5급까지는 하얀띠를, 4급부터 1급까지는 파란띠를 착용했다. 그때는 지금과 달리 승급이나 승단이 빨리 이뤄지지 않아 내가 4급 이상인 파란띠를 따는데, 1년 반이나 걸렸다. 1단 승단은 1949년(단기 4282) 11월 15일에 했다.

그 후 2단 승단 시험을 본 적이 있었다. 그때 성인부 어른들은 통과가 됐는데, 나는 승단에서 떨어졌다. 하지만 대련을 해도 상대가 안 될 정도로 학생부 수련생들이 훨씬 잘 했는데, 떨어지자 속이 상했다. 나보다 늦게 입관한 김순배 씨도 2단 승단을 했는데, 난 떨어진 것이다. 내가 속상해하는 모습을 보시더니, 윤 선생님도 안 됐었는지, "(실력은) 2단인데, 다음에 (승단)해."라고 말씀해 주셨다.

권법부 수련 과정

선생이 6·25전쟁에서 실종되셨기 때문에 윤 선생님의 무술 세계를 다 전해 받지 못했다. 당시 권법부는 유급자과정과 유단자 과정으로 나눌 수 있는데, 유급자 과정은 다시 8급에서 5급, 4급에서 1급까지로 나눌 수 있다. 4급부터는 파란띠를 매고, 유단자가 되면 검은띠를 하는데, 지금의 띠와는 달리 검은색 안에 하얀 줄이 들어 있는 띠를 착용했다.

처음 기본동작은 『파사권법(破邪拳法)』 책에도 들어 있는 기본 1절부터 5절까지의 동작이다. 방어동작과 공격동작을 연결시킨 것으로 공(工) 자형으로 움직임이 구성되어 있다. 이 동작들은 윤 선생님이 교육을 위해 창안하신 듯한데, 많은 사람들을 가르치기 위해서 간단한 기본 동작들을 중심으로 정리하신 것 같다.

3급 이상부터는 형을 배울 수 있었다. 당시 배웠던 형, 지금 태권도로 말하면 품세는 다음과 같다. 토조산(공격·방어형)·단권(공격·방어형)·장권(공격·방어형)·팔기권(공격·방어형)·태조권·태극권 등을 배웠다. 그리고 봉술과 도술의 무기술도 있었다. 그때 배웠던 형들은 지금도 수련하고 있다. 당시 배운 순서는 장권, 단권, 팔기권과 태극권(이 두 형은 거의 동시에 배웠다), 토조산, 태조권이다.

□ **장권**－도약을 잘하고 날쌘 사람들에게 맞는 형이다. 발차기가 많이 들어 있으며, 차 오는 발을 손으로 막는 기술들이 많이 포함되어 있다. 개인적으로 가장 많이 연습을 한 형의 하나이다.

□ **팔기권**－육중한 체구를 가진 사람이 밀고 당기는 것을 위주로 구성되어 있는데, 윤 선생님이 주로 하신 형 중의 하나이다.

□ **단권**－제자리에서 중심을 잡는 것을 위주로 한다.

□ **토조산**－손을 위주로 한 형이다. 발차기 사용 빈도가 매우 작다.

□ **태조권**－윤병인 선생님께서 나와 서울대 공과대학에 다니던 조귀

술 씨에게만 전수해 준 형이다. 이 형에는 앞으며 뒤돌려차기와 안에서 밖으로 후려차내는 발차기들이 포함되어 있다.

□ **태극권**－이건 필자가 배운 형은 아니다. 이창용 씨와 김주갑 씨에게 윤 선생님이 가르쳤는데, 옆에 있던 나는 앞부분밖에 생각나지 않는다. 다만 기존의 형들과는 달리 힘을 순간적으로 뽑아내는 단순 동작으로 이루어졌던 것으로 기억한다. 당연히 현재 유행하는 중국의 태극권과는 전혀 관계가 없는 형이다.

이런 형 외에 '삼보대타(三步對打)' 등도 많이 수련했다. 하지만 권법부의 핵심은 두 사람이 직접 몸을 부딪치며 연습하는 방법들이었다. 그때 수련했던 내용을 정리해 보면 다음과 같다(당시 배울 때는 명칭이 없는 것들이 있었다. 여기에 나오는 명칭은 그 당시 사용하던 것과 내 식으로 정리한 것이 혼재해 있다).

□ **제자리익히기**
1. 손날로 맞부딪치기
2. 팔뚝 부딪치기
3. 손바탕으로 아랫배 밀기
4. 손끝으로 어깨 밀기

□ **손목대련**
1. 팔뚝 부딪치기(아래 바깥·아래 안쪽·위 바깥) 한 다음에 정권 지르기
2. 손 3번 부딪치고 안으로 잡고 발로 걸기
4. 팔뚝 2번 부딪치고 곧은 발질

5. 앉았다가 서서 아래 위 안으로 걸어 넘기기

□ **진퇴(進退)대련**

1. 밖으로 해주면 안으로 막기(진퇴)
2. 뒷발 구르면 상대방이 발을 굴러주면 진퇴방향 바꿈
3. 하나 찔러 막고 번갈아 막으면서
4. 찌르고 막고 돌려 막고
5. 손 등짐 쥐고 발바닥으로 차기 — 상대방의 발차기가 나오는 발
   의 무릎 아래를 발바닥으로 막으면서 공격하는 훈련이다.
6. 이마치기 — 손가락을 모아서 상대의 이마를 치는 것인데, 김기
   황 선생으로부터 배운 기억이 있다.
7. 막고 차기

이 외에도 이 기본들을 변형한 연습방법들이 있다.

6·25 직전의 연무대회

YMCA권법부는 6·25전쟁이 발발하기 직전인 1950년 6월 24일
토요일 '연무대회'를 개최했다. 이날 YMCA권법부는 그동안 배웠던
형 등을 시범 보였는데, 나는 '도(刀)'를 가지고 박희태는 '봉(棒)'을
가지고 서로 약속겨루기를 하기도 했다. 나는 도술을 몇 개월 동안
혼자 윤 선생님으로부터 배웠는데, 선생이 사용하시던 청룡도 모양
의 칼(그 모양은 칼 등에 가지가 있는데, 『무예도보통지』에 나와 있
는 언월도(偃月刀)를 연상하면 좋을 듯하다. 대신 자루가 그림만큼

길지는 않다)을 가지고 연습을 했다. 이 외에도 나는 그날 뛰어 옆차기로 한 치(3.3cm) 송판 두 장을 격파하는 시범도 보였다. 이날 '장(張)○○'라는 청도관 유단자는 관수(편손끝)로 송판 격파를 시범 보이다가 손가락이 부러지기도 했다.

이날 여러 도장의 관계자들도 방문했다. 당시 선생은 여러 다른 선생들과도 친분이 있었기 때문이다. 이원국(李元國) 선생하고도 친분이 있었고, 황기(黃琦) 선생도 가끔 와서 구경했던 걸로 기억한다. 특히 조선연무관의 전상섭 선생과는 각별한 사이였다.

김기황 선생도 YMCA교범으로 계셨는데, 당시 교범은 사범보다 한 단계 아래를 말한다. 내 기억으로 김기황 선생은 발차기 같은 것을 간혹 가르친 적은 있었지만, 정식 수업을 맡아서 진행하지는 않았다. 김기황 선생과 윤 선생님은 서로 토조산형을 많이 연무하셨다.

국제태권도연맹을 창설한 고(故) 최홍희 씨도 가끔 YMCA권법부에 들렀는데, 윤 선생님하고는 같은 고향 출신이어서 친하게 지냈던 듯하다. 최홍희 씨가 YMCA에 와서 운동을 한 것은 아니었다. 나는 한쪽 구석에서 혼자 수련하기를 좋아해 개인 수련을 많이 했다. 어느 날인가는 최홍희 씨가 윤 선생님에게 "형님 국방경비대 와서 좀 지도 좀 해 주십시오." 하니까, 윤 선생님이 "안 해, 자네가 참령(지금의 소령)인데, 내가 어찌 참위(지금의 소위) 달고 가르칠 수 있어." 했던 기억이 난다. 최홍희 씨도 윤 선생님의 실력을 잘 알고 있었으므로 부탁드린 건데, 윤 선생님이 일언지하에 거절해서 조금 무안하기도 했을 것이다.

연무대회를 한 다음 날 6·25전쟁이 발발하면서 윤 선생님과의 인연은 더 이상 이어지지 못했다. 들리는 말에 의하면 거제도 포로수용

부록(附錄)

소에 계셨다고 하는데, 그 이후의 소식은 더 이상 알 수가 없었다.

군대 시절

　17살 때인 1950년 6·25가 일어나자, 12월에 육군 포병 간부 후보생으로 군에 입대했다. 1953년에는 광주 상무대에서 근무를 했는데, 그때 유도하고 검도를 하던 전남경찰국 무덕전에서 개인 수련을 지속할 수 있었다. 유도사범 김소춘(金小春) 선생이 검도장에서 운동을 할 수 있도록 배려해 주신 것이다.

　광주에 있으면서 광주제일고등학교에서 권법부를 만들어 지도하기도 했다. 당시 우종림 대위(후에 의료보험공단 이사장을 역임)가 나한테 '여기서 운동 좀 할 수 있느냐.'라고 해서 그렇게 하라고 했더니 광주제일고등학교 학생 3명을 데려온 게 시초가 되었다. 무덕전에서 같이 수련을 하게 되었는데, 우종림 대위가 전속을 가게 되면서 운동할 데가 없어진 것이다. 그렇게 해서 광주제일고등학교에 권법부를 만들게 된 것이다. 물론 정규과목은 아니고 지금의 방과 후 과외활동과 같은 것이었다. 당시는 자유당 시절이었는데, 전국 고등학교에서 무예를 가르치는 곳이 없었다. 학생들이 무예를 배우면 싸움만 한다고 문교부에서 중지시키라는 공문을 내려 보낼 정도로 부정적인 인식이 팽배해 있었기 때문이었다. 당시 광주제일고등학교에서도 교원들이 폐지시키자고 말이 불거져 나왔고 투표까지 하게 되었다. 결과는 폐지였다. 그런데 당시 장준환 교장선생님이 "이걸 왜

폐지시킵니까.”라고 하면서 결과를 받아들이지 않으셨다. 교감선생님은 “문교부에서 못 하게 하고 있습니다.”라고 하면서 폐지하기를 건의했다. 학교에 피해가 오지 않을까 걱정이 앞섰던 것이다. 그런데 장준환 교장선생님은 “강당이 얼마나 깨끗한지 알아요. 쓰레기 한 점 없잖아요. 상무대의 장교 그 양반이(박 중위) 와서 가르치는 걸 뭐 하러 폐지시킵니까.”라고 하면서 폐지 건의를 잠재웠다. 그렇게 해서 육군사관학교 초대 태권도 교관으로 가기 전까지 광주제일고등학교에서 개인적인 수련과 지도를 계속할 수 있었다.

1954년 육군 사관학교에서 ‘태권도’라는 과목이 개설되면서 초대 태권도 교관으로 가게 되었다. 물론 그 이전에도 육군사관학교에 태권도를 하는 모임은 있었지만, 4년 동안에 초단을 따야 하는 정식 과목으로 채택된 것이다. 육군사관학교 교관은 1956년 5월 제대하면서 그만두게 되었다. 육사에서도 윤병인 선생에게 배운 무예를 지도했다.

1954년 사관학교 가기 직전인 중위시절(포병학교에 있을 때이다)에 4단 심사를 봤다. 장교는 토요일이나 일요일에 외박이 허락되었으므로 서울에 다녀올 수 있었는데, 어느 날 서울에 왔더니 심사가 있다는 것이었다. 그때 나는 군대에서 생활하고 있었으므로 협회가 어떻게 운영되고 있는지 어떤 계획이 있었는지 전혀 알 수가 없었다(그전에는 각 도장별로 별도로 심사를 봤었기 때문에 더더욱 알 수가 없었다). 얼떨결에 심사를 보라고 해서 심사를 보게 되었는데, 그게 4단 심사였던 것이다.

이 심사에 현 엄운규(嚴雲奎) 국기원장도 심사에 참가했는데, 당시에 서로 안면은 없는 처지였다. 당시는 협회라고는 하지만 각 도장별로 별도로 수련을 했으므로 실제 수련하는 모습을 서로 본 일은 없었다. 그저 소문을 통해 어느 관에 누가 어떻다더라 하는 정도를 알 뿐이었다.

엄운규 씨는 당시 청도관에서 제일 뛰어난 실력을 지니고 있었다고 한다. 그의 옆차기를 맞고 넘어가지 않는 사람이 없었을 정도였다. 그런 엄운규 원장하고 겨루기를 하게 되었는데, 서로 잘 모르던 사이였으므로 어떤 특기를 가지고 있는지 몰라 탐색을 하였다. 그러다 내가 돌려차기를 하며 공격을 하게 되었는데, 갑자기 분위기가 이상해졌다. '진짜로 때리는 거냐.'는 항의가 들어온 것이다. 엄운규 씨하고는 감정이 상할 수가 있어서 노병직 선생에게 가서 "뭘 때리는 겁니까, 저 사람이 저렇게 항의를 하고 있는데 ……."라고 하자, 노병직 선생이 "가(서) 해."라고 해서 다시 겨루기가 진행되었다. 엄운규 원장이 뛰어오면서 공격을 하려는 걸 살짝 피하는 찰나 심사를 주관하던 선생님들이 겨루기를 중단시켰다. 한창 혈기 왕성한 때이므로 일이 크게 벌어질지 모른다는 생각에서 그랬던 것 같다.

교본을 내다

1956년 5월경에 육군사관학교 교관을 하다가 제대를 한 후 그해 7월부터 8월 12일까지 한 달여간 해인사에서 그동안 배운 권법을 중심으로 해서 『파사권법(破邪拳法)』이라는 책의 내용을 탈고하였다. 이 책은 신설동에 있을 때, 김용채 씨가 데리고 와서 수련하던 최성규(崔成圭) 중령이 미국에 가서 계속 수련을 하고 싶은데, 권법하는 것을 잊지 않겠다고 사진을 찍어가야겠다고 해서, '그럴 바에 아예 교본을 한 권 만들자.'라고 해서 시작된 거였다. 그래서 한 달간 해인사(海印寺) 홍제암(弘濟菴) 영자전(影子殿)에 들어가 완성한 것이었다.

　원래 이 교본은 3부작으로 그 첫 번째 권이 『파사권법』이었다. 그리고 연작으로 『활인권법(活人拳法)』·『완인권법(完人拳法)』을 이어 구상하였다. 『파사권법』에는 기본기들과 오키나와 카라테형들을 중심으로 완성하였는데, 『활인권법』과 『완인권법』에서는 윤 선생님에게서 배운 형들을 중심으로 기록하려고 했는데, 아직까지 정리하지 못하고 있다.

　『파사권법』의 파사는 삿된 것을 깨트리고 바름을 드러낸다는 '파사현정(破邪顯正)'에서 따 온 것이다. 『활인권법』의 '활인(活人)'은 홍익인간(弘益人間)의 뜻으로 다른 사람을 널리 이롭게 하자는 의미에서, 『완인권법』의 '완인(完人)'은 인간을 완성하고자 한 뜻에서 붙인 것인데, 이 명칭들은 권법, 즉 태권도를 하는 목적이 담겨 있다. 즉 '파사권법'은 내가 수련한 권법의 이름이라기보다는 무예를 통해 이루고자 하는 나의 이상이 담긴 명칭인 것이다.

박철희가 저술한 『파사권법』 표지

　『파사권법』에는 윤 선생님이 창안한 기본형 1절부터 5절도 들어 있고, 내가 개인적으로 정리한 정공형 중 제1형도 포함되어 있다.

경무대(景武臺) 무도 사범 시절

『파사권법』을 탈고한 얼마 뒤 조선연무관 창설자이신 이경석(李景
錫) 선생이 추천을 해서 경무대에 '태권술부(跆拳術部)' 무도 사범으
로 들어갔다. 경무대에서도 윤 선생님의 권법을 중심으로 해서 가르
쳤다. 당시 경무대에는 태권도 외에도 유도와 검도 등을 가르쳤는데,
유도는 이원영 선생이, 검도는 김종달 선생이 지도했었다.[459]

당시 경무대 행사 중의 하나는 이승만 대통령 생일(3월 26일)을
기념해 열리는 '전국무술개인선수권대회(全國武術個人選手權大會)'
였다. 내가 1958년·59년·60년 무도대회를 주관했다. 태권도 및 유
도·검도·궁도 등을 시연했다. 당시 경찰관들이 시연을 많이 하고
경무대 경찰서에서 주관을 해서 경찰무도대회라고 인식을 하고 있는
듯하다.

당시 경무대 사범이던 나는 모든 프로그램을 기획하고 시범을 지
도하였다. YMCA권법부 소속의 홍정표, 나종남, 최익진, 김병수, 서
영익, 박세혁, 정화, 조기정 등이 참여했는데, 나는 홍정표 씨와 장
권(長拳)형 및 대련을 시연했다.

1959년 시연 때는 오도관(吾道館)의 최홍희 씨와 남태희 씨가 와
서 전국무도대회에서 시연을 할 수 있도록 부탁을 해서 시연을 할
수 있도록 배려하기도 했다. 오도관은 그때 남태희 씨가 '충무형'을
시연했던 걸로 기억한다.

---

459) 여기에는 동명이인이 아니라면, 기억의 오류가 약간 있는 듯하다. 김
　　종달은 검도인이 아니라 유도인이기 때문이다.

경무대에 있던 1959년 11월 3일에는 광주학생운동 30주년을 기념해 '전국학생택권도특별연무대회(全國學生택권道特別演武大會)'를 사비를 들여 시공관(市公館)에서 개최하기도 했다. 당시 주최는 강덕원에서 맡았고, 주관은 '전국학생택권도연합회'에서 했다.

경무대에는 1960년 4·19의거가 일어난 후 편제상 없어지면서 그만두게 되었다.

무도원에서 강덕원으로

1956년 아마 『파사권법』 책을 탈고하던 즈음에 YMCA권법부에서 수련한 홍정표 씨가 내게 개인적으로 도장을 열고자 하는 데 좀 도와 달라고 했다. 그렇게 해서 무도원이 창설되었다. 무도원은 '무도원택견권법도장'을 편의상 줄여 부른 말이다. 무도원 사범은 홍정표 씨가 맡았다. 이 당시 관장이라는 명칭은 사용하지 않았다. 그런데 홍정표 씨가 얼마 지나지 않았는데, 개인적 사정으로 그만두게 되었다. 그러면서 나보고 맡아 달라고 해서 사범을 맡게 되었다. 이때부터 강덕원(講德院)이라는 이름으로 운영하게 되었다. 1956년 서울 신설동에 도장을 마련한 강덕원은 '익힐 강(講)'에 '덕 덕(德)' 자를 선택, 공정하고 포용성 있는 마음을 가르치는 집을 표방했다. 원(院)이란 표현은 일본식의 관에서 탈피하고자 하는 마음에 책을 탈고하던 해인사의 경학원(經學院)이라는 곳에서 따 오게 되었다.

1956년에는 '대한 학생 택견권법회'라는 단체를 결성하기도 했는

부록(附錄)

데, 대학에서 가르치던 연세대와 외국어대 학생들을 중심으로 간판까지 만들었던 기억이 있다.

초창기 관원은 이금홍(세계 태권도연맹사무총장 역임)과 그 후 대한 태권도 협회 5대 회장을 역임하고 태권도 도약의 발판을 마련한 김용채를 비롯하여 정화(세계 태권도연맹 집행위원), 김정후(강원대학 법정대학 학장 역임)·이강희(멤피스 사범-앨비스 프레슬리 지도)·한정일(건국대학교 교수)·김병수(미국 휴스턴 태권도 사범)·지승원(한동대학 법학과 교수)·임복진(전 국회의원) 등이 있다.

강덕원은 그 후 창신동, 청진동, 서대문, 서울운동장 등으로 도장을 옮기다가 이금홍이 3대 관장으로 부임하면서 인사동으로 이전 정착하였고 현재 '강덕원 무도회(강무회)'로 계승되고 있으나 나는 관여하지 않고 있다.

송덕기 선생과의 만남

송덕기(宋德基 1893~1987) 선생은 1958년 또는 1959년 정도에 이승만 대통령의 생일을 기념해 열리는 '전국무술개인선수권대회(全國武術個人選手權大會)'에 시연자로 오게 되면서 만나게 되었다. 1958년 이승만 전(前) 대통령이 태권도 시범을 본 후 '택견'이라는 말을 언급한 이후, 경무대 경호원이 송덕기 선생을 개인적으로 알아서 시연자로 모시고 온 것이었다. 당시 60대이셨던 송덕기 선생은 움직임을 볼 때 명인이셨다.

박철희와 택견 인간문화재 송덕기

1960년 로마올림픽에 한국의 문화를 소개하기 위해 촬영된 것
으로, 박철희가 경무대 사범으로 재직하면서 송덕기와 교류할
때의 모습이다.

개인적으로 우리 무예에 대해 조사하기를 좋아했던 나는 어디에
뭐가 있다고 하면 찾아다니곤 했다. 이리(지금의 전북 익산)역 앞에
택견 하는 사람이 있었는데, 그분은 장심 단련을 위해 나무에다 새끼
를 감고 밟고 지나가는 훈련을 많이 했으며, 서울 답십리에도 80이
넘으신 정 노인이라는 택견을 잘하는 분도 계셨다. 그러니까 송덕기

선생을 뵙기 전에 이미 택견에 대해 알고 있긴 했다.

　1960년 제17회 로마올림픽 때 출전하게 된 한국 대표팀이 한국의 문화를 소개하는 전시장에 전시할 것으로 태권도가 채택되면서, 그 옛 모습으로 '택견'도 같이 전시하고자 하면서 본격적인 만남을 가질 수 있었다. 당시 '문교부 체육과'가 이 일을 주관했는데, 경복궁 경회루에서 택견동작을 3～4시간에 걸쳐 사진을 촬영하였다. 당시 경복궁은 일반인들은 출입이 금지되어 있었는데, 문교부 체육과의 적극적 지원으로 촬영을 할 수 있었던 것이다. 이 사진들은 40년 후 내가 미국에 있을 때, 내게로 돌아왔다. 미군 해군대령이자, 태권도를 수련했던 나종남 씨가 '사범님이 가지고 계셔야 될 거'라면서 되돌려준 것이다. 그러나 그가 어떻게 그 사진을 입수해 보관하고 있었는지는 모른다.

　송 선생을 뵌 후 택견을 보존하기 위해서 가칭 '사단법인 대한택견무도연구원'을 설립하려고 했는데, 시운이 맞지 않았는지 법인문제가 흐지부지되고 말았다. 그 후 4·19가 일어나고 5·16 등 사건이 발생하고 내가 미국에 가게 되면서 송덕기 선생님과의 인연도 끝이 나고 말았다.

　송덕기 선생님은 경무대와 선생 댁이 가까워서 시간이 나시면 자주 방문하셨기 때문에 이런저런 이야기를 많이 나눌 수 있었다. 내가 택견에 대해 애정을 갖고 있었던 탓에 그랬는지 송덕기 선생님은 나를 무척이나 신뢰하신 듯하다. 문교부 학예국장을 만났을 때는 '박철희 사범에게만 택견을 가르친다.'고 말할 정도였다.

　송덕기 선생의 말에 의하면, 지금의 을지로에 위치한 국립의료원이 위치한 곳이 구한말 훈련원이 있던 자리인데, 모래밭에서 택견시합을 했다고 한다. 시합을 결련이라고 하였는데, 나보고 강조한 것이

손이 땅에 닿으면 진다고 하였다. 그리고 시합에서 가장 중요한 택견 기술은 발바닥으로 차는 것이라고 했으며, 손은 주먹을 사용해 치는 게 아니라 손바닥으로 공격을 하는 거라고 말씀을 하셨다. 그리고 아랫대와 윗대는 누상동과 누하동을 일컫는 말로 누상동이 윗대, 누하동이 아랫대라고 하셨다.

태수도 협회

1960년 5·16 이후 문교 위원회에서 유사단체 통합에 관한 포고령을 내렸다. 문교위원회에서(문교 위원: 홍종철) 소집책임자를 9명 지정했는데, 한국체육관 관장사무실에서 모여 통합에 대해 논의를 했다. 나를 포함 황기·노병직·엄운규·현종명·남태희·고재천·이남석·이교윤 등이었다.

통합회의를 여러 차례 했는데 수박도의 황기 선생과 공수도 지도관의 윤쾌병 선생이 참여를 잘 하지 않았다. 당시 한국체육관 건너편 동남빌딩의 지하실에 있던 동남다방에 문교위원회 김용채 씨하고 이효석 씨 두 사람이 와서 날 찾는다고 해서 나갔다. 통합상황이 어떻게 진행되고 있는지 궁금해서 물어보러 온 것이었다. 진행에 대해선 '우리끼리 알아서 결정할 거니까 상관하지 말라.'고 해서 돌려보냈다.

통합이 지지부진한 가운데, 통합의 효율을 높이고자 9명 중 몇 사람으로 실무자를 줄이면 어떻겠느냐는 의견이 나왔다. 이렇게 해서 엄운규, 이종우 씨가 그 일을 맡게 된 것이었다. 그렇게 해서 나는 엄운규·이종우 씨와 여러 번 만나게 되었는데, 이 두 분도 "박 사범이 윤쾌병 선생하고 황기 선생을 가입하게 하라."고 하여 그 일을 도맡게 되었다.

윤쾌병 선생이 재직하고 있는 건국대와 황기 선생이 있는 무덕관을 10여 차례 왔다 갔다 하면서 협회에 가입하시기를 부탁드렸다. 두 분에게 '최고 심사위원이 되시라.'고 하면서 부탁을 드렸다. 당시 종신 최고 심사위원으로 두 분을 아무런 조건 없이 모시겠다고 한 것이었다. 이 부분에 대해 태권도 역사를 다룬 글들에서 종신제 최고 심사위원을 윤쾌병·황기 선생이 요구한 걸로 알려져 있으나 실은 그렇지 않다. 내가 그렇게 대우해 드린다고 말씀드린 거였다. 물론 이전 협회에서 그런 일이 있었는지는 모르겠다. 하지만 내가 관여한 '태수도협회(跆手道協會)' 때는 내가 먼저 말씀드린 거였다.

두 분을 만날 때마다 엄운규 씨와 이종우 씨에게 종로 영풍빌딩 자리에 있던 건물의 2층 명다방에서 진행상황을 이야기했다. 그러나 결국은 그분들과의 일이 원만히 풀리지 않게 되었다. 그러자 엄운규·이종우 씨가 '안 되겠다. 우리끼리라도 해야겠다.'고 해서 협회를 구성하게 된 것이었다. 소집인들을 모아서 명칭을 무엇으로 하느냐 하는 문제로 말들이 오갔는데, 결국은 발을 뜻하는 '태(跆)' 자하고 손기술을 뜻하는 '수(手)'로 하기로 하였다. 그렇게 해서 '대한태수도협회'가 발족하게 된 것이다. 그 후 1962년 12월 20일 대한 체육회에 산하단체로 가맹을 하였다.

나는 태수도협회 이후에는 개인적인 일로 1971년 미국에 건너간 후 국내 협회 일에서는 손을 떼게 되었으므로 이 이후의 역사에 대해서는 잘 알지 못한다.

2장 태권도를 말한다

태권도는 왜색인가?

현재 태권도의 역사에 대해 말이 많은 것은 태권도가 일본 무술에서 왔다는 점에 집중되어 있다. 일본에 유학을 한 이들이 '오키나와(琉球)의 카라테(唐手)'를 수련했고, 해방 이후 국내에 그것을 보급했으므로 그렇다는 것이다. 당시에 카라테의 한자를 그대로 사용한 당수도라는 명칭도 존재했으므로 이 점은 부인할 수 없다.

하지만 YMCA권법부와 조선연무관 권법부는 '권법'이라는 말을 사용했으며, 현재는 태권도와 별개의 무술 유파로 정착한 황기 선생의 무덕관은 화수도나 수박도 등 명칭을 사용하였다. 조선연무관의 경우 당수도부로 알려져 있는데, 이는 6·25전쟁 이후 한국체육관으로 옮겨가 '연무관 공수도부'로 이름을 바꾸기 이전에는 분명 권법부였다. 이런 점은 당시 5개 관 중 당수도를 사용한 것이 생각보다 적었음을 말해 준다.

한 가지 더 말하고 싶은 것은 우리나라에 권법이나 카라테를 보급한 이들은 열렬한 민족주의자였다는 것이다. 윤병인 선생이나 연무관의 전상섭 선생은 민족적인 자긍심에서 태극띠를 착용했으며,

유단자의 띠도 6·25사변 전에 연무관에서는 유단자의 띠가 지금의 검은띠와는 달리 띠의 위와 아래는 파란 줄이고 가운데에 흰줄이 들어가 있는 띠를 착용했었다. 또한 무덕관은 고구려의 복장을 도복으로 채택하는 등 젊은이들에게 민족의식을 고취시키고자 했었다. 더군다나 이들은 카라테를 일본 무술로 이해하지도 않았다. 카라테는 일본 무술이 아니라 식민지라는 점에서 우리와 비슷한 처지에 놓여 있던 오키나와의 무술로 이해한 것이다. 일설에는 일본 카라테의 아버지로 불리는 '후나고시 기친(船越義珍)'이 카라테를 일본에 보급한 것은 오키나와가 일본에 점령을 당하고 점점 독립의 희망은 사라졌지만, 그가 카라테를 가르친 사람들에 의해 오키나와의 정신이 기억되고 카라테가 전승되는 한 언제까지고 남겨지게 하기 위한 것이었다. 즉 카라테를 배우는 사람들은 결국 이 무술이 오키나와로부터 왔다는 걸 알게 되고, 이로 인해 오키나와라는 독립국가에 대한 인식이 백 년이고 천 년이고 이어진다고 생각했기 때문이라는 것이다. 아마 당시 우리나라에 '오키나와 카라테'를 보급한 이들도 같은 생각이었을 것이다. 더군다나 당시는 아직 일본에도 카라테가 보급되기 시작한 초기였으므로 일본 무술이라는 인식도 없었다. 당시 카라테는 영화 같은 데서도 보면 알겠지만, 악당이 하는 무술로 취급되었다. 그런 카라테를 연마한 사람을 혼내 주는 것은 유도나 검도를 한 일본사람의 역할이었던 것이다.

이런 상황에서 카라테를 배운 선생들이 일본 무술로 인식했을 가능성은 그리 높아 보이지 않는다. 따라서 우리나라에 카라테를 보급한 이들을 왜색무술을 한 이들로 말할 수가 없으며, 태권도 또한 일본 무술에서 비롯된 것이 아님을 말해 주는 것이다.

태권도 역사의 시기구분

'태권도' 역사에 대해 서술하는 글들을 보면, 윤병인 선생님을 비롯한 이원국, 전상섭, 노병직 선생 등을 '태권도 1세대'로 나를 포함한 제자들을 '2세대'로 표현하고 있는데, 이는 뭔가 잘못 생각한 것 같다. 물론 이분들의 무예가 훗날 태권도의 모태가 된 것은 분명하다. 하지만 이들은 각자 별도의 무예를 하고 있었다. 맨손을 이용한다는 점에서는 분명 연관이 있지만, 각 관별로 기술의 차이도 있었고, 관과 관끼리는 별도의 심사 체계를 가지고 있었다. 따라서 이들은 '태권도 1세대'라고 하기에는 문제가 있다. 이들은 각자가 별도의 무예를 보급한 세대인 것이다. 편의상 '관(館)세대' 또는 '전(前) 세대'라고 할 수 있을 듯하다.

현대 태권도는 그 시원(始原)을 5개의 큰 기간도장이 합한 이후부터로 봐야 하고, '태권도 1세대'들 또한 그렇게 통합을 이뤄낸 세대들부터를 지칭하는 것이 옳을 듯하다. 그리고 실질적으로 각 관 간에 공통의 심사를 보기도 하는 등 일이 시작되는 시기부터 '태권도'의 본 역사가 시작되며, 이 시기에 참여한 이들을 '태권도 1세대'라고 할 수 있을 것이다.

내가 볼 때는 이 시기는 '대한태수도협회' 때부터로 보는 게 옳을 듯하다. 현재 '태권도'의 근간이 된 여러 단체들이 참여했고, 심사를 통해 단을 일괄적으로 정리하는 등 외형적인 모습이 나타나기 때문이다. 현재 필자가 소장하고 있는 1967년 5월의 '태권도협회' 문서에도 그 연원을 '태수도협회'로부터 찾고 있어 당시 '태권도'인들도 그렇게 여겼던 것으로 보인다.

태권도는 전통무예인가

'태권도'는 신라의 화랑들이 하던 전통무예는 아니다. 다만 광복 이후 60년 된 한국무예인 것이다. 일본에 유학했다 해방을 즈음한 시기에 귀국한 선생들에 의해 국내에 들어온 '오키나와 카라테'와 윤병인 선생의 '만주권법(滿洲拳法)' 그리고 한국의 전통적인 발을 차는 기법이 서로 영향을 주어 나타난 무술이기 때문이다.

윤병인 선생의 무예를 '만주권법'이라고 서술한 것은 그 연원을 자세히 모르기 때문이다. 현재는 중국영토였지만, 윤병인 선생이 무예를 수련하던 당시 만주는 중국 영토가 아니었다. 만주는 전통적으로 중국영토가 된 적이 거의 없는 지역으로 중국영토로 편입된 것은 일본이 만주에서 물러나면서부터였다. 그 지역에는 마지막 황제로 유명한 '부의(溥儀)'가 명목상으로나마 만주국(滿洲國)의 황제를 하고 있었다. 하지만 그 사회를 구성하고 있는 사람들은 다양했다. 그 중에는 현재 중국인의 주류를 이루는 한족(漢族)들도 있었지만, 조선족(朝鮮族)이나 만주족(滿洲族) 혹은 러시아인, 일본인(日本人) 등 각양각색의 사람들이 거주하였다. 그러다 보니 팔극권(八極拳) 같은 중국무술도 있었지만, 각양각색의 다양한 형태의 무술이 존재했다. 이런 배경 속에서 만주에서 무예를 익힌 윤병인 선생님의 권법을 중국무술로 보기는 어려운 면이 존재한다. 그래서 '만주권법'이라고 하는 것이다. '만주권법'은 '발끌기'가 움직임의 기본인데, 이 발끌기는 지금은 사라졌지만, '태권도'의 '태극품세'의 기본에 포함되어 있다. 태극 1장 등에 보이는 막고 지르기 동작에 모두 '발끌기'가 포함되어 있는 것이다.

'태권도'에는 우리나라의 전통적인 발차기 기법이 포함되어 있다. '태권도'에 영향을 준 발을 사용하는 우리 전통 무예는 대개 '택견'이라고 서술하고 있으므로 '택견'이라고 할 수 있으나, 실제 그것이 '택견'인지 아닌지는 알 수 없다. 그래서 그렇게 표현한 것이다. 나도 어렸을 때부터 발을 잘 찼는데, 누구한테 배운 것은 아니지만 '두발당상'은 쉽게 했다. 친구들과 초가지붕에 열린 고드름을 '두발당상'으로 차서 떨어뜨리는 놀이도 많이 했기 때문이다. 아는 분 중에 한 분은(후일 검도로 일가를 이루신 분이시다) 학교 교실에 들어갈 때 교실문의 위 턱을 한 번씩 차고 다녔으며, 싸움을 해도 발로 다 제압을 할 정도였다. 그분도 어떤 특정 인물에게서 배운 것은 아니었다. '태권도'에는 이런 '발을 잘 차는 문화적 토양'의 영향을 받아서 발차기가 특징을 이룬 것은 사실이다. 따라서 비록 문파로 구체화되지는 않았지만 한국 전통무예의 영향도 있음을 인정해야만 한다. 실제로 현재 태권도 유단자 품세인 '고려'에 포함되어 있는 '칼재비'는 택견의 기술인 '칼잽이'에서 가져온 것이기도 하다.

그런데 한 가지, 전통무예와 관련해 염려스러운 것은 역사 서술을 할 때 이 점을 너무 강조하게 되고, 이런 점을 강조하여 그 기원을 찾아 올라가다 보면 '태권도'가 아주 옛날부터 존재했던 것처럼 서술될 수 있다는 점이다. 그런데 이렇게 되면 '오키나와 카라테'와 '만주권법' 그리고 한국전통무예가 서로 영향을 주고받아 태어난 '태

부록(附錄)

권도’라는 무예가 갖는 역사적 실체를 애매하게 흐릴 수 있다. 만약 그렇게 서술한다면, 이는 ‘태권도’의 역사가 아니라 한국 전통무예의 역사가 되고, 따라서 ‘태권도’는 전통무예가 되어 버리는 모순을 가져오게 된다. ‘태권도’가 전통무예의 흐름을 이은 것임은 분명하지만, ‘태권도’라는 특정 무예의 역사를 서술할 때는 ‘태권도’라는 명칭 자체가 나타나는 시기, 즉 광복 이후 우리나라에 ‘만주권법’과 ‘오키나와 카라테’가 유입되고 각 관들이 통합된 시기 이후에 한정해서 ‘태권도’의 역사를 서술하는 것이 옳을 듯하다.

태권도를 창시했다

‘태권도의 창시자가 누구냐.’라고 묻는 것 자체는 태권도의 창시자는 존재하지 않기 때문에 우스운 일일지는 모르지만 현재 그런 이야기들이 빈번하게 제기되고 있어, 이 문제를 짚고 넘어가야 할 듯하다. 그중에 대표적인 사람이 최홍희 씨인데, 최홍희 씨는 자기 자신이 태권도를 창시했다고 한다. 이 말이 옳은 말일까?

그의 주장을 인정하게 되면, 현재 태권도를 하는 모든 사람이 최홍희라는 사람으로부터 태권도를 배웠다는 것이 되는데, 다른 사람은 모르겠지만 우선 나는 그에게 태권도라는 무예를 배워 본 적이 없을 뿐만 아니라 무술 기법 하나 배워 본 적이 없다. 실은 그가 수련하는 모습도 한 번 보질 못했다. 그런데도 그에게 태권도 창시자라는 말을 쓸 수 있을까.

물론 그가 태권도라는 명칭을 만든 것은 분명하다. 하지만 태권도를 창시한 것은 아니다. 그가 일본에서 카라테를 배워 와 여기에 택견의 발기술을 가미하여 태권도를 만들었다고 한다. 하지만 최홍희 씨가 주도한 오도관의 기술은 남태희 등 청도관 사람들에 의해 주도적으로 이루어졌다. 그래서 사람에 따라 오도관은 청도관의 분관이라고 보기도 한다. 그런 상황이었는데 어느 순간부터 자신이 모든 '태권도' 기법을 창시해 낸 것처럼 이야기하는 것은 이해하기 어려운 부분이다.

당시 그가 '태권도'라는 이름을 새로운 무예의 이름으로 정할 수 있었던 데는 군(軍)이라는 배경을 가지고 있었기 때문이었다. 그가 태권도를 만들었다고 주장하는 것은 그의 개인적인 자기과시에서 비롯된 것일 뿐이다. 많이 양보해서 '국제태권도연맹'의 '태권도'를 최홍희 씨가 창시했다고 하면 인정해 줄 수는 있다. 하지만 세계태권도연맹의 기술까지 자기가 창시했다고 하는 것은 이해하기 어렵다.

현재 태권도는 앞서 언급했지만, '오키나와 카라테'와 '만주권법' 그리고 한국 전통무예가 영향을 주어 나타난 것이므로 태권도가 개인의 창작물이 될 수 없다는 데는 누구나 공감할 것이다. 태권도가 현재의 모습을 갖추기까지 수많은 사람들의 노력이 있었고, 앞으로도 많은 사람의 노력에 의해 더 나은 무예로 성장해 갈 것이다.

부록(附錄)

겨루기 중심 태권도의 문제점

시합 중심으로 태권도가 바뀌면서 겨루기에서 필요한 기술들이 발전하였다. 특히, 발을 쓰는 기법들이 비약적으로 발전하게 되었다. 반면에 겨루기에서 점수를 따기 어렵거나 애매한 기술들은 아예 없어져 버렸다.

발차기 위주의 수련은 소수의 선수들이 상위학교에 진학하고, 시합에 나가서 메달을 획득하기 위한 수단이 되어 버렸다. 그러다 보니 무예 수련이 가지는 수련자의 인격을 올바르게 형성시킨다는 태권도의 근본 목적은 사라져 버린 지 오래다.

현재 국내에 있는 태권도 도장 어느 곳을 가 봐도 성인 수련자는 손에 꼽을 정도다. 아동 수련생들이 대부분을 차지하고 있다. 일반 학원을 대신해 한두 시간 맡아보고 있는 셈이다. 어른들이 왜 태권도를 왜 외면할까? 그것은 아마도 태권도가 무예로서 가지는 위치를 상실한 것이 큰 몫을 차지했다고 봐야 할 것이다. 고단자와 저단자 혹은 유급자 사이의 구분기준이 무예에 대한 전체적인 이해라든지 기법의 정확도가 아닌 발을 잘 차느냐 아니냐 하는 기술적인 구분으로 판단한다. 이는 발차기를 하기 힘든 장년 혹은 노년층들로부터 외면을 당하게 되고, 이로 인해 현재의 애들이나 하는, 아니면 선수들이나 하는 무예가 되어 버린 것이다.

국기원이 살아야 태권도가 산다

□ 국기원의 위상

태권도가 보통 말하는 것처럼 '남녀노소 누구나 할 수 있는 무예'가 되기 위해서는 발차기 위주에서 벗어나야 한다. 그렇다면 그 해결책은 무엇일까? 그것은 무예로서의 태권도로의 복귀다. 물론 그렇다고 겨루기 중심, 선수 중심의 태권도를 아예 없애자는 것은 아니다. 그건 그것대로 유지를 시키면서, 누구나 무예로서 태권도를 접할 수 있는 환경을 조성해야 한다.

외국, 특히 미국에서의 태권도는 맨손무예만을 지칭하던 태권도에서 벗어나 무기술이나 합기도 등의 무술에서 하는 꺾기나 조르기 등 기술들이 많이 삽입되었다. 지금도 다양한 기술들이 태권도라는 이름으로 가르쳐지고 있다. 이는 미국이라는 시장에서 살아남기 위한 점에서 어쩔 수 없는 선택이었을 것이다.

그러나 그 이면에는 태권도의 종주국인 우리나라에서 겨루기 기술 외에 태권도 철학이나 고급기법을 배울 수 없다는 점도 작용했을 것이다. 현재는 다른 나라보다 더 뛰어난 위치에 있다고 여겼던 겨루기 기술마저도 오히려 어떤 면에서는 신체적 조건이 좋은 다른 나라 선수들이 뛰어나 더 이상 종주국의 조언이 필요 없을 정도가 되었다. 즉 현재 이 상태가 지속된다면 더 이상 태권도는 국내는 물론이고 외국에서도 살아남을 수가 없는 것이다.

그렇다면 태권도가 앞으로 국내뿐만 아니라 지속적으로 세계인에게 파고들기 위해서는 무엇이 필요할까? 그것은 간단하다. 무예 기법에 있어서, 우위를 지니는 것이다. 그리고 그 기술상의 우위는 국기원이 갖는 위치이기도 하다. 태권도에 관련한 모든 시합이나 사무를 처리하는 것이 세계태권도연맹이나 대한태권도연맹 등 행정단체의 몫이라면 태권도 기술에 관한 모든 연구는 국기원의 몫이다. 태권도의 종주국이 대한민국이라면 태권도 기술의 종주는 국기원이어야 한다.

그러나 현재 국기원은 그렇지 못하고 있다. 단지 단증을 발급하거나 지도자 교육을 시키는 단체의 역할만을 하고 있는 듯하다. 물론 여기에는 현재까지 국기라 해서 대한민국 안에서 경쟁상대 없이 성장해 온 배경이 작용했다. 그러나 이제는 국기원도 과거의 틀에서 벗어나 누구나 태권도의 종주국을 방문할 수 있도록 그리고 그 종주국을 가면 뭔가 지금까지의 태권도와는 다른 것을 배울 수 있다는 인식을 심어 주어야 태권도가 앞으로 살아남을 수 있는 것이다. 국기원이 지금까지의 안이한 태도를 벗어나지 않는다면 더 이상 존재할 필요가 없으며, 존재해야 할 당위성도 없는 것이다. 그렇게 되면 태권도의 미래 또한 보지 않아도 어두울 것임은 자명하다.

국기원은 끊임없는 태권도철학의 정립과 기법의 개발을 통해 태권도가 앞으로도 종주국으로서의 위치를 지킬 수 있도록 해야 하는 의무를 지고 있는 것이다.

□ 국기원의 연구 방향

국기원이 태권도를 위해 해야 하는 것 중에 하나가 겨루기 기술 개발만은 아니다. 이것은 국기원이 하지 않아도 시합에서 승리하기 위해서 필요한 기술이 무엇이고 어떻게 하면 되는지는 선수들이 더 잘 안다. 즉 국기원이 해야 할 일은 겨루기 기술의 개발이나 보급이 아니다.

국기원이 해야 할 일은 태권도가 무예로서 부활할 수 있도록 돕는 것이다. 5~60년대 태권도는 빠르기도 했지만, 엄청난 파괴력이 있었다. 그래서 세계를 제패할 수 있었던 것이다. 사람들이 태권도가 단일무예로 가장 널리 보급된 것에 대해 운으로 혹은 우연으로 보는 경우가 있는 듯한데, 그것은 어불성설이다. 태권도를 보급하기 위해 이미 다른 무예가 들어와 있는 외국의 어느 장소에 갔다고 하면, "어소 오십쇼, 여기서 태권도를 보급하십시오."라고 하는 곳은 세상 어느 곳에도 있을 수 없기 때문이다. 시비를 걸거나 아니면 도전을 해 오는 이들이 부지기수였던 것이다. 그들과의 대결에서 이겼기 때문에 태권도가 현재처럼 보급될 수 있었던 것이다. 그만큼 태권도가 위력이 있었던 것이다.

그런데 현재는 어떠한가. 누구나 태권도 발차기의 빠르기를 보면 놀란다. 하지만 그 빠른 만큼, 비례하는 파괴력이 존재하지 않아 무예로서의 가치에 흠집을 내고 있다. 5~60년대 누구도 태권도의 파괴력에 대해 이의를 달지 않았었다. 그러나 현재는 많은 사람이 의문을 제기한다. 국기원은 이를 불식시킬 수 있도록 파괴력을 증가할 수 있는 방법 혹은 기술을 연구해야 한다. 또 하나는 손기술 및 무기술을 포함한 다양한 기술의 연구이다. 태권도의 손기술은 겨루기 위주의 시합이 되면서 많은 부분이 퇴보해 버렸다. 그것은 태권도가 갖는 가장 치명적인 약점이 되었다. 또 다른 하나는 무기술을 포함한 다양한 기술의 개발이다. 태권도가 맨손무예를 지칭하는 것이긴 하지만 꼭 그래야만 하는 것은 아니다. 스승이신 윤병인 선생님은 무기술을 알

부록(附錄)

고 있었고, 실제 나 자신도 그 기술을 수련했기 때문이다. 무기술의 수련은 태권도에서 중점을 두고 하는 맨손무예를 제대로 이해하기 위해서도 필요하다. 무기를 다룬다는 것은 맨손 수련의 바탕 없이는 제대로 된 맨손무예를 구사하기 어렵다. 무기는 맨손의 연장이기 때문이다. 물론 난잡하게 많을 것을 할 필요는 없다. 무기술을 택하는 것은 무예의 깊이를 더하기 위한 것이기 때문이다. 이것저것 난잡하게 하면 무예의 깊이가 사라지고 그저 남에게 '보여주기식'의 백화점 무예가 될 가능성이 높기 때문이다. 즉 무예로서의 깊이를 체득할 수 있도록 한두 가지의 무기술을 정밀하게 터득하는 방법을 택해야 할 것이다. 여기에 태권도가 누구나 할 수 있는 무예가 되기 위해서는 몸을 강하게 단련하는 것 외에 서서히 움직이면서도 인체의 능력을 극대화시킬 수 있는 다양한 수련방법들이 추가되어야 한다. 물론 여기에는 이것저것 모든 걸 모아 두는 것이 아니라 태권도라는 무예의 틀 안에서 하나의 원리로 관통되어서 서로 유기적으로 연관을 가질 수 있도록 하는 것이 가장 중요한 것이라 생각한다.

태권도가 무예로서 다시 태어나기 위해서는 앞서 언급한 다양한 연구를 해야 하는데, 이런 연구를 위해선 국기원이 포용성을 갖는 태도가 필요하다. 태권도가 앞으로 좀 더 발전하기 위해서는 다양한 무예의 장점을 수용해야 한다. 특히 태권도가 발을 잘 쓰는 전통무예의 영향이 있긴 하지만 앞으로 우리 무예로 알려진 수벽치기나 택견을 비롯한 무예들의 장점을 더 많이 수용할 필요가 있을 것이다.

태권도가 보강해야 할 기법

'발끌기'

원래 YMCA권법부의 '만주권법'에서는 '발끌기'가 존재했고, 이것이 태권도에서도 수련을 했었다. 그런데 어느 순간부터 사라져 버렸는데, 이것은 좁은 도장이라는 내부 공간에서 수련하다 보니 수련생의 움직임을 최대한 줄이면서 교육하려는 데서 비롯된 것으로 생각된다.

'발끌기'는 발을 끄는 과정에서 신체 내부의 압력을 최대한으로 높여 속힘을 극대화시켜 준다. 그리고 이 힘의 극대화는 파괴력의 극대화로 이어지는 수련방법인 것이다. 현재 '태권도'는 이런 훈련이 없다 보니 파괴력이 부족하다. 이런 훈련방법은 미래 태권도의 기법으로 사용가능하며 현재 태권도의 부족한 부분을 채워 줄 것이다.

주먹지르기

손은 태권도를 포함한 모든 무예에서 무기를 포함한 의미를 담고 있다. 그중에서도 주먹지르기는 가장 기본적이면서도 기초적인 방법이다. 주먹지르기의 가장 기본은 손이 나오는 곳부터 목표지점까지 될 수 있는 한 직선에 가까울수록 빠르고 파괴력이 나온다는 것이다. 60년 가까이 동안 태권도를 수련하면서 얻은 가장 기본적인 진리이다. 주먹을 지르는 데 빠르기와 파괴력을 갖기 위해서는 처음부터 주먹을 꽉 쥐어서는 안 된다. 손이 나오는 곳에서는 힘이 들어가지 않다가 목표지점에 가서 순간적인 힘을 가해야 파괴력을 극대화할 수 있는 것이다. 그런데 내가 지금까지 카라테를 중심으로 한 일본무예나 국술이란 불리는 중국무예 여러 가지를 봤지만 모두 손이

부록(附錄)

나오는 곳에서부터 주먹을 쥐고 있는 것을 볼 수 있다. 이는 손에 과도한 힘이 들어가고 이로 인해 목표지점까지 가는 데 선이 흔들려 직선이 되기 어렵게 하는 문제를 안고 있다.

이런 문제를 안고 있지 않는 무예는 60여 년 가까운 무예 인생 동안 우연히 보게 된 '수벽치기'의 손동작이었다. 거기에서는 손을 '고드기'라 하여 태권도의 '관수'같이 했다가 목표물에 닿을 때 '줌', 즉 주먹을 쥐는 것을 볼 수 있었는데, 이것이 가장 합리적인 주먹지르기 방법이라고 여겨진다. 왜냐하면 손을 펴서 긴장을 풀었다가 목표지점에서만 힘을 가하기 때문에 군더더기가 없고, 직선에 가장 가깝게 나가기 때문이다. 더구나 손을 쥐었다 폈다 하는 과정에서 기구 없이도 주먹뿐 아니라 손 전반적인 수련이 이루어지는 것을 알 수가 있는데, 내가 지금까지 수련하면서 원하던 주먹지르기의 모습과 가장 일치한다. 이런 점은 다른 나라 무술에서 찾아볼 수 없는 우리 무예만의 특징이 아닌가 생각되는데, 이런 동작은 태권도에서도 수용할 필요가 있다고 생각된다.

발차기

발차기의 요체는 찬 발을 원상태로 얼마나 빠르게 되돌아오게 하느냐이다. 그래야 파괴력이 나오고, 상대방으로부터 발을 잡히거나 반격을 당할 수 있는 여지를 주지 않는 것이다. 현대 태권도 겨루기를 보면 발을 빠르게 차는 것은 볼 수 있는데, 빠르게 회수하는 것은 그렇게 많아 보이지 않는다. 이는 아마도 찬 발을 잡는 것이 허용이 되지 않기 때문일 것이다.

또 태권도가 겨루기 중심으로 수련하면서 나타난 가장 큰 특징의

하나는 점수를 딸 수 있는 몸통 이상의 공격이 보편화되었다는 것이다. 그러다 보니 선수들이 발을 차고 넘어지는 것을 많이 보게 된다. 상대방에는 큰 충격을 주지 못하고 말이다. 무예 측면에서 봤을 땐 이런 모습은 목숨을 상대방에게 스스로 내놓는 거나 마찬가지 태도이다. 겨루기 중심의 태권도에서는 어쩔 수 없다 하더라도 무예로서 하는 태권도에서는 이런 점은 분명 고쳐야 한다.

송덕기 선생이나 내가 알던 택견을 했던 분들도 발을 높이 차지 않았다. 발 장심으로 밟듯이 발을 사용했다. 물론 수련을 하는 과정에서는 신체 능력을 극대화시키기 위해 높은 발차기를 연습은 해야 한다. 하지만 실전에서는 그리 크게 필요한 것은 아니다. 태권도가 발 사용하는 것으로 이름을 얻고 있긴 하지만 이는 높고 화려한 발차기에 한정되어 있는 것이다. 하지만 이는 남에게 보여주기에는 좋을지 모르지만 상대에게 나의 급소를 드러내 보여주는 경우도 허다하다. 따라서 개선의 여지가 있다. 또 이런 높은 발차기는 나이가 들수록 동작을 하기가 힘들며, 하더라도 관절에 무리가 간다. 좀 더 무예로서 내실을 가하기 위해서는 현재 태권도에 없는 택견이나 수벽치기의 낮게 차는 기법을 받아들여서 태권도의 발차기를 좀 더 풍요롭게 할 필요가 있다. 이렇게 하면 누구든지 나이가 들어서도 태권도를 할 수 있을 것이다.

부록(附錄)

태권도 수련의 궁극적인 목적

태권도를 수련하는 가장 기본적인 목적은 먼저 타인으로부터 나의 신체를 보호할 수 있도록 자기방어를 위한 것이다. 그리고 그 단계를 넘어서면, 자신의 신체를 단련해 건강한 몸과 건강한 정신을 유지할 수 있도록 하고 그리고 마지막으로 이런 앞의 단계를 거쳐서는 정신 수양을 통한 완전한 인격체에 도달하려고 하는 것이다.

□ 자기방어

무예에 있어서 싸우지 않고 상대방이나 혹은 적을 굴복시킬 수 있다면 그것만큼 좋은 것이 없을 것이다. 그러나 우리가 사회생활을 영위하는 데 모든 문제가 항상 원만하고 무난하게 해결될 수는 없다. 사실 그런 것을 기대하는 것은 매우 어려운 것이다. 그러므로 자기 자신이 어떤 사람으로부터 불의의 공격을 받거나 생각지도 못한 위협으로부터 스스로를 보호할 수 있도록 수련을 하는 데 가치가 있다. 그렇다고 모든 위험으로부터 상처 하나 없이 보호받을 수 있는 것을 바랄 수는 없다. 그보다는 큰 위험을 작은 위험으로, 작은 위험을 미연에 방지할 수 있도록 하는 것이 태권도 수련의 올바른 목적이다. 그리고 이와 아울러 어떤 일이 발생했을 때 스스로 해결할 수 있도록 개인의 능력을 극대화할 수 있는 자신감을 배양할 수 있다는 점에서 태권도 수련의 가치가 있다.

□ 신체단련

예로부터 인재를 선발할 때는 '신언서판(身言書判)'을 중요 척도로 삼았다. 신(身)은 외모(外貌)다. 신체건장(身體 健壯)하고 위풍당당(威風堂堂)해야 했다. 언(言)은 언변(言辯)이다. 청산유수(青山流水) 같은 말솜씨가 있어야 했다. 서(書)는 글씨다. 글씨는 곧 그 사람의 인격(人格)이라고 여겼다. 끝으로 판(判)은 판단력(判斷力)이다. 사물(事物)의 시비(是非)를 가릴 수 있는 판단력(判斷力)과 논리(論理)가 서 있어야 했다.

그런데 신언서판 중 신(身), 즉 몸을 가장 먼저 언급하고 있음을 볼 수 있다. 이는 아마도 아무리 좋은 이상적 이론이 있다 할지라도 몸이 건강하지 못하면 자기 의사를 달성하지 못하는 데서 나온 것으로 생각된다. 우리는 어떤 천재적인 사람이 자신이 하고픈 일을 다 못 하고 몸이 약해서 중도에서 요절하는 이야기들을 문학작품이나 소문으로 듣곤 한다. 개인이 어떤 목표를 달성하기 위해서 가장 필요한 것이 몸의 건강, 즉 신체단련임을 말해 주는 이야기들인 것이다.

신체를 건전하게 보전하고 배양하는 방법에는 소극적인 방법과 적극적인 방법이 있다. 소극적 방법으로는 섭생(攝生)과 휴식(休息) 두 가지가 있고 적극적인 방법으로는 단련이라는 방법이 있다. 두 가지 방법은 별개의 것이 아니라 서로 보완되어야 비로소 건강을 보전할 수가 있긴 하지만, 자양분이 있는 음식물을 적당히 섭취하는 섭생과 매일매일 피로하지 않도록 적당한 휴식을 통해 몸을 보전하는 방법은 수련을 통해 얻는 것은 아니다. 누구나 조금만 신경 쓰면 할 수 있는 것이다. 그러나 무예 수련을 통한 신체 단련은 합리적인 방법을 채택하여 꾸준히 수련해야만 얻을 수 있는 것으로, 신체의 조화로운 발달을 시켜 준다. 그리고 이런 단련을 통해 건강한 몸과 어떤 일에도 평정을 유지할 수 있는 건강한 정신을 배양시켜 준다.

□ 정신수양

무예 수련에 있어서는 기술, 즉 수련을 통해서 뜨거운 여름이나 추운 겨울을 가리지 않고, 꾸준한 수련을 통해 얻어진 정신세계는 어떠한 난관이 닥쳐오더라도 뚫고 나아갈 수 있는 불굴의 정신을 함양시켜 준다. 진지한 태도로 하나의 무예에 정진할 때 생기는 용기나 선생과 선후배 사이에서 존재하는 예절과 이를 통해 생기는 겸양, 꾸준한 무예수련을 통해 얻는 극기 등이 무예수련을 통해 얻어진다. 완전한 인격체가 될 수 있도록 도와주는 것이다. 이것이 태권도를 수련하는 궁극적인 목적이다. 개인적으로는 만통(萬通)이라는 용어를 많이 쓰는데, 한 가지에 통달하게 되면 다른 만 가지 일에도 통하게 되는 것이다. 이것이 태권도 수련이 갖는 전인교육적 목표인 것이다. 즉 태권도의 전인교육을 통해 책임을 지는 사회구성원으로서의 갖추어야 할 인성을 배양해 주고, 이런 정신의 배양은 정의감·파사현정의 여러 덕성을 함께 연마하게 하여 바른 길로써 국가사회의 번영 유지에 이바지할 수 있는 건전한 정신을 함양되게 하는 것이다.

호신술의 의미

나에게 해를 가하는 상대방을 넘어뜨리거나 혹은 공격을 가해서 제어하는 방법은 무예의 첫 입문에 지나지 않는다. 무예를 수련한 사람은 이런 위협을 미리 알아채 가까이하지 않는 것이 올바른 태도이다. 다시 말하면, 도적의 침입 등을 미연에 방비할 수 있도록 집단속을 잘 하고, 평소에 사소한 일로 다투지 아니하는 등 위험에 접근하지 않는 것이 몸을 보전할 수 있는 가장 좋은 호신술이라고 할 수 있다.

태권도 수련에 있어 명심해야 할 사항

태권도 기술은 수련을 통해서만이 체득되는 것이며 수련을 하겠다는 마음을 작정했으면 몸을 움직여 기술을 단련함으로써 원하는 성과를 거둘 수가 있는 것이다. 종종 듣기에 무예란 호신술로서 좋으니 또는 몸을 건강하게 하는 데 좋으니 말하면서도 몸소 실천하는 사람은 보기 드물다. 마치 심야에 토굴 내에 앉아서 달빛이 비추기를 원하는 격이다. 달빛을 보려거든 원하는 것에서 그치지 말고 밖으로 나와야만이 밝은 달빛을 볼 수 있지 않겠는가. 말하자면 상상의 세계에서 단 몇 분씩이라도 몸소 체험할 수 있는 실천의 현실로 발을 내딛어 보라는 것이다. 그러면 수련하는 데 다음의 몇 가지 유의 사항을 적어 본다.

❑ 조급히 서두르지 말라

태권도 수련은 하루아침 혹은 하룻밤 사이에 이루어지는 게 아니다. 하나가 있으면 둘이 있고, 둘이 있으면 셋 그리고 넷이 있는 것이다. 하나에서 열 혹은 백으로 한순간에 갈 수 있는 게 아니다.

그런데도 많은 사람들은 단김에 열 혹은 백으로 뛰어넘는 걸 지나쳐 날아가려고 한다. 물론 이 같은 마음이 전혀 없어서는 안 될 것이나 세상만사에는 순서가 있고 단계가 있는 것이다. 바라건대 일거수일투족을 정확히 동작하여 다음다음으로 나아갈 것이며 그럼으로써 참다운 수련이 되고, 그것이 축적되어 진정한 실력으로 나타나는 것이다.

수련이란 것은 언제나 부족한 부분이 있기 때문에 늘 해야 한다. 무인으로서 수련의 중단이란 신체의 활동이 정지되기 전까지는 지속하면서 조금씩 모자란 부분을 채워 넣어 완벽한 기법에 이르도록 해야 한다.

❑ 자세를 바르게 하라

자세는 타인이 보았을 때 힘이 있으면서도 아름답고 품위가 있어야 한다. 그러기 위해서는 올바른 마음가짐을 가지고 자세를 바르게 해야만 된다. 바른 자세란 쓸데없는 꾸밈이 없는 것으로 아주 자연스럽고 안전한 몸가짐을 말한다. 올바른 자세를 가지고 수련을 했을 때만이 나이가 들어서도 태권도 수련을 지속할 수 있는 것이다.

□ 부단히 연마하라

앞서 말한 바와 같이 태권도는 단시간에 습득되는 것이 아니니 하루라도 쉬지 말고 조금씩 하더라도 계속해야 한다. 물론 여기에는 주기적으로는 오는 태권도수련의 권태로움을 극복하여 처음부터 끝까지 일관되도록 수련하려는 마음가짐이 중요하다.

□ 자만하지 말라

태권도를 수련하다 보면, 자기가 목표로 삼았던 선배들과 동등한 위치에 서게 될 정도로 기술 향상이 될 때가 있다. 그렇다고 거기에 만족해서는 안 된다. 자만에 빠져 무예 수련에 게으름을 피우면, 퇴보할 수 있기 때문이다.

태권도를 수련하는 이들은 작은 성취에 만족하지 말고 좀 더 기술이 향상되는 그때그때를 수련의 제일 첫걸음으로 생각하여 수련해야 할 것이다. 이를 각별히 유의하여 부단하게 노력해야 한다.

□ 의타심을 버려라

태권도는 몇 권의 책이나 유단자나 상급자의 지도에 의하여 기술의 묘미를 전하기는 어렵다. 지도자나 지침서는 방법만을 전수할 따름이지 그 진수는 자신이 끊임없는 노력을 함으로써 수련 중에 자연히 체득되는 것이기 때문이다. 이 점은 예전부터 아버지와 자식 간에도 전할 수 없어서 '부자부전(父子不傳)'이라고 했다. 스스로 끊임없는 수련을 통해 터득할 수밖에 없는 것이다.

□ 사사로운 마음을 버려라

불미스러운 행동으로써 상대방을 대하거나 자기보다도 잘한다고 질투하거나 뒤에서 해코지를 하려는 사사로운 마음을 버리고 수련할 때 순간순간에 이루어지는 정신통일로서 나타나는 바른 마음을 사회생활에 적응시켜 사회가 번영하고 유지할 수 있도록 힘써야 한다.

□ 자신감을 잃지 말라

태권도 수련을 하다 보면 아무리 열심히 노력해도 잘 되지 않는 때가 있는데, 그렇다고 낙심하고 여기서 빠져나오지 못하는 사람이 간혹 있다. 그러나 태권도는 소질 여하보다도 오랜 수련의 결과로 기술이 정묘해지는 것이니, 어디까지나 자신감을 가지고 끊임없이 수련에 정진해야 한다.

□ 최악의 경우를 생각하라

위험은 대개 돌발적으로 일어나는 것이며 이런 때를 언제나 대비해야만 한다. 적이 어느 때 어느 곳에서 공격해 오더라도 임기응변해서 대응할 수 있어야 한다. 또한 사회 경쟁에 낙오자가 되지 않도록 미리 대비하는 것도 오랫동안 수련하는 가운데 자연스레 익혀지는 것이다. 즉 혹서(酷暑)의 찔 듯한 더위나 맹동(孟冬)의 매서운 추위를 무릅쓰고 수련하는 과정에서 어느 순간 얻게 되는 것이다.

□ 예를 갖추어라

올바르지 않은 일에는 용기를 내여 물리치다가도 평소에는 공손하고 겸양한 마음으로 다른 사람을 대해야 한다. 특히 나이 많은 사람을 존경하고 어린 아래 사람을 사랑하고 보호하는 고상한 인격을 갖추는 사람이 되도록 해야 한다. 그러기 위해서 태권도 수련생은 평소 수련을 함에 있어 처음부터 끝까지 예의를 잊어서는 안 된다.

예는 본래 공경과 친화의 뜻을 형태로서 표한 것이니 비록 동작은 정중하더라도 마음이 갖추어 있지 않으면 참다운 예라 할 수 없음과 마찬가지로 아무리 마음으로 공경한다 하더라도 그 동작이 바르지 못하면 참다운 예의라고 할 수 없다. 그러므로 마음과 동작이 일치하였을 때 비로소 참다운 예라고 할 수 있다. 태권도는 예로써 시작하여 예로써 끝난다는 정신(예시예종·禮始禮終)이 있으니 바른 자세로서 경의를 표해야 한다.

□ 수련은 자아수신(自我修身)이다

무예는 무엇보다도 자기의 신체를 강건하게 하며 또한 건전한 정신을 함양하는 것이니 스스로 사회생활에 부합하는 살아 있는 것이어야 하며 자아완성에 힘써 나아가 공익을 위해 헌신할 수 있는 수련이 되어야 한다.

주(註): 수련이라 하는 것은 무리하게 하는 것을 말하는 것이 아니다. 자신의 상태에 적합하게 수련하는 것으로, 다음 날 일에 지장을 주지 않도록 조심하는 태도가 필요하다. 수련하는 사람은 잠을 충분히 자야 한다. 피로를 회복시키는 데는 수면이 제일이며, 활동의 원천이 바로 수면이기 때문이다.

품새의 의의

품새는 태권도 수련에 있어 가장 근간이 되는 것이며 실제에 있어서 상대방의 공격을 적수공권(赤手空拳), 즉 맨손으로 어떻게 방어하고 제어하면 합리적이며 효과적인가의 원칙적인 방법을 말해 주는 것으로 옛날 무예의 달인이나 명인들이 초인간적인 수행을 통하여 체득한 기본이 되는 기법을 체계적으로 동작을 연결하고 조합한 것이 품새인 것이다. 품새 수련을 통해 자연스레 힘의 배분 및 집중 등을 자연스럽게 습득할 수 있다.

□ 품새 수련에 있어 명심할 사항

1. 기합(氣合)

1) 기합의 의의

기합과 대성(大聲)을 혼동하기 쉬운데 무예에서 말하는 기합이란 충만한 정신력을 말하며 '대성'이라 함은 말 그대로 소리를 크게 내는 것을 말한다. 따라서 기합이란 고의로 기합을 만들거나 단지 소리만을 내는 것이 아니고 기력이 충만하여 자연히 성대를 통하여 발해지는 것이니 초심자가 이 기합을 체득하기는 어려우므로 처음에는 크고 강하게 내는 연습부터 해야 한다.

2) 기합의 효과

자기 자신의 의기를 북돋으며 힘을 한 점에 집중시킬 수 있음과 동시에 상대방의 기력을 좌절시킬 수 있다. 또한 상대방을 혼란스럽게 유도하는 데도 유효하다.

3) 주의할 점

함부로 연발하는 기합은 불필요하며 뱃속에서 내려고 노력해야 한다. 수련 중 상대방을 멸시하는 기합이나 실례의 의미를 포함할 수 있는 기합은 삼가야 한다. 기합에 의해서 그 사람의 인격기량을 알아볼 수가 있는 것이다.

2. 강대경민(强大輕敏)

품새를 연마할 때 힘 있게만 하는 것이 아니다. 힘이 있으면서도 빠르고 민첩해야 한다(강대경민·强大輕敏). 유연하면서도 힘이 살아 있는 수련을 하도록 평소에 유의해야 할 일이다. 물론 초심자는 크고 힘 있게 하는 것부터 노력해야 하고, 점차 강대경민이 조화될 수 있도록 수련을 해야 한다.

3. 여심(餘心)

여심이라 함은 동작을 한 다음 동작에 응할 수 있는 여유 있는 마음의 준비를 말한다. 즉 자기로서는 유효한 공격이라 생각했으나 만일 이것이 불충분하여 상대방이 오히려 반격할지도 모르며 또 타방에서 불의의 공격을 당할지 모르니 이를 가상하고 그때는 즉시 상대를 제어하고 다시 공격할 수 있는 심신의 준비를 '여심(餘心)'이라 한다.

격파(擊破)

항간에서는 격파가 무예의 전부인 양 오인하는 사람이 흔히 있으나 실은 격파란 무예의 일부분이며 단련된 손발 등의 위력 정도를 시험해 보는 것이 격파이다. 따라서 수련을 많이 할수록 정비례로 많이 격파할 수 있는 것이 아니라 사람의 체중여하와 힘의 집중여하에 따라 격파량이 증감되는 것이다. 물론 젊었을 때 한두 번 시험 삼아 해 보는 것은 괜찮으나 여기에 빠져서는 안 된다.

단이 갖는 의미

태권도에서 단이라는 것은 실제로 큰 의미를 지닌 것은 아니다. 단의 차이만큼 정확히 실력이 구분되는 경우도 있긴 하겠지만 그렇지 않은 경우도 있기 때문이다. 바둑을 봐도 단이 높고 낮음이 곧 시합에서 이기고 지는 것과는 별 상관이 없기 때문이다. 즉 단이란 수련의 증진을 위해서 그리고 기술을 좀 더 향상시키기 위한 활력소로서의 역할을 하며, 그 사람의 수련 정도를 살필 수 있다는 데서 의미를 둘 수 있다.

태권도와 전통

　전통이라는 것은 일반적으로 예전부터 내려오던 것이라고 한다. 우리에게도 무형문화재라 해서 몇몇 사람에게만 전해져 오는 것이 있다. 이를 후세에 전해 줄 의무가 있기 때문이다. 하지만 아무리 좋은 전통이라도 소수만 한다면 무슨 의미가 있을까. 진정한 의미에서 전통이라는 것은 대중, 즉 여러 사람이 해야 의미가 있는 것이다. 조심스럽긴 하지만, 많은 사람에게 사랑을 받지 못하는 것을 전통이라고 추켜세울 수만은 없는 것이다. 물론 모든 전통을 대중이 사랑하고 할 수 있는 것은 아니지만 그것이 대중적이지 못하면 그만큼 가치가 떨어지는 것은 사실이다.

　일반인들이 널리 수련하고 있다는 점에서 태권도도 우리 무예의 자격은 갖춘 셈이다. 하지만 앞으로 태권도의 기법이 좀 더 우리만의 독특한 형태가 된다면 전통 무예로서 자격을 얻지 않을까. 그러기 위해서 태권도가 전통무예의 장점을 좀 더 접목시켜야만 하는 과제를 안고 있는 것이다.

차력(借力)

　차력이란 말을 그대로 풀면 힘을 빌린다는 것이다. 현대의 차력에 대한 이미지는 돌을 깨거나 차 위로 몸을 지나가게 하는 것들을 생각한다. 하지만 진정한 의미에서 차력이란 자기가 가지고 있는 힘을

부록(附錄)

최대한 발휘하는 것을 말한다. 그리고 그 힘은 어떤 누군가로부터 빌리는 것이 아니라 훈련을 통해, 내가 가지고 있는 힘을 최대로 발휘하는 것을 말한다.

내가 하고자 하는 무예

내가 배운 무예는 다양하다. 그중에 가장 중요한 것이 윤병인 선생님으로부터 배운 권법이었다. 윤 선생님의 무예는 만주에서 배운 무술이었다. 이 무술은 중국적인 것도 포함을 했지만, 그렇지 않은 것이 상당 부분 차지했던 것으로 보인다.

그래서 어떤 명칭을 부여했으면 하는 바람이기도 하지만, 이 무예는 나만 전수받은 것이 아니므로 나 혼자 어떻게 할 수 있는 부분이 아니다. 그래서 개인적으로 윤 선생님의 무예를 '파사권법'·'활인권법'·'완인권법' 등으로 정리를 하고자 했었다. 하지만 개인적인 일로 현재까지 완성을 못 하고 말았다. 그래서 요즘 들어 좀 더 정리를 하고자 하는데, 파사나 활인·완인 등은 내가 하고자 하는 무술 철학이 바탕이 된 것으로 특정 문파 이름으로는 적합하지 않다. 그래서 윤 선생님이 무술을 수련한 만주와 우리나라를 포함한 명칭을 사용하려고 한다. 이 지역이 장백산맥을 중심으로 위치하고 있으므로 '장백권법(長白拳法)'이라고 칭하는 것도 괜찮을 듯 생각이 들어서 그렇게 하고자 한다. 이 '장백권법'에는 윤병인 선생의 무예와 그동안 내가 수련했던 여러 가지 무예 그리고 한국에 전해지는 전통

무예(수벽치기·택견 등)를 좀 더 연구해 하나의 무예세계를 만들어
발전시켜 나가고자 한다. 그리고 이런 노력이 태권도 발전에 한 부
분이라도 도움을 주었으면 한다.

부록(附錄)

• 저자 •

허인욱   •약 력•
　　전북대학교 사학과
　　전남대학교 사학과 석사
　　고려대학교 한국사학과 박사수료

　　강원대학교 삼척캠퍼스 강사

•주요논저•
　「연구논문」
　　형성과정으로 본 태권도의 정체성에 관하여(체육사학회지, 2004)
　　壬辰倭亂期 朝鮮의 倭劍敎育과 武藝諸譜飜譯續集의 왜검(우리춤 연구, 2006)
　　태권도 모체관 중 「조선연무관권법부」와 「중앙기독청년회권법부」의 형성과 변천에 관한 연구(체육사학회지, 2007) 등등.

　『저서』
　　옛 그림에서 만난 우리무예풍속사(푸른역사, 2005) 외 다수

관(館)을 중심으로 살펴본

태권도 형성사

• 초판 인쇄	2008년 8월 30일
• 초판 발행	2008년 8월 30일
• 지 은 이	허인욱
• 펴 낸 이	채종준
• 펴 낸 곳	한국학술정보㈜
	경기도 파주시 교하읍 문발리 513-5
	파주출판문화정보산업단지
	전화　031) 908-3181(대표)·팩스　031) 908-3189
	홈페이지　http://www.kstudy.com
	e-mail(출판사업부)　publish@kstudy.com
• 등 　 록	
• 가 　 격	27,000원

ISBN　978-89-534-9886-0　93900 (Paper Book)
　　　　978-89-534-9887-7　98900 (e-Book)